成都大学传媒研究系列丛书
编委会

丛书主编：欧阳宏生　李　立

编委会成员：谭筱玲　王珏殷　李茂华　朱婧雯

　　　　　　刘晓萍　苟强诗　张郑波　但　敏

　　　　　　车南林　许建华　刘　茜　李　姝

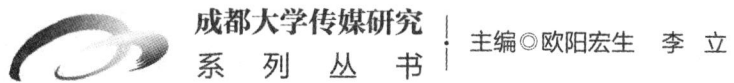

成都大学传媒研究系列丛书 | 主编◎欧阳宏生 李立

国家社科基金重大项目"丝绸之路经济带沿线国家文化产业合作共赢模式及路径研究"（17ZDA044）阶段性成果

理论与路径：
中国媒体国际合作研究

车南林 著

四川大学出版社
SICHUAN UNIVERSITY PRESS

项目策划：徐　燕
责任编辑：罗永平
责任校对：陈　蓉
封面设计：墨创文化
责任印制：王　炜

图书在版编目（CIP）数据

理论与路径：中国媒体国际合作研究 / 车南林著
. — 成都：四川大学出版社，2021.1
（成都大学传媒研究系列丛书 / 欧阳宏生主编）
ISBN 978-7-5690-4124-8

Ⅰ. ①理… Ⅱ. ①车… Ⅲ. ①传播媒介－国际合作－研究－中国 Ⅳ. ① G206.2

中国版本图书馆CIP数据核字（2021）第 001075 号

书　名	理论与路径：中国媒体国际合作研究
著　者	车南林
出　版	四川大学出版社
地　址	成都市一环路南一段 24 号（610065）
发　行	四川大学出版社
书　号	ISBN 978-7-5690-4124-8
印前制作	四川胜翔数码印务设计有限公司
印　刷	成都金龙印务有限责任公司
成品尺寸	170mm×240mm
印　张	15.5
字　数	294 千字
版　次	2021 年 11 月第 1 版
印　次	2021 年 11 月第 1 次印刷
定　价	60.00 元

版权所有 ◆ 侵权必究

◆ 读者邮购本书，请与本社发行科联系。
　电话：(028)85408408/(028)85401670/
　(028)86408023　邮政编码：610065
◆ 本社图书如有印装质量问题，请寄回出版社调换。
◆ 网址：http://press.scu.edu.cn

四川大学出版社
微信公众号

总　序

传媒研究的兴盛，不仅因其有着优良的研究传统和丰富的研究资源，还在于这个领域不断涌现的问题情景带来大量需要认识和解决的状况、现象、困难和疑惑。科学、系统、扎实的研究，能让我们获得真正解决疑难问题的答案，正确认识传播活动的框架，合理解释媒介现象的理论，有效使用传媒发展的工具。媒介社会呼唤传媒研究，信息时代需要传媒研究。成都大学是一所学科门类较为齐全的综合性大学，其传媒方面的专业人才分属不同的学院，其中包括文学与新闻传播学院、影视与动画学院、师范学院等，有各类教学研究人员30多人，分别从事新闻传播、广播影视与新媒体教学科研工作，多数是近十年毕业的博士生。他们学术思想超前，专业基础扎实，研究兴趣浓厚，具有刻苦钻研的精神。四川是一个传媒大省，有众多各类媒体和丰富的传媒资源，有7万多名传媒从业人员，成都大学有条件和优势发展传媒学科。正是在这样的时代背景下，成都大学为大力推进传媒研究的发展，成立了传媒研究院。

2017年5月，成都大学在整合多个学院传媒教学科研人员的基础上，成立了专门从事传媒研究的机构——成都大学传媒研究院，主要致力于从事新闻学、传播学、广播电视学、广播电视艺术学、电影学、新媒体等领域基础理论、应用理论、决策理论、史学理论的研究，研究重点为认知传播、广播影视等。

在成都大学的大力支持和传媒研究院全体成员的共同努力下，研究院成立三年多来，成功开展了国家、部、省、市级一系列社科项目研究工作。传媒研究院成员公开发表CSSCI来源期刊和北大核心期刊学术论文60多篇，在全国性高端学术会议宣读和发表论文20多篇，有10多人次在全国和省科研成果评奖中获奖。研究院还主办了"互联网时代传媒研究的坚守与创新"高端学术论坛、2018中国传媒经济与管理年会、2019年中国广播电视学术年会等高级别学术研讨会，并协办2017—2019年中国认知传播年会暨国际认知传播高端论坛。积极服务社会是传媒研究院成立的宗旨，三年来，研究院成员参与了中国新闻奖评选、中国高校影视学术奖评选、中央人民广播电台节目听评、四川省委宣传部广播电视节目阅评、四川省委网信办网络新闻阅评、四川省公安厅网络舆情引导顾问等工作，产生了很好的社会影响。

这套传媒研究系列丛书是成都大学传媒研究院多位学者近年来学术研究的结晶。他们以真切的问题意识和深切的现实关怀，切磋琢磨、深思钻研、切问近思，求索不止、经年探索、艰苦努力，完成了这些著作的撰写。成都大学本着促进学术研究、发展传媒学科、鼓励科研活动、提携青年学者的初衷，资助传媒研究院出版这套丛书。

《广播电视教程》以马克思主义新闻传播观为指导，结合中国电视事业发展实际，从理论到实践，分析了中国特色社会主义广播电视的基本特色，阐明了事业的性质、任务和功能，揭示了广播电视内容生产、产业经营、媒介融合发展的基本规律，分析了中国特色电视的传播理念、法治化建设的发展战略，阐述了广播电视从业人员的素质要求、广播电视受众与事业发展的密切关系。

《电视民生新闻的文化研究》在分析电视民生新闻为何物、为何在当下中国社会产生以及构成了怎样的社会影响的基础上，审视其所依循的路线中包含了怎样的价值理念、牵连出哪些社会力量以及对中国电视新闻的走向和社会结构可能造成何种影响，从而反思民生新闻如何矛盾地既赋予大众话语权力、公民文化传播权力，又制约了它们。

《认知传播视域下文献纪录片发展研究》从认知传播视角切入，将认知传播学作为哲学社会科学视域下思维范式的一种拓展，与当代中国电视文献纪录片发展的脉络分析相连，在当代中国电视文献纪录片发展的社会、文化背景，受众接受特性、审美观念的内在成长，以及产生的传播效应等诸多领域展开研究，力求从另一维度剖析当代中国电视文献纪录片发展的动力和特征。

《历史题材电视剧创作与中华文化价值观构建研究》以构建中华文化价值观为切入点，在考察中华文化价值观的演进与构成、提炼中华文化价值观内涵和构成要素的基础上，从电视剧叙事与电视剧审美两方面提出历史题材电视剧构建中华文化价值观的标准与方法，同时针对当前历史题材电视剧存在的问题提出解决之策。

《电视新闻评论：从本体到跨媒介的话语功能考察》将研究视角置于评论体裁的话语功能之上，以当前大众话语场与主流话语场的区隔为切入点，将阿尔都塞、福柯、巴特等人的理论用于阐释电视新闻评论的视像神话，以意识形态－话语－神话表征、从宏观抽象到中观形象再到微观具象的认知逻辑线索，挖掘电视新闻评论作为意识形态国家机器之一在询唤主体、达成话语权力方面的功能与效用。

《东盟国家电影中的"中国形象"研究》以"一带一路"为大背景，在文化亲缘性的基础上，将东盟十国电影作为基本研究对象，对其进行文本分析和文化考察，梳理出其对中国的表现手法与表达方式，进而考察中国国家形象在东盟国家的传播机制。

《文字与身体：民国女演员的个案观察》以民国时期的电影艺术中心上海为历史文化空间，从政治、文学、电影、文化传媒等视角，以个案为研究中心，通过对艾霞短暂一生及多重身份（青年、社员、演员、作家等）的史料钩沉和分析，展现文艺新女性的一生，尤其是个人思想与社会运动间的交织、影响的复杂性，在"方法自觉"的前提下，探索学术团队建构的历史材料、思想、意义与价值。

《媒介交往行为现象学研究》在现代性、后现代性语境基础上，全面概述媒介在英国伯明翰学术团队已有成果中的具体内涵及意义外延。与此同时，探索媒介在网络文学、前卫艺术中产生的社会效应。并对媒介在广播影视、新闻事件、信息传播中引发的文学性、社会性和政治性问题展开现象学直观描述，勾勒事件的逻辑图像及事实真相的外观形态。

《新纪录电影的影像建构——以迈克·摩尔纪录电影为例》通过对迈克·弗朗西斯·摩尔纪录电影创作和论著的系统研究，探讨了美国左翼文化的影像建构和传播特点。迈克·弗朗西斯·摩尔的影片在创作中充满着戏谑、调侃、挖苦和讽刺，具有明显的后现代色彩，使得纪录片变成了幽默和讽刺的载体。他所开创的独特的纪录片拍摄方法，成为美国左翼文化的典型代表。

《理论与路径：中国媒体国际合作研究》在建构理论时，借助了国际关系学的国际合作理论、生物学的系统论、新闻传播学的拉斯韦尔的5W模式、马莱茨克模式以及囚徒困境理论。其所建构的"情境-模式"媒体国际合作理论以及系统论，基本统摄了整个研究。在这些方法及理论的支撑下，其研究主体框架由中国媒体国际合作的元素、结构、程序、模式、路径等构成。

成都大学传媒研究院成立的目的是培养一批具有学术自信、较强独立研究能力和创新精神的中青年学者，使之在创新学科研究方面取得实质性成果，为我国人文社科的发展做出贡献。同时，加强开展横向课题，拓宽研究视野；提高研究院成员的研究水平，加强同相关学术期刊的合作，扩大学术成果的传播力和影响力。假以时日，成都大学传媒研究院将因真实深切的现实关怀、敏感独到的问题意识、细致入微的观察思考、严谨刻苦的学术研究和系统深入的分析写作，在我国传媒研究学术版图中占有一席之地，甚至发展成具有可识别性的、有个性有影响的学术团队，为我国的传媒研究打上自己的烙印，做出应有的贡献。

欧阳宏生　李立

2020 年 1 月

目　录

绪　论 ·································· (001)
 一、研究背景、目的与意义 ·························· (002)
 二、核心概念界定与研究现状 ························· (009)
 三、研究思路、理论基础与方法 ······················· (022)
 四、研究框架与难点 ······························ (024)

第一章　中国媒体国际合作的背景 ······················ (027)
 第一节　全球化背景与中国媒体国际合作 ················· (027)
  一、全球文化产业繁荣 ··························· (027)
  二、全球文化科技进步 ··························· (033)
  三、全球媒体共谋发展 ··························· (034)
 第二节　中国崛起态势与中国媒体国际合作 ················ (038)
  一、中国经济与海陆空实力发展 ······················ (039)
  二、中国参与国际事务频繁 ························· (042)
  三、中华文化亟须国际传播 ························· (046)
 第三节　中国媒体系统与国际合作 ····················· (049)
  一、中国媒体系统的转型升级 ······················· (050)
  二、中国媒体参与国内外竞争 ······················· (051)
  三、中国媒体需要解决现存的问题 ···················· (054)
 本章小结 ···································· (056)

第二章　"情境-模式"媒体国际合作理论的建构 ············ (058)
 第一节　媒体国际合作现实状况与相关理论的问题 ············ (058)
  一、媒体国际合作的现实状况 ······················· (058)

二、已有相关理论的问题……………………………………………(060)
　第二节　"情境－模式"媒体国际合作理论建构的基础……………(063)
　　一、再认识"媒体"以及"国际合作"…………………………(063)
　　二、借鉴国际合作理论、系统论以及相关模式…………………(064)
　　三、利用程序主义模式分析法、归纳法、演绎法………………(067)
　第三节　初步建构的"情境－模式"媒体国际合作理论……………(074)
　　一、"情境－模式"媒体国际合作理论的内涵与外延 …………(074)
　　二、"情境－模式"媒体国际合作理论的观点与模型……………(076)
　　三、"情境－模式"媒体国际合作理论的功能与意义……………(078)
　本章小结…………………………………………………………………(079)
　　一、对"情境－模式"媒体国际合作理论的总结………………(079)
　　二、对"情境－模式"媒体国际合作理论的检视………………(080)

第三章　中国媒体国际合作的元素与结构 …………………………(084)
　第一节　中国媒体国际合作的元素………………………………………(084)
　　一、合作主体与合作对象…………………………………………(084)
　　二、合作领域与合作内容…………………………………………(088)
　　三、合作形式与合作效果…………………………………………(092)
　　四、合作动力与影响因素…………………………………………(101)
　第二节　中国媒体国际合作的结构………………………………………(113)
　　一、营利性联合体…………………………………………………(113)
　　二、非营利性共同体………………………………………………(115)
　本章小结…………………………………………………………………(118)

第四章　中国媒体国际合作的程序……………………………………(120)
　第一节　锁定目标、确定标准、确认起点………………………………(120)
　　一、锁定国际合作的目标…………………………………………(120)
　　二、确定国际合作的标准…………………………………………(124)
　　三、确认国际合作的起点…………………………………………(127)
　第二节　看清弯路、明确捷径、展开行动………………………………(130)
　　一、看清国内外媒体国际合作弯路………………………………(130)

二、明确国内外媒体国际合作捷径……………………………………(134)
　　三、展开具体的国际合作行动…………………………………………(138)
第三节　总结、传播并酝酿下一步的合作…………………………………(153)
　　一、总结国际合作的经验………………………………………………(153)
　　二、传播国际合作的成果………………………………………………(154)
　　三、酝酿下一步的合作…………………………………………………(155)
本章小结………………………………………………………………………(156)

第五章　中国媒体国际合作的模式……………………………………………(159)
第一节　中国媒体国际合作的动力模式……………………………………(159)
　　一、国家推动型…………………………………………………………(160)
　　二、市场导向型…………………………………………………………(163)
　　三、媒体自主型…………………………………………………………(169)
第二节　中国媒体国际合作的程序模式……………………………………(171)
　　一、主动先发模式………………………………………………………(172)
　　二、被动应招模式………………………………………………………(173)
　　三、后发主导模式………………………………………………………(175)
第二节　中国媒体国际合作的周期模式……………………………………(177)
　　一、磨合期………………………………………………………………(177)
　　二、蜜月期………………………………………………………………(178)
　　三、平淡期………………………………………………………………(180)
　　四、断裂期………………………………………………………………(180)
本章小结………………………………………………………………………(182)

第六章　中国媒体国际合作的现实路径………………………………………(184)
第一节　厘清情境……………………………………………………………(184)
　　一、厘清"在地"情境与"在线"情境…………………………………(184)
　　二、厘清"主场"情境与"客场"情境…………………………………(186)
　　三、厘清"营利"情境与"非营利"情境………………………………(187)
第二节　选择模式……………………………………………………………(189)
　　一、选择动力模式………………………………………………………(189)

二、选择程序模式……………………………………………（191）
　　三、选择周期模式……………………………………………（192）
　第三节　有序合作………………………………………………（193）
　　一、强化"走出去"与"引进来"………………………………（193）
　　二、抓周边、跨出海、搭便车………………………………（195）
　　三、兼顾"融合""智媒"与"网络原住民"…………………（203）
　本章小结…………………………………………………………（208）

参考文献……………………………………………………………（210）

后　　记……………………………………………………………（232）

绪 论

冷战结束后，以美国为首的资本主义国家重启全球战略。美国为了在全球传播其文化，在白宫专门设立了全球传播办公室管理全球传播事务。英国、法国、德国、日本、韩国、俄罗斯等也纷纷加入全球传播文化之列。作为这些国家文化一部分的媒体及媒体内容迅速进入中国，并在与中国媒体合作过程中传播本国的世界观、价值观、人生观等。从某种程度上说，这种传播使中国媒体及民众面临新的挑战。作为应对挑战的一种方式，中国媒体与这些国家的媒体在中国境内合作，并借助其平台，传播中华文化，避免中华文化受侵蚀。经过几十年的开放与建设，中国逐渐崛起，慢慢走向国际舞台的中央，但是中国形象又总被西方国家媒体塑造。面对这样的事实，中国媒体没有被动接受，而是主动出击，走出去与世界各国的媒体合作，努力掌握话语权，向世界传播真实的自己。因此，与各国媒体在竞争中求合作，在冲突中求合作，在合作中避免冲突，也变得更加重要。

21世纪，世界文化产业迅猛发展，其中，美国的媒体与娱乐产业独占世界鳌头。美国的娱乐与媒体产业主要由那些生产和发行动画、电视节目、商业广告以及流媒体、音乐和录音、广播、收音机、图书出版和视频游戏的企业所组成。美国媒体和娱乐业是世界上最大的，市值约7170亿美元，占全球媒体和娱乐业行业的三分之一。该产业包括电影、电视节目和商业广告、流媒体内容、音乐和录音、广播、收音机、图书出版、视频游戏以及辅助服务和产品。普华永道（Price Water house Coopers，PWC）发布的《2018—2023年娱乐与媒体展望》（Entertainment & Media Outlook）预计，到2023年，美国娱乐业规模将超过8250亿美元。英国作为最早提倡创意产业的国家，也在全球抢占着市场份额。日本、韩国、德国、法国、俄罗斯以及澳大利亚等国家的文化产业也相当发达。中国文化产业发展相对较晚，但也为本国经济乃至世界经济做出了一定的贡献。媒体产业作为文化产业的核心，对文化产业的发展起到了关键作用。媒体产业的合作带来的收益也是文化产业收益的一个基本组成部分。

在中国文化产业发展的过程中，媒体产业已经开展了国际合作，但在合作中出现了不均衡的问题，同时，媒体产业技术不断更新，中国媒体如何在未来的国际合作中避免失衡，如何与国外媒体在新媒体产业方面深入合作，如何在媒体产业国际合作中完成国家提升中华文化影响力、提升中国形象的目标，如何在媒体产业国际合作中实现提升自身能力的目标等一系列问题逐渐呈现出来，而解决问题需要理论指导。

新形势下，中国媒体如何做好国际合作，值得探讨。自"一带一路"倡议提出以来，无论是在发达国家还是欠发达国家，诸如"中国威胁论""马歇尔计划""能源掠夺""债务陷阱"等言论四起。这些言论在一定程度上塑造了中国的负面形象，影响了中国进一步融入世界的进程。面对这样的现实，中国媒体通过何种形式合作值得探讨。另外，"一带一路"沿线国家大部分经济欠发达，经济欠发达又导致其媒体也欠发达，作为促进"一带一路"沿线国家民心相通的中国媒体，如何在此背景下与这些媒体合作也值得关注。中国媒体无论是与"一带一路"沿线国家还是与非沿线国家的媒体或非媒体开展国际合作，面对合作中可能出现的问题，均亟须理论指导。但是，当前并没有一个专门的媒体国际合作理论。因此，本书从梳理当前研究的问题开始引出构建国际合作理论的必要性，并通过逻辑演绎建构出"情境－模式"媒体国际合作理论，再利用这个理论去分析中国媒体国际合作的"元素""结构""程序""模式"。本书希望通过这样的梳理找到中国媒体国际合作的现实路径。

一、研究背景、目的与意义

（一）研究背景

1. 全球竞争与合作背景下媒体国际合作已成潮流

自冷战结束以来，"和平与发展""合作与共赢"代替了 20 世纪初到 80 年代末的"战争"与"革命"，成为当今世界的主题。近年来，世界各国围绕"和平与发展"，在加快本国经济、政治、文化、社会等发展的同时，积极融入国际社会，并制定了"合作""共赢"的各种战略。从 2005 年 5 月 28 日文莱、新西兰等 4 个国家发起并签订 TPP 开始到 2016 年 2 月 4 日美国、日本等 12 个国家在奥克兰正式签署 TPP，从 2013 年 6 月美国与欧盟发起 TTIP 谈判到 2016 年 4 月 29 日美欧在纽约结束 TTIP 第 13 轮谈判，从 2013 年中国提出构建"一带一路"到如今沿线一百多个国家积极响应"一带一路"倡议，TPP、TTIP、"一带一路"等作为当今世界各国的合作战略已为人所熟知。

不过，虽然各国在经济、政治、文化、教育、体育、军事、科技等方面的合作已经取得了卓越的成果，但是各国之间在这些方面的竞争也日渐突出，且这些竞争行为往往通过媒体或者利用媒体展现出来。这样，媒体和媒体之间的竞争也十分明显，然而，媒体合作才是媒体竞争的明智策略，① 因为媒体作为各国开展各项合作与竞争的推动器，对促进世界各国树立国际形象、了解信息、熟知进度、开展深度合作、促进民心相通等起着举足轻重的作用。另外，媒体合作除了具备前述功能，对媒体自身内容的丰富、技术的发展、人才的培养、管理的升级以及媒体产业的发展也有积极的作用。基于此，媒体国际合作也成为一种潮流。

这些国际合作有的是本国媒体与他国媒体在本国境内开展，如美国媒体亚洲媒体联播网与中国中央电视台在美国境内长期合作播出《今日中国》；有的是本国媒体与他国媒体在他国境内合作，如2014年美国财经新闻网站"石英网"和印度当地网站"印度滚动条"联合打造了"石英网"的印度版；有的是本国媒体综合其他国家人才、资源在全球铺开网络，如美国迪士尼集团制作《狮子王》时以英国莎士比亚的《哈姆雷特》为原型，邀请了德国电影配乐大师汉斯·季默（Hans Zimmer）和英国音乐人埃尔顿·约翰（Elton John），并结合非洲部族音乐与现代交响乐成就完美电影，横扫全球市场；有的是全球大多数国家同时合作，如美国著名杂志 VOGUE 与英国、法国等全球近20个国家的当地媒体打造了当地版本，在当地开拓市场。

2. 文化产业发展下的媒体国际合作带来多种效益

文化产业是21世纪的朝阳产业，已成为美国、英国、日本、韩国等国家的支柱产业。以美国为例，早在2002年，以媒体为主的核心版权产业占国内生产总值的份额就达到了5.98%，多年来，虽然总体版权产业所占比例有增有减，但是这一产业的占比一直保持增长状态，到2019年达到了7.41%，②超过个别国家的国内生产总值总体水平。这与美国以媒体为核心版权产业的全球战略和国际合作有着密不可分的关系。美国的媒体不仅与日本、德国、法国等发达国家的媒体通力合作，还与吉尔吉斯斯坦等欠发达国家的媒体通力合作。仅以美国与欧洲合作为例，据统计，早在1987年，美国就已经拥有了欧洲电影市场56%的份额，③即使是后面面临法国等欧洲国家有力的文化保护措

---

① 蔡尚伟：《媒体合作：媒体竞争的明智策略》，载《新闻与传播研究》，1999年第4期。
② 数据源自对2004年到2020年的 Copyright Industry in the US Economy 报告的分析。
③ Pop Culture Research. Globalization 101 Project, SUNY Levin Institute, 2011.

施,这一比例在 2009 年依然高达 67.1%。① 截至 2019 年,美国以媒体产业为核心的总体版权产业附加值为 2.5 万亿美元,占整个国内生产总值的 11.99%。② 换句话说,美国媒体的国际合作道路为美国带来了巨大的经济效益。事实上,美国受益的不仅仅是经济,随着美国电影、电视剧乃至社交媒体等在全球风靡,美国的文化也流行于世界各地。

作为发展中国家的印度也努力发展媒体与娱乐产业,并且该产业近年来日渐成为印度经济增长的主要贡献者。2008 年,印度的媒体与娱乐产业规模大约为 580 亿卢比,但是印度大力发展以宝莱坞为代表的影视产业基地,鼓励印度广电媒体、印刷媒体、网络媒体等与国外媒体迅速开展多项合作。这些国外媒体包括 Vice Media LLC、Twitter 等美国的数字媒体与新媒体,大连万达集团等中国的院线媒体,Cinepolis 等墨西哥的连锁媒体。印度媒体和娱乐部门预计该产业在复合年度(CAGR)的增长率将比同期增长 3.24%,到 2022 年将达到 255.6 亿美元。事实上,根据工业政策和促进部(DIPP)公布的数据,2000 年 4 月至 2020 年 6 月外商直接投资(FDI)流入信息和广播(I&B)部门(包括印刷媒体)的资金就有 93.3 亿美元。③ 印度除了在本国与他国媒体合作,也利用宝莱坞的优势在他国境内开展合作。印度获得的不仅是经济效益,其影视文化、饮食文化、瑜伽文化等也流行于世界各地。

同样因开展媒体国际合作而获益的还有韩国、日本等发达国家。当然,在文化产业全球化发展的背景下,中国也在积极推动媒体与世界各国媒体开展多项合作,主要体现在联合采访、联合拍摄、联合转播、联合举办活动、人员培训等方面,并在合作过程中获得了相关利益。以联合拍摄纪录片为例,中央电视台和英国广播公司联合制作的《美丽中国》纪录片除了在中国和英国播出,也在加拿大、澳大利亚等地播出。该纪录片在全球的播放使中国的国际形象得到了提升,中国在某种程度上也因为媒体的国际合作获得了相应的效益。

3. 中国媒体的国际合作水平有待提高并亟须理论指导

1949 年以前,中国媒体就曾与世界各国的媒体开展过人员交流、业务合作等。20 世纪 50 年代,中国陆续与苏联和东欧国家的媒体开展广泛合作。六

---

① European Box Office Up Twelve Percent, Group Says, Digital Cinema Report. http://www.digitalcinemareport.com/European-market-12-percent-increase-2009.

② *Copyright Industry in the US Economy* (2020), https://iipa.org/files/uploads/2020/12/2020-IIPA-Report-FINAL-web.pdf.

③ Indian Brand Equity Foundation, http://www.ibef.org/industry/media-entertainment-india.aspx.

七十年代，中国媒体国际合作稍有萎缩，到八九十年代稍微有所改观。进入21世纪，中国加入WTO与国际全面接轨，中国媒体随之加速开展国际合作。但同时，中国媒体与国外媒体在合作时，也面临着如何与国外媒体在冲突中求合作、在竞争中求合作、在合作中避免冲突等问题。

从表面上看，中国媒体似乎与美国、英国等发达国家的媒体和吉尔吉斯斯坦、土库曼斯坦等欠发达国家的媒体形成了营利性联合体和非营利性共同体，开展着人员交流、业务合作乃至资本合作等，但是从某种程度来说，这样的媒体合作形式还存在不足，制约着合作的升级。这主要是因为高新技术、传播技术日新月异，随着不断升级的手机、平板等移动终端、穿戴设备、智能芯片等深入受众生活，受众的信息接收方式发生了极大的改变，倒逼中国媒体国际合作必须改变传统的、单一的媒体合作形式，而采取复合的、立体的合作方式，推进媒体国际合作取得实效。同时，从产业角度来说，中国媒体只有努力做好国际合作，才能更快地增加盈利机会。

事实上，解决中国媒体面临的问题，提高中国媒体国际合作水平，都亟须理论做指导。但是，目前并没有关于媒体国际合作的相关理论。而建构媒体国际合作理论，尤其是建构中国特色的媒体国际合作理论十分必要。因为媒体国际合作无论是给相关国家带来了文化利益还是经济利益，都对促进其全球化发展起到了极大的帮助作用。中国媒体也要继续加强国际合作，提升中国国家形象和文化软实力。同时，中国崛起也需要中国媒体继续加强国际合作，为中国在全球的发展营造良好的舆论氛围。而这一切都需要一个适用于中国国情、中国媒体体制的媒体国际合作理论做指导，以减少媒体在国际合作过程中"走弯路"的情况，从而真正提升中国媒体国际合作水平，实现合作目标。

（二）研究目的

基于以上缘由，本书研究目的集中体现在三个方面：一是建构媒体国际合作理论；二是根据所建构的理论分析中国媒体国际合作道路，即中国媒体国际合作中的元素、结构、程序、模式；三是结合合作理论与分析结果提出中国媒体的现实路径。具体分析如下：

1. 建构"情境—模式"媒体国际合作理论

首先，媒体国际合作实践面临问题，亟须新的理论指导。除了以前的合作，从20世纪末期到现在，美国媒体与英国媒体已经维持了30多年的合作关系，美国媒体与墨西哥媒体、加拿大媒体、智利媒体在新闻互换、联合采访、联合制作等方面的合作也从未松懈。德国《世界报》、法国《费加罗报》、西班牙《国家报》等7家报纸开展合作,形成了"欧洲领先报业联盟"。中国媒体与世界各国媒体也逐渐开展战略合作与资本合作。国际合作过程中,媒体功能日渐升级。从政治角度讲,哈罗德·拉斯韦尔(Harold Lasswell)曾对媒体功能进行了阐述,他认为战时宣传的受众包括"我们本国的受众""我们的敌人""我们的同盟者"以及"中立者",而媒体在宣传时针对这四种受众的策略是完全不同的,因此媒体所体现的功能也就有区别。但无论区别是什么,媒体在战时对国家战略的实施都起到了十分重要的作用。在和平年代,国家间真枪实弹的战争不复存在,而政治宣传却从未停止,媒体更是一个国家实施全球化战略的重要工具,且其功能随着国际化趋势以及霸权政治的升级也正逐渐升级。从经济角度讲,随着全球文化产业的发展与升级,媒体成为各国经济的重要组成部分,而媒体产业全球化发展带来了巨大的经济效益。从文化角度讲,世界各国都在强调文化输出,而媒体作为文化全球化的工具、维护全球文化多样性的手段,其实也是个别国家"文化例外"政策的重要推手。无论从哪个角度讲,媒体在新时代的文化发展中都起到了更加重要的作用,加速推进了文化国际化。因此,媒体在政治国际化、经济国际化、文化国际化的升级过程中,也需要升级。而这种升级也导致媒体国际合作功能的升级。除了媒体国际合作促进国家向世界发声,向世界传播其新思想、新观念,如何进一步避免冲突深化合作,从而实现提升文化软实力、提升国家形象、赚取利润等也成为媒体国际合作面临的问题。因此,媒体国际合作需要新的理论指导,中国媒体更需要这样的指导。

其次,现有国际合作理论研究、新闻传播理论研究亟须补充新的理论。国际合作理论并非新理论,研究成果较多,而新闻传播理论也较多,不过,无论哪种理论都应该随着实践活动的升级、时代的变化而有所更新。从国际合作理论研究来看,就西方而言,一方面,基本停留在对各行各业做好国际合作实践层面的研究;另一方面,来自美国和英国的国际合作理论为研究国家间的合作理论奠定了基础。斯科特·巴雷特(Scott Barrett)、Leif Helland and Jon Hovi、Kate O'Neill 等的国际合作对原来的研究做出了新的解释,提出了不同的意见,这体现出"百家争鸣"的状态,有利于理论研究的发展,近年来却鲜有这样的"争鸣"。中国也基本呈现这样的状态。除了宋秀琚博士2006年的博士学位论文《国际合作理论:批判与建构》从批判与建构的角度建立了新的理论模式,十多年过去了,鲜有研究者去再批判、再研究、再升华,这与时代的发展是不相符的。再从新闻传播理论研究而言,大家所尊崇的几乎还是那些经典理论。但是当前,一方面,网络与新媒体如火如荼地发展,智媒体又以迅雷不及掩耳之势颠覆传统媒体及其产业；另一方面，这些发展也颠覆了传统的新闻传播理论，亟须新的理论去阐释。而近年来，虽然一些研究者提出了"场景化"理论、"圈子"理论、"触媒"理论等弥补、升华了部分新闻传播理论，但大多数研究都还是利用经典理论去解释新问题。因此，建构媒体国际合作理论就显得十分必要，以此为国际合作理论、新闻传播理论添砖加瓦，从而推进国际合作实践尤其是媒体国际合作实践的发展。

基于以上原因，本书试图进行有逻辑性的、哲学化的思考，借鉴国际关系的国际合作理论、生物学的系统论、新闻传播的"5W"模式和马莱茨克模式以及囚徒困境等，利用"程序主义模式分析法"、归纳法、演绎法等去建构"情境－模式"媒体国际合作理论，以便形成一套适用于多数情况的理论。

2. 梳理中国媒体国际合作中的元素、结构、程序与模式

本书要按照"程序主义模式分析法"的分析方法和建构的"情境－模式"媒体国际合作理论的观点去梳理中国媒体国际合作中的元素、结构、程序与模式。"情境－模式"媒体国际合作理论认为无论何种媒体参与国际合作都存在一定的元素。本书将按照这一基本逻辑以及"分解元素"的思路从不同角度去梳理中国媒体国际合作的基本元素。"情境－模式"媒体国际合作理论认为不断地排列组合元素会形成多种合作结构，本书将按照这一逻辑以及"结构关系"的思路去分析中国媒体国际合作过程中形成的典型结构。"情境－模式"媒体国际合作理论认为结构被赋予时间和空间的概念，从静态到动态会呈现出特定的程序。本书将按照这一逻辑以及"操作程序"的思路去分析中国媒体国际合作的典型程序。"情境－模式"媒体国际合作理论认为媒体合作有特定的模式。本书将按照这一逻辑以及"选择模式"的思路去总结中国媒体国际合作的各种模式，以期为今后中国媒体参与国际合作提供现实路径。

3. 为中国媒体国际合作提供现实路径

经过40多年的改革，中国经济腾飞，不仅跃居为世界第二大经济体，也逐渐成为科技、对外贸易、传媒、海陆空及太空复合型发展的大国。逐渐地，经济大国、军事大国、科技大国、贸易大国、传媒大国等称谓以及亚洲地区独特的地缘政治地位，让中国在国际舞台的地位日渐提升。这些年，中国作为经济大国推动着全球经济的发展；作为安理会常任理事国，维护着世界和平和地区稳定；作为"G20"成员、"金砖国家"成员、东盟"10＋3"成员以及上海合作组织成员，推动国际经济规则等逐渐向公正、合理的方向发展。但是，大国并不等于强国，加之中国在国际上的作为有时也并未得到合理、公正的对

待，因此，面对"中国威胁论"等言论，中国也试图从单纯地向国际宣传转为向国际传播。不过，中国这种传播的影响力与中国国内生产总值在世界上的影响力还不成正比。换句话说，中国崛起需要迈向国际传播。2008年5月1日，中国首次提出"构建现代传播体系，提高传播能力"，此后，又制定了《2009—2020年我国重点媒体国际传播能力建设总体规划》，强调要加强中央电视台、中央人民广播电台、新华社、人民网等媒体的国际传播能力建设。但遗憾的是，中国单方面的传播还并不能让世界真正了解中国。在近年有众多关于"一带一路"偏见言论的背景下，中国媒体更需加强与相关国家媒体合作，破除传播障碍，提升合作水平，从而更加深入地与国际媒体开展合作，传播好中国声音，树立好中国形象。

简而言之，中国崛起迈向国际传播需要中国媒体国际合作。而"学术研究应该要利国利民，应该解决当下问题，而不仅是停留在与实践脱节的理论层面"，因此，本书试图以"情境－模式"媒体国际合作理论为依据，运用"程序主义模式分析法"，为中国媒体在新形势下的国际合作提供现实路径。

（三）研究意义

1. 理论意义

首先，本书为新闻传播研究提供了新的研究方法。本书首次介绍了"程序主义模式分析法"。该方法从事物由无数元素构成的逻辑开始，总结出分解元素、结构关系（静态）、操作程序（动态）、选择模式（情境因应）等观念，而这些观念又指导本书去构建新的理论。

其次，本书首次建构了"情境－模式"媒体国际合作理论。这一理论回答了为什么中国媒体参与国际合作在不同时间和空间中面对不同国家的媒体、面对不同体制的媒体会呈现不同的问题，将充实新闻理论的体系。本书试图建构的理论不仅涵盖新闻、传播方面的基本理论，还综合运用各学科的经典理论，结合当前国际化趋势找准媒体国际合作实践重点环节。

最后，本书利用所建构的理论去分析中国媒体国际合作的元素、结构、程序、模式，一方面起到了梳理总结中国媒体国际合作情况的作用，另一方面也为理论研究提供了新的研究视角。

2. 现实意义

首先，本书将为中国媒体通过国际合作提升中国国家形象、提升中华文化软实力并获得经济效益出谋划策。随着中国深入国际舞台，中国的国际形象也需要同步提升。同时，媒体是文化产业的重要组成部分，加上媒体的经济属性，能够在国际合作的过程中谋得经济效益。因此，本书所分析的中国媒体国际合作的元素、结构、程序、模式乃至最后的现实路径，在一定程度上能辅助中国媒体顺利完成国际合作任务。

其次，本书契合"一带一路"倡议，能助力中国媒体与沿线国家媒体合作。一方面，本书选择国际合作论题本身比较契合"一带一路"主题，响应国家号召，做好媒体国际合作工作；另一方面，2015年3月发布的《推动共建丝绸之路经济带和21世纪海上丝绸之路的愿景与行动》和2016年1月出版的《"一带一路"年度报告：从愿景到行动（2016）》强调了媒体合作的重要作用。因此，本书在某种程度上能够为中国媒体做好与"一带一路"和非"一带一路"沿线国家的合作出谋划策。

最后，本书将为中国以及欠发达国家的媒体开展国际合作提供现实模型。笔者在研究过程中发现，媒体的发达程度与国家的经济发展程度成正比，经济发达的国家的媒体相对较发达，反之则亦然。一般而言，经济发达国家的媒体基本上掌控着话语权，甚至导致一些欠发达国家在世界上无法发声或被曲解。巴基斯坦的研究者曾指出："但是直到现在，巴基斯坦因为无法向世界发声，所以依然是一个不为世人所知的国家。"[1] 而黎巴嫩、科威特、叙利亚等阿拉伯国家的媒体代表也曾指出，西方发达国家的媒体有时在扭曲中国和阿拉伯国家的形象。[2] 基于这样的背景，大多数国家都希望能够通过媒体的合作向世界传播一个真实的、不受歪曲的形象。本书所提供的各种模式在一定程度上可以为中国及欠发达国家的媒体合作提供现实模型。

二、核心概念界定与研究现状

（一）核心概念界定

1. 关于"中国媒体"

"中国媒体"这个概念和范围如何界定？本书所指中国媒体主要指中国国家级、省级、地市级、县级的报社、通讯社、电台、电视台、网络以及新媒体，同时，也包括一些媒体公司。前者是从行政级别与媒体体制考虑的；后者

---

[1] Nihal Ahmad，*History of Radio Pakistan*．Oxford University Press，2005．p.108．
[2] BBC World Service Poll：Views of China and Russia Decline in Global Poll，BBC_Country_Release_09_pdf，EMBARGO 00：01 GMT Friday 6 February 2009．

则是从中国媒体产业化发展过程中媒体业务范围发生了变化的角度考虑的。从表面上看，本书所说"中国媒体"的种类繁多、数量众多，但都服从于"党管媒体"这一体制，由中央统一（主要是各级党委宣传部和政府的新闻办公室）管理，由中央决定宣传报道的总体思路，并且在自身定位、体系与结构、经济来源、运作方式以及管理模式上也基本相似。

需要说明的是，本书所说"媒体"并不仅限于某一个、某一种媒体，还综合考虑不同类别、不同形式媒体的共性。换句话说，本书并不是探讨某一个报社、通讯社、电台、电视台、网站乃至新媒体具体如何与国外媒体合作，而是将"中国媒体"作为一个整体。但同时，为了便于读者理解，本书在说明合作的具体领域、模式、方法时会选取某一个媒体去阐释。另外，本书在列举具体合作事件时，将重点考虑"中国媒体"的核心，即具备国际合作能力的媒体，如新华社、人民日报社、中央人民广播电台、中央电视台和中国国际广播电台及其官方网站、新媒体平台。同时，会涉及各省、直辖市上星频道以及省级报社、电台等省级媒体，有线电台、电视台、报社等地方媒体（市级）。另外，中国传媒集团在关键时期具有特殊的作用，因此在适当的时候也会提及。

2. 关于"国际合作"

本书所指的国际合作并非对抗性合作，而是功能性、发展性合作，主要强调以下三个方面：一是合作的对象包括中国境外的政府媒体、公共媒体、私营媒体等媒体，以及个人、公司（企业）、团体、相关单位等非媒体。本书在阐述的时候会更多强调媒体，适当涉及后者。二是国际合作的地点分为中国境内和境外。三是国际合作的形式包括战略合作，高层互访、人才培训等人员交流，版面交换、频道落地、租赁卫星、联合采访、联合拍摄、联合制作等业务合作，股权合作和非股权合作等资本合作。

（二）研究现状概述

媒体的国际合作同国家与国家之间的合作有所不同，也与经济、能源、教育、科技、军事、反恐、网络安全、气候谈判等方面的国际合作不同。因此，关于这些方面的国际合作研究以及相关理论不一定适合媒体国际合作的情况。而针对中国媒体实践、策略的研究多聚焦微观层面，也无法为整个中国媒体国际合作提供可行性策略。

1. 关于国际合作的研究

学界关于国际合作的研究成果较多，可以归纳为国家与国家合作的研究，以及国家内部不同领域国际合作的研究。总的来说，这些研究不能完全概括媒体国际合作的特点。

(1) 从国家与国家层面研究国际合作，不能概括媒体国际合作特点。

西方国家由于经过历次工业革命的推动以及文艺复兴的洗礼，较早提出了全球战略。这样西方国家与国家之间进行国际合作，西方国家内部各子系统参与国际合作也就较早，其关于国际合作的研究成果也非常多。这些研究成果在20世纪八九十年代特别多，且集中体现为研究国家与国家"合作的产生与进化"，典型的就是罗伯特·阿克塞尔罗德（Robert Axelrod）在《合作的进化》中提出人在与他人相互交往的时候，何时会合作，何时会自私，一个人会向从未向自己提供任何回报的朋友一直提供帮助吗，一个企业是否应该为即将破产的企业提供及时服务，美国应该在多大程度上惩罚苏联以应对特定的敌对行为，美国怎样才能最好地与苏联合作等众多问题，并分析了合作条件、合作面临的问题、如何有效合作、如何促进合作等。研究"为什么合作"，典型的成果就是 Arthur Stein 的《为什么国家合作：国际关系的环境和选择》（Why Nations Cooperate: Circumstance and Choice in International Relations）。他在这篇文章中解释了国家行为选择与环境的关系。他认为现实主义和自由主义理论有一套共同的假设：国家是一个单一和有目的的行为者；国家行动的目的是效用最大化；国家互动的舞台是无政府的。① 研究"构建理论视角下的国际合作：无政府状态和批评的假设"，典型的成果就是 Kenneth A. Oye 的《解释在无政府状态下的合作：假设和策略》（Explaining Cooperation under Anarchy: Hypotheses and Strategies）。他分析了无政府条件下合作出现的条件以及各国可采取什么战略来改变其面临的情况从而促进合作。② 此外，国外关于国际合作的研究还集中在"绝对收益和相对收益""霸权和制度""谈判""国际政治经济合作：国际贸易和区域一体化""国际组织与国际合作：从业者的视角"③等方面。

近年来，意大利博洛尼亚大学的博士 Elena Piffero 在《实践中的最佳做法：关于国际合作和参与式城市发展在开罗非正式地区的关键性反思》[Best

---

① Arthur Stein, "Why Nations Cooperate: Circumstance and Choice in International Relations" (review), https://muse.jhu.edu/article/431307/summary.

② Kenneth A. Oye, "Explaining Cooperation under Anarchy: Hypotheses and Strategies", in Kenneth A. Oye, ed., *Cooperation under Anarchy*, Princeton University Press, 1986, pp. 1–24.

③ Changik Jeong, *International Cooperation: The Graduate School of International Studies*. Sogang University, Spring Semester, 2006.

Practices in Practice: Critical Reflections on International Cooperation and Participatory Urban Development in Cairo's Informational Areas (Egypt)]中探讨了德国技术合作（德国技术合作公司以后的 GTZ）在开罗非正式地区（埃及）赞助的参与性城市发展计划等；葡萄牙的 Pedro Faria 和德国的 Tobias Schmidt 在《国际创新合作：来自两个欧洲国家公司层面的证据》（International Cooperation on Innovation: Firm-Level Evidence from Two European Countries）中以葡萄牙和德国的合作为例探讨合作创新中的各种因素，认为除了合作，企业规模和知识保护方法等对两国选择合作伙伴合作也具有积极影响。① 而日本学者有新的研究进展，如 Akira Okada 在《国际合作与机构形成：博弈论的视角》（International Cooperation and Institution Formation: A Game Theoretic Perspective）中试图厘清国际合作与机构形成的关系。另外，中国学者从整体上研究国际合作的成果也较多，研究情况也基本相似。总的来说，无论中外，这些研究成果主要从博弈论、囚徒困境理论的视角去分析国家与国家之间的合作，不太符合媒体国际合作的情况。

（2）从国家内部不同领域研究国际合作，不能概括媒体国际合作特点。

西方国家除了从整体上研究国际合作，还特别重视研究不同领域的国际合作，主要涉及经济、能源、安全等方面。而近年来，这些研究范围正不断扩大，涉及贸易、健康、教育、农产品、生物工程、地区国际合作、航空产业、商业服务、网络安全、气候变化、交通运输、反恐等众多领域。这类研究基本上根据本领域的特殊性去探讨国际合作过程中的方法、技巧、问题、模式以及政策法律等问题。但总体来说，其只适用于特定领域，无法满足媒体国际合作的需求。

在中国，国际合作在各行各业开展得较为频繁，各领域的研究成果也比较多。以中国知网为例，截至 2017 年 2 月 13 日，来自 40 个学科发表于期刊上的以"国际合作"或"国际""合作"为名的文章达10 721篇。具体统计情况见表 1。

---

① Pedro Faria, "Tobias Schmidt, International Cooperation on Innovation: Firm-Level Evidence from Two European Countries", ftp: //193.196.11.222/pub/zew-docs/veranstaltungen/innovationpatenting 2008/papers/FariaSchmidt.pdf.

表1 中国知网上关于"国际合作"方面的研究成果统计表

学科	数量	学科	数量	学科	数量
工业经济	1 554	出版	164	投资	83
经济体制改革	1 370	石油天然气工业	161	动力工程	80
高等教育	757	交通运输经济	143	汽车工业	74
科学研究管理	756	医学教育与医学边缘学科	140	人才学与劳动科学	73
中国政治与国际政治	679	教育理论与教育管理	122	财政与税收	72
贸易经济	649	有机化工	121	矿业工程	71
宏观经济管理与可持续发展	442	医药卫生方针政策与法律法规研究	120	气象学	71
金融	412	建筑科学与工程	116	旅游	69
农业经济	378	图书情报与数字图书馆	110	林业	68
国际法	353	公路与水路运输	96	公安	67
企业经济	339	航空航天科学与工程	96	无机化工	66
职业教育	331	外国语言文字	92	地质学	64
环境科学与资源利用	329	水利水电工程	90		
轻工业手工业	179	信息经济与邮政经济	84		

由表1可知，开展国际合作研究较多的领域为经济、教育、金融、环境科学与资源利用等。这些研究重心在于本领域国际合作的特点、现状、问题以及如何做好国际合作等；同时，将国际合作作为一种研究背景来探讨。这一时期，中国知网上关涉"国际合作"或"国际""合作"的博士、硕士学位论文成果也较多，达566篇。总体上说，这些研究比较微观，多集中于本领域。由于每个领域有其特定的规律、特点，因此，相关研究虽然为媒体国际合作奠定了一定的基础，但不能完全覆盖媒体国际合作的特点。

2. 关于中国媒体国际合作的研究

总的来说，当前并没有提出一个准确的关于媒体国际合作的理论，也就更没有关于中国媒体国际合作的自创理论了，但关于中国媒体国际合作的实践、策略方面的研究成果特别多，主要表现在以下两个方面。

（1）描述中国媒体开展国际合作的情况。

第一，从地域层面出发描述中国媒体的国际合作。

首先是从中国出发，研究国内媒体与周边国家媒体的交流与合作。就研究新疆地区的媒体与周边国家的媒体交流与合作而言，研究者从新疆与中亚国家的文化接近性、地理接近性等角度分析新疆媒体与中亚国家的媒体交流与合作。焦若薇连续发表了多篇文章来分析新疆地区媒体向中亚、北亚国家的传播，尤其关注这些地区国家受众传播问题①，但她并未特别强调双方应该是合作关系。近年来，由于"一带一路"倡议将新疆作为重要窗口，其研究成果也增多。王雅静指出新疆人民广播电台、新疆电视台、新疆网络传媒应该解决与中亚五国的媒体在交流合作中存在的问题。②帕丽丹·买买提沙他尔在研究新疆与中亚的合作时，指出其传媒产业合作的空间巨大，双方应该尽快形成需求共赢、利益互补的传媒产业链。

就研究黑龙江地区的媒体与周边国家的媒体交流与合作而言，研究者主要探讨黑龙江的报社、电视台、网络与新媒体与俄罗斯的媒体交流合作问题。郑亚楠指出黑龙江地方媒体与俄罗斯远东地区的媒体合作主要是通过广电落地合作、举办"电视周"等方式来实现，但是又面临着"严酷的境外准入制度"等问题。③朱东晖指出，"黑龙江电视台分别与全俄国家广播电视公司驻哈巴和海参崴分公司商定，每周向俄方传送《你好，俄罗斯》俄语节目，每日传送反映中国及黑龙江经济、文化及百姓生活的中文节目，经俄方编辑后播出。此外，东北网、《黑龙江经济报》、《黑龙江日报》、《伙伴》杂志、《图们江报》、满洲里俄语新闻中心都与俄媒达成了不同程度的信息互换与交流合作意向"④。

就研究云南地区的媒体与周边国家的媒体合作而言，一方面，研究者将云南媒体作为一个整体研究其与东南亚国家的合作情况；另一方面，分别研究云南媒体与老挝、缅甸、柬埔寨、泰国以及其他周边国家的媒体合作。李晓霞梳理了云南与周边国家媒体联合协作的基本状况、特点、问题及解决办法。⑤同时，王林、李晓霞梳理了云南报业集团与马来西亚星洲传媒集团开展新闻资讯交流互换合作，以及印尼《国际日报》、缅甸《金凤凰》等媒体的基本信息，并指出云南广播电视台先后与泰国、老挝和柬埔寨合办了3场大型春节联欢晚会。

就研究广西地区的媒体与周边国家的媒体合作而言，由于广西经济走廊对

---

① 焦若薇：《新疆与中亚、北亚跨界民族受众研究》，载《新闻爱好者》2012年第18期。
② 王雅静：《加强新疆与中亚传媒产业合作，共同促进区域经济合作发展》，载《大陆桥视野》2014年第6期。
③ 郑亚楠：《黑龙江地方媒体对俄罗斯远东地区的传播战略研究》，载《现代传播》2014年第5期。
④ 朱东晖：《中俄媒体的再次握手》，载《对外传播》2014年第4期。
⑤ 李晓霞：《云南与周边国家媒体联合协作的问题与可能性》，载《云南行政学院学报》2015年第3期。

东盟的特殊性，广西的媒体与周边国家媒体的交流合作较其他边疆省区媒体开展得更加频繁。关于广西媒体与周边国家媒体合作的研究成果也相对较多。这些研究内容既包括广西与东盟各国新闻媒体的合作，又包括广西与东盟各国传媒产业的合作；既将广西媒体作为一个整体去研究与东盟的合作，又分别研究具体媒体之间的合作；既研究广西媒体与东盟各国媒体合作的基本情况，又研究其合作方法。总而言之，研究成果十分丰富、多样。

其次是从中国媒体角度出发，研究其与不同国别、地区的媒体的交流与合作。21世纪以来，中国与世界各国在各个方面都开展着深入合作，中国媒体也在与不同国家、不同地区的媒体进行交流与合作。从近年来的研究情况看，中国媒体合作对象多集中于美国媒体、俄罗斯媒体、新加坡媒体、埃及媒体、澳大利亚媒体、韩国媒体等。邱一江和秦珊在研究中美媒体合作时，指出中美两国电视台经常采用互用对方稿件或节目、合拍电视节目、举办中美有线电视高级管理研讨会、技术合作、对等落地等方式合作。[1] 李湘艳在研究中俄媒体合作时探讨了双方合办通讯社和互设记者站、办刊出书、影视业合作以及人员交流等，将双方合作历程分为合作的摸索期、规范期、深化期，并指出双方合作效率和效益低下、文化传统影响传媒合作发展以及只重表面不重实质等问题。[2] 张梓轩在研究中国与新加坡合拍电视剧时指出江苏电视台1995年与"新视"合拍电视剧《情丝万缕》是中新合拍剧的开始，分析了中新合拍剧高度集中于神话剧、古装剧，并认为合拍政策收紧导致双方合作方式发生变化。[3] 贾鹏在研究中埃电视媒体合作的前景时指出，从20世纪50年代中期开始，中埃两国就在新闻领域开展交流与合作，认为埃及的电视开机率较高为双方电视合作带来了机遇，但是由于采取"天空开放"政策，英国、美国、法国、俄罗斯、德国、韩国、土耳其等国家的媒体纷纷进入埃及，给中埃电视的合作带来了严峻的挑战。[4] 研究者研究中国媒体与澳大利亚媒体和韩国媒体合作时，主要从双方合作的具体案例角度出发。

最后是从中国媒体与阿拉伯国家、"一带一路"区域媒体合作的角度去研究。王南在研究中国媒体与阿拉伯国家的媒体交流与合作时，强调中阿双方从20世纪50年代中期就开始采用多样化的合作方式进行双向交流；进入21世

---

[1] 邱一江、秦珊：《中美电视合作与竞争关系》，载《暨南学报（人文科学与社会科学版）》2004年第9期。

[2] 李湘艳：《当代中俄传媒合作研究》，黑龙江大学硕士学位论文，2014年。

[3] 张梓轩：《中国大陆与新加坡电视剧合拍研究》，载《现代传播》2012年第2期。

[4] 贾鹏：《中埃电视媒体合作的前景展望》，载《阿拉伯研究论丛》2015年第1期。

纪以后，双方交流更加频繁，互设分社也增多，而这样的合作将顺应中阿友好关系的发展，增进中阿间的了解和友谊。① 赵永华、王硕在研究"一带一路"的媒体合作时，重点从全球治理视域宏观分析了媒体合作，指出媒体合作的目的在于促进区域经济发展、解决区域性问题、加强国家与人民之间的沟通；媒体合作的主体是国家、地方与媒介组织；国家和政府在媒介合作的绩效评估要建立透明的规则等。② 车南林与蔡尚伟在研究"一带一路"的媒体合作时指出合作的意义在于还原"一带一路"沿线国家形象，营造舆论氛围，助力各国政治经济同发展；促进"一带一路"地区的媒体合作，实现国家发展共赢目标；发展"一带一路"沿线国家特色媒体产业，增加沿线国家的文化产业收入。但是媒体合作又面临意识形态、语言、文化等差异，部分国家经济欠发达、社会不稳定，各国媒体体制、政策、法律的限制，各国媒体人才培养、技术、管理相对落后等问题。③

近年来，研究中国媒体与不同国家媒体或者机构、公司、组织等之间交流、合作的成果也较多，基本上都是从媒体产业角度去探讨中国媒体的国际合作的。其中，澳大利亚的学者研究成果较多，主要聚焦中国媒体与世界各国媒体在电影产业、新媒体产业方面的合作。澳大利亚昆士兰大学彭伟英（Weiying Peng）研究了中澳、中美的合作问题。彭伟英在《追逐龙的尾巴：中澳电影联合制作》（Chasing the Dragon's Tail: Sino-Australian Film Co-productions）中提出了中澳电影联合制作是在 2007 年签署并于 2008 年实施的条约的基础上开始的，探讨了推动中澳两国电影制作携手合作的动因，分析了中澳联合制作条约带来的挑战，指出双方只制作了几部低调电影的问题，④ 并用《龙珠》（The Dragon Pearl）、《33 张明信片》（33 Postcards）两个案例详细分析了中澳在资本合作等方面的情况；同时，彭伟英在《中美电影合作：全球媒体引导者》（Sino-US Film Coproduction: A Global Media Primer）中全面探讨了中美媒体联合制作电影的历程，指出中国政策、语言差异、文化差

---

① 王南：《中非媒体交流与合作》，载《亚非纵横》2010 年第 3 期。
② 赵永华、王硕：《全球治理视阈下"一带一路"的媒体合作：理论、框架与路径》，载《国际新闻界》2016 年第 9 期。
③ 车南林、蔡尚伟：《"一带一路"上的中国广播电视媒体合作历程》，载《西南民族大学学报（人文社科版）》2016 年第 11 期。
④ Weiying Peng, "Chasing the Dragon's Tail: Sino-Australian Film Co-productions", *Media International Australia*, 2016, Vol. 159 (1), pp. 73–82.

异、体制差异、主导权等问题对双方联合制作的影响,真合作与假合作等情况。① 另外,也有中国与韩国在电影、新媒体方面的合作的研究成果:澳大利亚伍伦贡大学的 Brian Yecies 在《中韩联合制作协定:合作遭遇和中国电影的加速扩张》(The Chinese-Korean Co-production Pact: Collaborative Encounters and the Accelerating Expansion of Chinese Cinema)中认为联合制作协定对中韩两国联合制作电影、加速中韩两国电影国际化有着极大的帮助。而他在《多感觉类型的跨国合作:在中国开发韩国 4D 电影》(Transnational Collaboration of the Multisensory Kind: Exploiting Korean 4D Cinema in China)中又以中韩合作为个案,探讨了在韩企业 CJ Global 的电影展览室工作人员如何推广四维运动宽屏电影技术,揭示了一种新型的不显眼的跨国合作,不仅让韩国后期制作者能够为中国电影业的发展做出贡献,而且能够让中国媒体整合来自国外的技术创新和想法。② 他和其他合作者还研究了中国媒体与东亚国家媒体产业的合作。澳大利亚伍伦贡大学 Brian Yecies、科廷大学迈克尔·基恩(Michael Keane)、昆士兰理工大学的 Terry Flew《东亚音像合作和中国媒体的全球扩张》(East Asian Audio-visual Collaboration and the Global Expansion of Chinese Media)一文认为,中国崛起开展的媒体国际合作对东亚视听合作有着极大的帮助,而相关政策对国际合作者对电影、电视、在线和移动视频内容的生产具有重要影响。同时,百度、阿里巴巴、腾讯以及万达集团等是中国媒体尤其是数字媒体与文化产业国际合作中的得力主体。③ 需要特别注意的是,Brian Yecies 的文章是澳大利亚研究委员会的探索项目《愿意合作者:东亚媒体生产的谈判变化》(140101643)的研究成果。由此可见,中国媒体的国际合作已经引起了一些国家的高度重视。

第二,从类别角度去研究中国媒体的国际合作。

首先是研究报社的国际合作。与广电媒体相比,报社的国际合作相对较弱,因此近年来的研究成果相对较少,主要内容集中在《今晚报》《新民晚报》《广西日报》等媒体的具体合作实践上。任天智、吴会增在研究《今晚报》的国际合作时指出,在"走出去"政策的支持下,2002 年 3 月今晚报社与美国

---

① Weiying Peng, "Sino-US Film Coproduction: A Global Media Primer", *Global Media and China*, 2017, pp. 1—17.
② Brian Yecies, "Transnational Collaboration of the Multisensory Kind: Exploiting Korean 4D Cinema in China", *Media International Australia*, 2016, Vol. 159 (1), pp. 22—31.
③ Brian Yecies, Michael Keane, Terry Flew, "East Asian Audio-visual Collaboration and the Global Expansion of Chinese Media", *Media International Australia*, 2016, Vol. 159 (1), pp. 7—12.

国际日报社合作在洛杉矶创办了《今晚报·美国版》。此后，今晚报社探索与海外有影响力、有一定实力的华文媒体合作，借助海外华文媒体的平台优势以及自身优质的内容，通过与天津外国语大学高级翻译学院合作保证英文和日文翻译的质量，通过与在津学习的西班牙人合作保证西班牙文的质量。到2012年，今晚报社已经与50多家海外华文媒体在平等互利的基础上建立了长期的战略合作伙伴关系。① 新民晚报海外文稿部田金星则主要研究《新民晚报》海外版的对外合作。谢卓华在研究《广西日报》与越南报刊媒体合作时，指出双方增加了人员互访、业务交流，加强了合作意识。

其次是研究广电媒体的国际合作。在中国媒体国际合作的道路上，虽然广电媒体的合作实践最多，但近年来，其相关研究还是较少，主要集中在研究广电媒体的合作历程、意义等。车南林、蔡尚伟在研究"一带一路"上的广电媒体合作时，指出由于国际关系变化，中国外交政策变化、体制改革以及沿线各国经济欠发达、社会欠稳定、媒体欠发达等，其合作历程大致可分为曲折开展期（1950—1978）、恢复开展期（1979—1992）、稳步发展期（1993—2012）以及战略机遇期（2013至今）。② 宁夏广电总台尤艳茹在研究中国与阿拉伯国家的广播电视合作的意义时指出，广播影视的激励功能可以为中阿广电业合作提供强大的精神动力和文化氛围，广播电影的产业功能可以为中阿广电业合作提供新的经济增长点。中央人民广播电台总编室张艺龄在研究广播电台跨国合作的意义时，以"维也纳新年音乐会"转播为例指出跨国合作是能让各国民众接受和喜爱的。

最后是研究通讯社的国际合作。与报社、广播电台、广播电视台不同，通讯社属于信息的总汇，本质上就需要与世界各国媒体进行信息互换。而近年来，关于通讯社新的合作方式的研究成果还比较少。张云龙、帅蓉在研究新华社的海外融合之路时提出，新华社欧洲总分社通过与世界最大的电信运营商之一的西班牙电信集团签署合作协议，将中国新华新闻电视网（CNC）电视节目纳入该集团的电视频道、客户端及网站；与英国《简氏防务周刊》合作，为其直接提供涉及中国的图片；与Facebook、Twitter、YouTube合作，开通统一社交媒体账号"New China"等。其新媒体融合之路不断推进，促使其国际

---

① 任天智、吴会增：《走向世界的〈今晚报〉》，载《中国报业》2014年第5期。
② 车南林、蔡尚伟：《"一带一路"上的中国广播电视媒体合作历程》，载《西南民族大学学报（人文社科版）》2016年第11期。

合作事业持续发展。①

第三，从个案层面研究中国媒体国际合作。

首先是从某次项目去分析两国或多国媒体之间的合作。在国际合作的过程中，中国媒体的主要合作对象是美国、英国、日本、韩国的媒体，因此研究这些合作具体项目的成果比较多，集中体现在中美合拍电影、电视剧、纪录片，中英合拍纪录片、动画片，中日合作影视、动漫，中韩合作电视剧等方面。其中，兰州大学文学院冯欣以跨文化制作和传播为视角，探讨了《美丽中国》整个制作环节中存在的跨文化现象，分析了跨国合作制片过程中文化身份差异所带来的文化对撞问题。冯欣还从"《美丽中国》的创意来源""创意的实现过程""中英双方团队在拍摄中的分工合作""资金构成分析""文本分析""传播策略""《美丽中国》的传播效果"等方面论述了央视控股的中视传媒股份有限公司（CTV）与英国广播公司自然历史部（BBC NHU）联合拍摄纪录片《美丽中国》的相关情况，特别提到双方经历长时间谈判，为各自争取利益，确定人员分工、资金构成等事宜。② 冯欣的研究对媒体与媒体之间进行联合拍摄纪录片具有十分重要的指导意义。另外，张俊梅在研究中韩合作时以《奇怪的她》与《重返20岁》为例，探讨了中韩合作新模式"一本两拍"，认为这种模式促进了两国影视的交流及跨国合作。③

其次是从个案层面去探讨合作的意义、必要性。无论是传统媒体的国际合作还是网络与新媒体的国际合作，均对双方的媒体发展有极大的意义，最为关键的是促进了双方民众的相互理解。杨红川、张若谷以《云南日报》与柬埔寨《柬埔寨之光》合作开辟《柬埔寨之光·美丽云南》专刊为例，指出该专刊为柬埔寨各界人士提供了丰富的新闻资讯，增进了柬埔寨与云南的相互了解和沟通，有利于双方在经贸、文化、旅游、教育等各领域更有成效地合作。④ 牛光夏以中英合拍的纪录片《孔子》为例，简要分析了该片对于双方进行文化交流的重要意义。⑤ 周铁东以《金陵十三钗》的海外失利为例，提出加强与好莱坞

---

① 张云龙、帅蓉：《外宣媒体海外融合之路初探——以新华社欧洲总分社为例》，载《对外传播》2015年第9期。

② 冯欣：《〈美丽中国〉全案研究》，载《中国电视（纪录）》2012年第8期。

③ 张俊梅：《"一本两拍"中韩影视合作新模式浅析——以〈奇怪的她〉与〈重返20岁〉为例》，载《今传媒》2016年第8期。

④ 杨红川、张若谷：《牵手柬埔寨 共建媒体合作大通道》，载《云南日报》2015年2月12日第8版。

⑤ 牛光夏：《中英合拍纪录片〈孔子〉：国际视角下对历史人物的当代观照》，载《中国电视》2016年第4期。

合作对中国电影全球战略的必要性。①

国外研究者也从宏观的角度分析了中国媒体合作的问题,对中国媒体走好国际合作道路具有一定的帮助。迈克尔·基恩在《走向全球还是无路可走？中国媒体的时间流逝》（Going Global or Going Nowhere? Chinese Media in a Time of Flux）中重点介绍了中国媒体行业如何扩展到新的领域,确定了中国文化和媒体产品交易和消费的几种机制：成品内容、联合制作、格式和在线平台；考虑了国内节目海外拍摄的价值和国际媒体资产的收购；批评了在媒体制作方面,中国媒体生产者倾向于选择避免风险,而不是创造性探索。该文还指出中国生产商、投资者和从业者缺乏国际市场和受众观念的知识。② 该文虽然没有重点介绍中国媒体如何开展国际合作,但是犀利地指出了中国媒体在国际市场存在的问题,有助于提升中国媒体国际合作。

(2) 为中国媒体国际合作出谋划策。

第一,从中国媒体国际合作宏观策略方面展开研究。20世纪90年代,蔡尚伟从宏观上明晰了竞争与合作的关系,并提出媒体需要考虑减少竞争者、改善竞争环境、增强自身竞争力、出于道德的需要加强合作。此外,他还详细解释了媒体合作时要"选择恰当的合作伙伴",形成"紧密合作"或"松散合作"的"集中式联盟""综合联盟""合资媒体""集团"等合作体。③ 进入21世纪,从宏观上研究媒体合作的成果逐渐增多,总的来说,这些从宏观上探讨中外媒体合作的研究成果基本上从中国媒体发展的角度讲清楚了合作的意义、基本原则、基本策略等,但也存在没有细述中国媒体与某些国家媒体合作的具体方法、形式、模式等问题。

第二,从中国媒体与不同国别媒体合作策略方面展开研究。从国别角度研究中国媒体国际合作情况,除了关注中美、中俄媒体合作策略,还比较关注中国与阿拉伯世界国家媒体合作策略。比如,贾鹏提出中埃双方可以通过"将阿语频道打造成阿拉伯语的新闻频道""加大对埃及的报道力度,并在埃及制作节目""在埃及本土电视台'植入性'播出我国的电视节目""与埃及联合制作中国电视剧的阿语配音版""加快纪录片交流发展""加大汉语教学节目的播出量""优化免费落地方式,注重阿语频道的宣传推广""将开罗设为央视阿语频

---

① 周钦东：《好莱坞与中国电影的全球战略——从〈金陵十三钗〉的海外失利看加强中美合拍的必要性》,载《电影艺术》2012年第5期。

② Michael Keane, "Going Global or Going Nowhere? Chinese Media in a Time of Flux", *Media International Australia*, 2016, Vol. 159 (1), pp. 13–21.

③ 蔡尚伟：《媒体合作：媒体竞争的明智策略》,载《新闻与传播研究》1999年第4期。

道观众互动、反馈和联谊的基地"等方式推动中国和埃及在电视领域的合作。① 除了研究某个国家,还研究中国与整个阿拉伯世界媒体合作的情况,如谭震、陈杰等重点研究中阿媒体如何进行交流沟通。

第三,从中国地方媒体国际合作策略展开研究。这些地方媒体都是在地缘、文化方面与周边国家比较接近的边疆省区,如跟俄罗斯接壤的黑龙江,跟东南亚国家接壤或临近的云南、广西;也有在地理上与他国没有多少关系但主动寻求合作的媒体,如广东、浙江等地的媒体。这些地方大多在国家"一带一路"倡议的战略节点上。基于这样的背景,一些研究者主要从地方媒体层面去研究国际合作方式、方法,探讨新的合作策略。

第四,从中国媒体产业合作策略方面展开研究。随着改革开放及文化和经济体制改革,中国媒体产业迅猛发展。中国媒体与世界各国媒体在产业方面的合作也逐渐增多,这方面的研究成果也相对较多。从微观上探讨合作模式的主要有万兴伟,他分析了中国传媒产业的规模与结构的变化和"东盟传媒产业现状",探讨了中国与东盟传媒产业合作模式,如品牌合作、节目合作、联合开发版权、合作开发传媒技术、人力资源管理合作等业务合作模式;组建合资公司、组建媒介购买公司和广告代理公司,组建传媒咨询管理服务类公司,组建联合出版企业等资本合作模式。② 除了分析某个国家的产业合作情况,大多是对产业未来合作的期待,比如,刁鸿珍、许文才、罗士研究中国媒体与德国媒体的产业合作,分析了"经济方面的挑战""产业结构的挑战""产业结构重组""技术创新""绿色印刷和可持续发展"等德国印刷媒体市场的发展现状,展望了中德在印刷媒体产业的未来合作。此外,蔡君阐释了中国与新加坡媒体产业合作的美好远景。由此看出,中国媒体国际合作道路中,产业合作是比较可行的,只是其合作策略还需要进一步优化。

总的来说,这些研究成果主要探讨中国媒体国际合作的问题、意义、合作方法以及对策,未从众多具体事件、案例中去总结规律,进行逻辑演绎,归纳成具有普适性的理论。这正是本书要着力解决的问题。但不可否认的是,这些研究成果为本书建构理论及探索中国媒体国际合作的路径奠定了坚实的基础。

---

① 贾鹏:《中埃电视媒体合作的前景展望》,载《阿拉伯研究论丛》2015年第1期。
② 万兴伟:《中国与东盟传媒产业合作模式》,载《广西财经学院学报》2011年第6期。

三、研究思路、理论基础与方法

（一）研究思路

本书研究思路是理清中国媒体国际合作的必要性、重要性、战略性，建构媒体国际合作理论，检验理论，梳理中国媒体国际合作的情况，提供现实路径。围绕这样的思路，首先，要研读大量国际合作案例、国际合作理论、新闻传播理论等，以及与媒体形成、发展、合作相关的全球局势变化、国际关系变化、社会变革、政策变化、经济发展、外交观念变化等的相关文献。同时，还要研读与中国媒体本身变革有关的材料。其次，通过梳理大量相关文献，站在哲学的、思辨的高度，按照从现象到本质、从微观到宏观、从个别到一般等逻辑，借鉴国际合作理论、系统论、5W模式、马莱茨克模式的观点以及结构主义的思想，借助程序主义模式分析法、归纳法、演绎法等去建构出具有普适性的"情境－模式"媒体国际合作理论。再者，希望通过美国探索频道（Discovery）和英国广播公司（BBC）30多年的合作去检验理论。之后，依据建构的理论梳理中国媒体发展过程中的元素、结构、程序、模式，总结出中国媒体国际合作的模式，或者说找到中国媒体在不同情境下的国际合作模式。最后，希望能够将这个新理论作为具体的理论指导，发现中国媒体在"一带一路"背景下进行国际合作中的不足，并为其找到解决路径。

（二）研究理论基础

1. 国际合作理论

国际合作理论在美国、英国研究较多，主要针对经济、政治、文化等领域的研究。其中，美国的研究又最多，如新现实主义的霸权合作论、建构主义的合作文化论等，都是本书的理论基础。一些学者认为国际合作的最优策略是"一报还一报"（Tit for Tat）。而纵观国际合作理论会发现，其理论基础主要是博弈论、囚徒困境理论。这两个理论也是本书的理论基础，尤其是交互式囚徒困境中领导者首先行动、追随者随后行动，然后领导者再次行动，如此循环往复。这个理论也为本书奠定了理论基础，解释了媒体在合作过程中势必存在一方先行动，另一方被动参与，然后一方再次行动，另一方紧随其后的情况。另外，华中师范大学宋秀琚博士也建构了国际合作理论，认为国家能力、国家意愿、国际社会与国际合作密切相关,① 这也是本书建构媒体国际合作动力与影响因素的理论基础。

2. 系统论

本书在整个思维建构、理论提出以及研究成果框架组建等方面都使用了信息科学"三论"中著名的"系统论"。关于系统论的共识有两种:一种是美籍奥地利生物学家贝塔朗菲提出的一般系统论,也叫作经典系统论;另一种是圣菲研究所的现代系统论。二者存在区别与联系,都探讨事物系统的"涌现"或"整体大于部分之和"的性质。另外,特别要注意的是,现代系统论认为系统发展变化的总体机制是通过整体的发展变化最终表现出来的,而整体的发展变化则是要素、层次、结构、功能以及环境因素共同作用的结果。② 现代系统论还认为任何系统发展都呈现出上升和下降两个阶段,这为本书分析媒体国际合作的周期模式奠定了坚实的理论基础。在借鉴上述理论的基础上,笔者尝试解释中国媒体国际合作作为社会总系统的一个子系统受到社会总系统的控制以及合作总会存在周期的问题。

3. 新闻学、传播学的相关理论

媒体是新闻学、传播学的研究对象,因此,本书运用了新闻学中关于媒体与政治、经济、文化、社会关系相关理论,媒体二重属性理论,"受众=市场"理论等。同时本书还大量运用了传播学中的拉斯韦尔"5W"模式、马莱茨克模式等众多理论。本书在建构理论时,主要依据拉斯韦尔提出的传播过程五要素,指出媒体国际合作具有八大基本元素。此外,本书还运用了受众理论,主要在本书最后一章,考虑到媒体国际合作最终的目的是通过多种多样的信息传播影响每一个个体,所以必须要注意到受众的兴趣、爱好、宗教信仰、内在需求等。总而言之,本书并非孤立的研究,是在新闻学、传播学理论成果的基础上展开研究的。

(三)研究方法

1. 思辨的方法

本书在建构"情境-模式"媒体国际合作理论时,主要使用的是思辨的方法。本书重视从现象到本质、从微观到宏观、从具体到抽象,重视逻辑起点,

---

① 宋秀琚:《国际合作理论:批判与建构》,华中师范大学博士学位论文,2006年。
② 常绍舜:《从经典系统论到现代系统论》,载《系统科学学报》2011年第3期。

强调逻辑关联性，从而抽象出"情境－模式"媒体国际合作理论，并解释清楚媒体国际合作理论的内涵与外延、理念与模型、功能与意义等。同时，思辨的方法是贯穿本书的最核心的方法。

2. 归纳法

在建构理论时需要从大量国际国内媒体国际合作的案例中去归纳总结，因此本书运用了归纳法。同时，在分析中国媒体国际合作的元素、结构、程序、模式时又需要大量的案例证明论点，因此，本书也采用这种方法去归纳案例的特性。

3. 深度访谈法

从传统意义上讲，深度访谈法主要是利用访谈者与被访者之间的口语交谈，达到了解被访者的动机、信念、态度、看法及做法的目的。随着网络技术的发展，也可通过在线聊天、网络视频等方式实现访谈。因此，本书结合传统的面对面访谈法，以及新兴的在线访谈法，与英国、西班牙、德国、法国、日本等国家的中国留学生进行线上访谈，了解他们接触中国媒体的情况及期待，从而掌握媒体国际合作中的受众需求，为中国媒体国际合作找到当下路径。

四、研究框架与难点

（一）研究框架

本书坚持"论从史出"的逻辑，采用"角色－情境"研究法、"目标－问题"导向法的逻辑统摄整个研究过程；按照理清中国媒体国际合作的必要性、建构媒体国际合作理论、检验理论、梳理中国媒体国际合作的情况、提供现实路径的思路构建框架；采用程序主义模式分析法和逻辑演绎法去建构国际合作理论，并用该理论分析中国媒体国际合作的元素、结构、程序、模式；再结合"一带一路"背景，采用深度访谈法等了解受众需求，探索中国媒体国际合作的现实路径。本书大致分为四个部分：

第一部分为绪论。主要介绍本书的研究背景、目的、意义、研究现状、概念界定、研究思路、研究的理论基础与研究方法、研究框架与难点等。

第二部分为第一章"中国媒体国际合作的背景"。该章重点从全球化背景的推动、中国崛起态势的需要以及中国媒体系统的进化需求等方面探讨中国媒体国际合作的必要性、重要性与战略性。

第三部分为第二、三、四、五章。第二章"'情境-模式'媒体国际合作理论的建构",第三章"中国媒体国际合作的元素与结构",第四章"中国媒体国际合作的程序",第五章"中国媒体国际合作的模式"。这四章作为一个部分,主要是从理论建构到分析中国媒体国际合作情况,总结出中国媒体国际合作的固定模式,从而为解决当前中国媒体国际合作的实际情况做好铺垫。

第四部分为第六章"中国媒体国际合作的现实路径"。该章重在运用建构的"情境-模式"媒体国际合作理论,基于"一带一路"这一国际倡议去解决当前中国媒体国际合作遇到的问题。

(二)研究难点

1. 建构新的理论较难

本书试图采用程序主义模式分析法去建构一种新的媒体国际合作理论。但是,因为该方法属于新的方法,是否被其他研究者认同还不得而知。因此,运用新方法去建构理论本身就是一种挑战,可以说困难重重。建构新理论的过程涉及跨学科的众多相关概念,而这些概念本身在不断完善和发展中,加之笔者学科背景的局限,所以笔者在建构过程中可能对相关概念的把握还不是那么准确。另外,建构新理论需要从具体到抽象、从微观到宏观,而在这一过程中可能也会因为对概念内涵、外延等的不熟悉而导致对相关概念把握不到位。但是,能够主动采用新思维去建构某种理论还是有积极意义的。

2. 选取研究对象较难

本书没有选择相对单一的研究对象,而是将所有对象都放到一个宏观视角下去讨论,因此,在阐述过程中既会涉及电视、广播、网络等媒体,又会涉及世界各国的政治、经济、文化等,研究对象过于宽泛、复杂。这导致在阐述过程中无法集中阐述某一种对象,使阐述稍显不精准。不过,从整体、宏观角度去考虑研究对象也避免了琐碎的记录。

3. 借鉴相关材料较难

本书建构理论需要找到大量历史事实材料和国际合作事务材料。于前者,本书希望找到关于媒体国际合作的历史材料,但是搜集起来比较困难。这主要是因为相关私人信件、个人纪录等实在太少。于后者,中国与世界各国媒体合作的新闻信息、文字记录虽然较多,但是囿于笔者资源有限而无法获得。为了完成本书,笔者也申请到美国学习,希望找到一些可以采访的对象进行深入采访,即使找到相关愿意接受采访的对象,也因其难以准确了解笔者的意图以及回答问题词不达意,导致难以获取到足够多的准确信息。不过,能够从相关材料中总结出部分有用信息,对学术研究建构理论以及加强中国媒体国际合作工作还是有意义的。

第一章　中国媒体国际合作的背景

全球文化产业的繁荣与发展、全球文化科技的进步与腾飞以及全球媒体共谋未来发展等为中国媒体带来国际合作的机遇。同时，中国经济崛起、中国参与国际事务以及中华文化的国际传播也需要中国媒体参与国际合作。此外，中国媒体不断转型升级，在内在需求的推动下参与了国际合作，但也需要去解决合作中呈现的各种问题。这样，在全球局势瞬息万变的时代，面对"一带一路"倡议，中国媒体继续开展国际合作就有一定的必要性、重要性与战略性。

第一节　全球化背景与中国媒体国际合作

近年来，全球化进程进一步加快，给世界各国的经济、政治、文化、军事、教育、科技、医疗等方方面面带来了更为深刻的影响。在这一进程中，全球文化产业繁荣、全球文化科技进步以及全球媒体共谋发展大计已经推动中国媒体与国外媒体在产业方面进行合作。未来，这一推动力量将更加拓展中国媒体的国际合作范围。

一、全球文化产业繁荣

文化产业作为高收益、无污染产业，已成为全球各国发展经济的重要杠杆。据相关统计，2006年，全球文化产业每天创造220亿美元产值，并以5%左右的速度递增。2014年，文化产业占本国经济重要地位的前十个国家分别是美国、韩国、圣卢西亚、匈牙利、澳大利亚、圣基茨和尼维斯、中国、巴拿马、新加坡、俄罗斯。其中，美国总体版权产业对GDP的贡献占了近12%，而以影视为核心的版权产业占了7%。紧随其后的韩国，其文化产业对经济的贡献也近10%，其他国家的文化产业对经济的贡献也都超过5.18%。[①]

---

① 数据源自WIPO，http://www.wipo.int/copyright/en/performance/.

全球文化产业不仅在发达国家繁荣发展，也在部分发展中国家繁荣起来。美国、加拿大、德国、英国、法国、日本等发达国家均将以媒体产业为核心的文化产业作为发展国家经济的一个重要力量，甚至已将文化产业视作国家的支柱产业。同时，泰国、印度等发展中国家也努力发展文化产业。全球文化产业的繁荣发展推动了中国文化产业的发展，各国在向外输出文化的过程中也促进中国媒体参与合作，甚至开展资本合作，从而扩大了中国媒体国际合作的范围。

（一）发达国家文化产业繁荣发展为中国媒体国际合作提供了机遇

20世纪90年代中后期，为应对金融危机，日本、美国、英国、韩国等发达国家十分重视发展文化产业。同期，加拿大、法国、芬兰、德国、澳大利亚、南非等国家也加速推进文化产业发展。其中，美国、日本、韩国、英国、德国、法国的文化产业发展不仅繁荣发展，且各具特色。

美国主要打造电影、电视产业。美国政府通过制定《专利法》《版权法》《反不正当竞争法》《版权期限延长法案》《数字千年版权法》等方式充分保护版权产业的合法利益；影视公司通过并购、融合不断做大做强，诸如时代华纳、迪士尼、派拉蒙、福克斯等影视公司一方面重视整合全球文化资源，不断挖掘、吸收、整合其他民族和国家的文化人才、文化题材、文化元素，推行全球化战略；另一方面也重视采用惠普、苹果等科技企业和斯坦福大学、加州大学伯克利分校、加州大学旧金山分校、圣何塞大学等高校所研发的网络技术、数字技术、新媒体技术，向全球大力输出美国电影、电视。经过多年的深耕细作，截至2019年，美国以媒体产业为核心的总体版权产业增加值达2.5万亿美元，占整个国内生产总值的11.99%。[①] 在美国，以媒体产业为核心的版权产业已经形成了高度融合的产业链，是美国三大支柱产业之一。近年来，Facebook、YouTube、Twitter等社交媒体迅速崛起，Netflix、Amazon、AppleTV等流媒体亦不示弱。其中，Facebook在全球已经拥有30亿用户；截至2020年年底，Netflix在全球已经拥有2.04亿用户。[②] 这些新兴文化产业形式拥有巨大而稳定的用户群，成为美国文化产业推行全球化新发展的生

---

① *Copyright Industry in the US Economy 2020*，https：//iipa.org/files/uploads/2020/12/2020-IIPA-Report-FINAL-web.pdf.
② 数据源自Facebook官网和Netflix 2020年度报告。

力军。

日本主要打造动漫产业。为拯救经济低迷状态，日本于1996年将动漫产业确定为国家第二重要产业。日本政府在从"文化立国"向"知识产权立国"的升级过程中，构建了相关法规体系，构建了动漫产品的分级管理体系，构建了中小文化企业融资担保体系和文化产业投资联盟体系，成立了由原作者、出版社、投资商、广告代理、制片人、制作公司、电视台、发行公司等相关人员或机构组成的动漫制片委员会，成立了研究日本文化向海外出口面临的挑战、前景以及与此相关的促进政策的智库，重视动漫专业教育和培训大量产业人才。日本动漫行业在发展过程中建立了一个巨大、完善、高效、上下游各方共同投资、分摊风险和收益的"漫画－电视－电影－电玩－玩具"模式产业链，重视将漫画绘制、动漫制作、动漫营销、衍生品开发、形象授权、持续价值链等全面整合，使出版商、电视台、电玩生产商、玩具商等形成一个链条，均获得巨大收益。日本动漫企业面对互联网的影响，充分利用网络技术与传播优势，研发新的动漫制作与传播技术，实施全球化策略。[①] 日本动画协会刊行的《动画产业报告（2020）》显示，2019年，日本动画市场收入达25112亿日元（合1489亿人民币），较2018年上涨了15%以上；海外市场占了总体市场的47.8%；日本上映的动画电影有91部，数量只占了全部上映电影（共689部）的一成多，但票房收入占据了当年日本电影总票房收入的48.7%。[②]

韩国主要打造游戏产业、音乐产业和影视产业。在顶层设计方面，1998年，韩国第一次制定了《放送音像产业振兴5年计划（1998—2002)》，之后，每五年进行修改和完善。2009年，韩国重新统合内容产业振兴院，在东京、北京、洛杉矶和伦敦设立办事处负责海外输出。在法律方面，韩国颁布了《文化产业基本法》《内容产业振兴法》两部振兴文化产业的根本大法，以及《出版文化产业振兴法》《音乐产业振兴相关法律》《游戏产业振兴相关法》《电影和音像制品振兴相关法律》等众多分类法律，[③] 促进内容产业的发展。在打造具体产业方面，韩国建立了游戏综合支援中心、游戏技术开发支援中心、游戏技术开发中心，重点扶持在线游戏、街机游戏、交互电视游戏、个人电脑游戏及手机游戏等游戏产业；成立了电影振兴委员会、电影产业支援基金，支持电

[①] 蔡尚伟、车南林：《文化产业精要读本》，江苏人民出版社，2015年，第43—44页。
[②] 《日本动画产业报告（2020）》：全面变革已是大势所趋，https://www.sohu.com/a/459156139_100180909。
[③] 张志宇、苏锋、常凤霞：《韩国文化产业的出口振兴政策和韩国文化产业发展》，载《当代韩国》2016年第1期。

影人才的培养、技术的创新和研发；成立了广播电视产业振兴院，负责电视节目制作、运营，采取"外包改善商讨会""版权卖海外""韩流"等策略流通广播电视节目。在出口方面，韩国动员了韩国内容产业振兴院、韩国产业技术振兴院、"韩流"政策委员会等众多机构，共同支持文化产品出口事业。此外，韩国还大力举办国际性的产业文化会展，为文化企业的海外业务拓展铺路搭桥，并与出口目标国文化企业合作联合制片。这一系列措施让韩国文化产品输出世界各地，让"韩流"从区域性现象变成了一个全球性现象。韩国文化出口一直处于增长之势，从 2008 年的 18 亿美元增长到了 2012 年的 50.2 亿美元。此后，虽有起伏，但增长依然明显。根据韩国文化产业振兴院发布的消息，2016 年韩国文化内容产业出口额达 62.1113 亿美元，同比增长 9.7%。① 根据韩联社 2019 年 7 月 29 日公布的数据，2018 年韩国文化内容产业出口额为 95.5078 亿美元，同比增长 8.4%。②

英国、德国、法国等欧洲国家也在发展各具特色的文化产业。其中，英国主要由政府主导，通过打造"创造性未来"的语境，采用"一臂间隔"的文化扶持制度以及有分有合的"文化管理权"，鼓励私人投资文化产业，推动创新式文化合作以及加大法律保护文化事业的力度，大力发展创意产业。截至 2015 年，英国创意产业创造出了 841 亿英镑，增幅几乎是英国经济增长的两倍。③ 根据英国政府的报告，2018 年，英国创意产业已经突破 1000 亿英镑。④ 德国主要采取市场主导和政府培育相结合的管理模式，大力发展会展业、出版业、电影业以及游戏业。具体来说，德国提出了"文化创意产业倡议"并作为支持文化产业发展的总纲领，成立了文化创意产业事务中心以搭建各种交流平台，成立了德国联邦电影基金以支持德国影片的制作与放映，颁布了"德国电脑游戏奖"以引导电脑游戏的开发与需求。法国则重视坚持"文化例外"，通过政府主导、政策扶持、立法保障、重金投入、遗产保护、立足高端、注重设计、引领时尚、不断创新等手段，大力发展本土文化产业。2013 年，法国文

---

① 《2016 年韩国文化内容产业出口额达 62.1113 亿美元，同比增长 9.7%》，全球经济数据，http://www.qqjjsj.com/hglssj/181675.html.
② https://m-cn.yna.co.kr/view/ACK20190729003000881?section=culture-sports/index.
③ 数据源自 Creative industries worth almost £10 million an hour to economy, https://www.gov.uk/government/news/creative-industries-worth-almost-10-million-an-hour-to-economy.
④ https://www.gov.uk/government/news/britains-creative-industries-break-the-100-billion-barrier.

化创意产业营业额就达 746 亿欧元，创造了 120 万个岗位，贸易顺差超 3 亿欧元。[①]

世界主要发达国家发展文化产业的一个共同特点就是向全球输出文化产品与模式。20 世纪 90 年代后期，发达国家的大型媒体公司在全球输出文化产品，提供文化产品的制作模式、经营管理模式、文化输出模式等，并纷纷进入中国。这一方面给中国媒体带来了严峻的挑战，另一方面也促进了中国媒体与美国、日本、韩国、英国、德国、法国等国家的媒体合作。21 世纪以来，这种合作不仅在中国境内开展，一些大型的、有实力的中国媒体及其控股公司逐渐"走出去"，参与产业方面的合作。近年来，随着全球文化产业的繁荣与发展，阿里影业、万达影视等大型企业为拓展海外市场，常以资本合作的方式参与部分国家的电影、电视节目制作。

（二）发展中国家文化产业繁荣发展为中国媒体国际合作提供了机遇

与发达国家情况相同，为应对金融危机，马来西亚、菲律宾、埃及、罗马尼亚、不丹、肯尼亚、斯洛文尼亚、泰国、印度等众多发展中国家也纷纷将发展文化产业作为恢复经济的重要手段。而其中，与中国临近的泰国和印度发展文化产业为中国媒体与其媒体及媒体企业合作提供了非常坚实的基础。

泰国 1997 年开始重视发展文化产业。2002 年泰国他信政府上台后，采用"两轨式"发展模式，制定了各项政策，努力促进发展旅游业、动漫产业、软件产业、医疗服务业、汽车产业、时尚服装业以及媒体产业等。针对媒体及相关产业的发展，泰国遵循灵活、友好、趣味、合作四大原则，成立知识管理与发展局以培养泰国民众的知识技能，成立泰国创意中心以促进创意设计的发展，打造艺术类大学以培养泰国文化创意产业人才，并利用优秀的佛教文化资源、天然的地理气候以及廉价的制作费用吸引全球优秀影视制作企业、团队前来制作电影、电视。而 2013 年以来，泰国又实施了五大国家发展战略项目和两大东盟战略项目，推进文化产业的迅速发展。随着泰国系列措施的实施，有着浓厚本土文化气息的泰国电影产业、电视产业、出版产业迅速发展，并逐渐辐射中国、印度、缅甸、柬埔寨等周边国家。

印度十分重视媒体与娱乐业、动漫业、出版印刷业、广告业以及新兴的数字娱乐业等文化产业。为了发展以媒体与娱乐业为核心的文化产业，印度政府

[①] 梁建生：《文化创意产业跃居法国经济支柱》，载《中国文化报》2013 年 12 月 3 日第 10 版。

放松管制，废除了限制私人办电视台、外资不准参与媒体领域等规定，出台数字化政策促进电视业发展，免除印刷媒体业新闻用纸的进口关税，统一规范电影业税收，增加政府广告支出，采用以市场为导向的方式培养文化产业人才，积极培育文化产业市场主体，促进文化产业多样化发展。此外，印度政府还专门成立了印度文化关系委员会（ICCR），负责官方和非营利性的文化活动以及向世界推介印度文化产品。除了印度政府，印度文化创意产业界也努力创新销售模式，实行跨界混业经营，打造一批具有国际竞争力的领军企业，加强国际合作与交流，拓展国际市场。虽然与发达国家的文化产业发展相比，印度整体文化产业的发展相对滞后，但是印度文化产业的增长超过一些发达国家以及大部分发展中国家。从 2006 年到 2010 年，印度媒体与娱乐业的市场总额由 4 402 亿卢比增长到 6 460 亿卢比（约合 130 亿美元），年均增长率达 10.1%，而据印度调研机构 FICCI 和 KPMG 的调查，从 2011 年到 2015 年，年均增长率已高达 14%，[1] 特别是新兴的动漫产业近年来的年平均增长率为 25.6%，总产值超过了 6 亿美元，而位于孟买的宝莱坞每年出产的电影数量和电影票售出数量稳居世界第一，被誉为世界电影工厂。[2]

泰国和印度两个国家作为中国的近邻，在发展文化产业的过程中都将中国作为了文化产品输出目标国。泰国、印度的电影、电视、书籍等常常通过国际交流与合作的形式进入中国。在这些过程中，中国媒体与这些国家媒体的合作也逐渐增多。

另外，文化旅游也在不断繁荣发展。在中国，文化旅游近十年来一直呈增长态势，2006 年，中国出境游人数约为 3 450 万人次，到 2015 年已达 1.17 亿人次，而入境旅游人数从 12 494.21 万人次增长到了 13 382 万人次。2019 年，国内旅游市场和出境旅游市场稳步增长，入境旅游市场基础更加牢固。全年国内旅游人数达 60.06 亿人次，比上年同期增长 8.4%；入境旅游人数达 14 531 万人次，比上年同期增长 2.9%；出境旅游人数达 15 463 万人次，比上年同期增长 3.3%；全年实现旅游总收入 6.63 万亿元，同比增长 11.1%。这一数据说明，旅游业的发展将进一步促进世界人口流动，并将带来文化产业的进一步

---

[1] 根据 2020 年 5 月 26 日《经济时报》发布的 FICCI-EY 报告，2019 年，印度的媒体娱乐行业（M&E）营收达到了 1.82 万亿印度卢比，同比增长 9%。https://economictimes.indiatimes.com/industry/media/entertainment/media/media-entertainment-sector-grew-9-in-2019-ficci-ey-report/articleshow/74836928.cms.

[2] 王学人：《文化创意产业发展：印度的实践与借鉴》，载《南亚研究季刊》2012 年第 3 期。

发展。① 文化旅游的发展促进了世界各国人口的流动。这一过程中，无论是中国民众前往他国，还是他国民众进入中国，都成了常态。这也为中国媒体参与国际合作提供了市场条件。

二、全球文化科技进步

文化科技指支撑文化创作生产传播的科学技术。常见的基础文化科技包括视觉技术、听觉技术、体感技术、文化数字化技术等。② 纵观媒体发展历史，与科技尤其是文化科技的进步完全成正比。涉及大数据、云计算、区块链的文化科技不断发展，持续升级换代，一方面为报刊媒体、广播影视媒体、网络与新媒体各个领域的国际合作提供了强大的技术支持，另一方面也为中国媒体在这些领域联合研发文化科技、开展技术合作以及进行人员交流带来了机遇。

（一）全球文化科技进步为中国媒体国际合作提供了技术支持

大体而言，全球文化科技的发展呈现出由"分"到"全"、由"少"到"多"、由"贵"到"廉"、由"拟"到"真"、由"繁"到"简"、由"单"到"互"的特点，即文化科技向着全息化、现场化、丰富化、海量化、及时化、平民化、大众化、智能化、互动化等方向发展。文化科技的全息化、临场化、情境化等发展增加了文化产品的体验性，有利于中国媒体国际合作时做出满足受众（用户）体验需求的产品；文化科技的多样化发展增加了文化产品的种类，有利于中国媒体国际合作时向受众（用户）提供不同的文化产品或服务；文化科技的及时化、平民化等发展提高了信息传播的速度，有利于中国媒体国际合作时随时随地地向受众（用户）传播信息、提供内容；文化科技智能化、互动式发展增加了受众（用户）的参与性，有利于中国媒体国际合作时获得更广泛的参与、讨论，从而获得反馈即时改进合作内容、形式等。如今，报刊媒体、广播电视媒体、网络与新媒体的运行广泛依赖文化科技的进步，不断升级换代的新闻出版科技、广播电视科技、网络文化科技等为中国媒体的国际合作提供了有力的技术支撑。

（二）全球文化科技进步为中国媒体开展技术合作提供了机遇

美国时代华纳特纳广播集团亚太区总裁兼总经理马可宝曾说："在特纳的

---

① 数据源自2006年和2019年的《中国旅游业统计公报》。
② 参见《关键词解读："文化与科技融合"》，载《中国文化报》2011年12月19日。

基因中，技术与其说是个挑战，倒不如说永远是一个创造新机会、开拓新用户的工具。"在媒体发展的历程中，科技进步的推动作用十分明显。早年，国外媒体的电子排版、照排技术、三维动画制作技术、数码影视技术、以计算机信息处理技术为基础的信息传播科技发展迅猛。近年来，以特效、移动摄像追踪技术、立体电影技术、环幕电影技术、杜比全景等为代表的电影科技，以数字技术、多媒体技术、三网融合技术等为代表的电视科技，以平台技术、运维管理技术、网格技术、大数据、云计算等为代表的互联网科技等更是日新月异。以移动语音服务、GPRS、3G/4G/5G、PDA、RFID和GPS、HTML5、LTE、Wi-Fi或WAPI无线局域网等为代表的移动科技、物联网、人工智能等更是腾飞。全球文化科技的进步与腾飞不断推进中国媒体与国外媒体开展深入的技术合作，而在未来，中国媒体将继续与国外媒体进行技术合作，研发更多符合民众需求的文化产品。

（三）全球文化科技进步为中国媒体技术人员交流提供了机遇

中国媒体与国外媒体进行技术人员交流，是一个基本的合作方式。在过去多年的发展过程中，国外发达国家的媒体在报刊的创意设计、排版，在电影、电视的拍摄、制作、包装，在网络视频的制作、传播等方面，都运用到了较为先进的文化科技，中国媒体技术人员通常以组团参观、访问和教育培训的形式与发达国家的媒体进行交流合作。在未来，随着全球文化科技进一步的发展，更需要紧密的交流与合作才能做好具体的合作事项，这样就为中国媒体技术人员与国外媒体技术人员交流提供了更多的机遇。

三、全球媒体共谋发展

后危机时代，全球媒体格局、媒介环境、媒体素质、媒体角色等发生了巨大的变化。这一变化正如一把双刃剑，既为全球媒体带来了各种挑战，又蕴含着全球媒体进一步发展的机遇。中国媒体作为全球媒体系统的子系统，应与全球媒体一起应对当下的挑战，并适时利用机遇，推动全球媒体更加繁荣发展，推动全球媒体为世界政治、经济、文化、教育、医疗、科技等做贡献。中国新华社联合世界著名媒体共同举办的三届"世界媒体峰会"，是中国媒体与全球媒体共同应对挑战、紧密合作、共谋发展大计的最好诠释。

（一）全球媒体共同应对挑战有利于中国媒体国际合作

全球媒体应对媒体格局变化带来的挑战有利于中国媒体国际合作。一方面，报社、电台、电视台、网站长期形成的"四强相争"的媒体格局逐渐转变为报社、电台、电视台、网站、新媒体（自媒体）"多媒体融合并存"的媒体格局，甚至在一些紧急事件上，新媒体（自媒体）已成为主导；另一方面，随着经济危机带来的深层次影响逐渐展现，当今世界开始形成"一国独大""多强争雄"和"新兴传播国家群体兴起"的新的媒体格局。所谓"一国独大"指的是美国在新闻传播领域的超强地位；"多强争雄"指的是英国、法国、德国等一些西方发达国家近年来都在竞相提升自己的新闻传播竞争实力，它们相互之间、它们与美国之间的国际传播竞争日益激烈。"新兴传播国家群体兴起"指的是一些处在发展中的新兴国家群体在新闻传播领域逐渐兴起并迅速发展，及其在世界媒体与舆论格局中的作用日益显著。①全球媒体格局的变化，在人才、技术、市场等方面竞争日渐激烈，给美国、英国、法国、德国等国家的媒体带来了严峻的挑战，但也促进了中国媒体与它们的合作。

全球媒体应对媒介环境变化形成的挑战有利于中国媒体国际合作。随着以运用大数据、云计算为特征的新媒体如雨后春笋般的发展，全球媒介环境也极速变化。新媒体技术迅猛发展，"人人都是麦克风"的个性化传播时代已经到来，而在这一时代，信息传播的便利化、信息传播渠道的多样性、获取信息的即时性使得传统媒体从业人员的生存问题突显出来；信息过载、信息泛滥、信息碎片化以及数字化技术带来信息拷贝的便利性，又使得媒体从业人员的劳动成果难以得到保障，甚至媒体的知识产权也难以得到保护；原子式受众向链接式用户的转换，纸上阅读转向屏上搜索再转向随手传播，以及以二次销售为主的营利模式转向多种经营、分散营利、会员制收费的模式，又使得全球媒体业态优胜劣汰即刻呈现。同时，在这一时代，经济持续下行对媒体业态的影响依然存在，导致媒体的运营问题逐渐呈现出来。面对如此挑战，全球媒体正试图寻找联盟维护新闻首发者、媒体创意者的利益，促进媒体行业健康、长效地发展。而这一过程中，中国媒体已成为合作联盟之一。在未来，正在崛起并不断吸纳全球媒体优秀经验的中国媒体还将寻找新型国际合作的好机会。

全球媒体应对传受角色变化形成的挑战有利于中国媒体国际合作。1948年，控制论的提出者维纳曾指出，因为有了"反馈"，信源变成了信宿，而原来的信宿又变为了信源。这一观点在数字化媒体充分发展的今天体现得更为明显。原来的媒体不再是唯一的信源甚至已经成了信宿，原来的媒体作为传播者

---

① 郑保卫、姜秀珍：《后危机时代世界媒体格局变化与中国新闻传播策略》，载《现代传播》2011年第10期。

在新媒体环境下似乎被用户牵着走,曾经的用户作为信宿又成了信源主导着信息的传播。另外,信源已经是多元化的主体,既有曾经的信宿或者信息消费者——受众(用户),更有规则的打破者——如谷歌、微信、微博等新兴媒体或者社交媒体。如今,谁是信源、谁是信宿已难以分清,信源即信宿,信宿也是信源。在不断的角色变换中,最大的变化就是受众(用户)的主导性更强、选择性更多。他们搜索什么信息、评论什么信息、转发什么信息等全在于自己。正如多年前,斯蒂芬·沃德(Stephen Ward)指出:"职业记者,曾经的媒体控制者,现今却在与微博、博客以及全世界的社交媒体用户共享着媒介空间。"① 在传、受角色变化过程中,"事实"是否是事实?"真相"是否是真相?"事实"与"真相"若受到挑战和质疑,媒体又何以存在?具有专业精神的全球媒体面对如此挑战,亟须从源头厘清本质,还原事实。而中国媒体已同全球媒体一起应对这一挑战,其国际合作的作用也由此突显出来。

全球媒体应对媒体素质变化形成的挑战有利于中国媒体国际合作。在全球媒体技术持续更新换代、传受角色不断变化、媒体竞争日趋激烈的过程中,媒体素质也发生了极大的变化。譬如,内容生产已不再仅仅是媒体的业务,用户生产内容(UGC)似乎更受用户的青睐,甚至引导着专业生产内容(PGC)。而这一引导有时由于用户缺乏专业精神,缺乏对事实、对真相的探寻而导致"谬误"。在媒体争夺眼球这一过程中,诸如"维基解密"等媒体甚至以消费灾难、宣扬暴力、泄露秘密、引起恐慌、耸人听闻等为目的。这一缺乏职业道德、不讲媒体责任的现象有愈演愈烈之势。此外,随着信息获取的便利性增加、创意成本的降低以及回报的减少,一些媒体的创新精神、新闻专业主义精神也逐渐减弱。但是,全球媒体面对这些挑战都在寻求坚守媒体道德、保持专业精神、不断开拓创新的新思路与新方法。中国媒体作为全球媒体系统的一员,正在同世界媒体共同应对挑战。

(二)全球媒体共同利用机遇有利于中国媒体国际合作

全球媒体追求媒体伦理有利于中国媒体国际合作。2005年第一期《全球传媒与信息》中,科林·斯巴克斯(Colin Sparks)指出:"如果我们只看重事物的表面价值,如全球媒体、新技术、虚拟世界,我们将会忽视这些现象所蕴含的重要方面,譬如,权力关系、数字鸿沟(digital divide)、信息富人与信

---

① Stephen Ward, *Ethics and the Media: An Introduction*. Cambridge: Cambridge University Press, 2011, p.2.

穷人——事实上指新的分工铭刻在'专业技术模式'上的方式，以及'新旧'媒体形式相互作用的复杂性。"① 而在新媒体时代，这一复杂性背后所呈现的本质才是全球媒体未来需要去面对、去追求的，但其复杂性又使得媒体的透明性降低、真相难以揭示。近年来，美国伊利诺伊大学传播研究所克利福德·克里斯蒂安（Clifford Christian）在论述全球媒体伦理时指出："新媒体时代'透明即真相'。真相意味着还原事件的语境，探求事件的核心。真相就是'充分的解释'，它需要运用个案研究、民族志、参与观察和三角测量等定性研究进行探索"，"在充满危机的今天，媒体唯一信奉的使命就是做到真正的公开——'无蔽'"。② 而这将成为全球媒体的共同伦理。新媒体时代，无论发达国家的媒体还是发展中国家的媒体，面对没有男女老幼之分以及阶级、种族、民族、宗教之异的民众需要知晓真相这一事实，努力地、持续不断地追求媒体伦理成为刻不容缓的事情。而在这一过程中，全球媒体共同探讨追求媒体伦理的方法，举办非营利性的会议，联合采取具体行动等都为中国媒体参与合作或者主导合作提供了机遇。

全球媒体追求媒体责任有利于中国媒体国际合作。对于全球媒体面临的种种挑战，斯蒂芬·沃德指出，"由于媒体具有全球影响力，就必须承担全球责任"③，并将全球媒体的责任界定为："其一是促进个人层面的善，要求新闻从业者提供或分析关于世界事件和趋势的信息，对基本层面的物质、个人和社会尊严进行监督，调查、报道不平等现象；其二是促进社会层面的善，要求新闻从业者对经济联盟进行批评性报道，报道评估社会生活的质量，担当不同国家、文化间联系的桥梁，帮助提高媒介素养，用全球比较的视野进行报道；其三是促进政治层面的善，要求新闻从业者对基本的政治架构进行批评性报道，对基本自由进行监督报道，鼓励公众参与，报道、呈现多元观点；其四是促进道德层面的善，要求新闻从业者持一种公共善的视角，高度评价那些能促进公共善的人，利用媒体支持公众讨论。"④ 正如斯蒂芬·沃德所说，新技术带来传播无界限，因此，媒体的传播并不再局限于某个地区、某个国家，而是全

---

① 安娜·葛雷：《全球媒体：文化研究问题考量》，张瑞卿译，载《江西社会科学》2009年第11期。

② 克利福德·克里斯蒂安：《论全球媒体伦理：探求真相》，陈世华译，载《北京大学学报（哲学社会科学版）》2012年第6期。

③ Stephen Ward, Introduction: Media Ethics as Global, in *Global Media Ethics: Problems and Perspectives*. Malden: Blackwell Publishing Ltd, 2013.

④ 转引自牛静：《建构全球媒体伦理：可实现的愿景抑或乌托邦？》，载《国际新闻界》2015年第7期。

球。既然是全球，那么全球媒体势必以全球民众作为传播对象，满足他们的需求，提高他们的素养，促进全球民众的发展，促进全球政治、经济、文化等各方面的提升。换句话说，新媒体时代全球媒体追求公益和责任的使命应该更加"突出"而不是"隐蔽"。全球媒体正是逐渐意识到了这个问题的重要性，才更加重视媒体合作，而中国媒体在推动全球媒体追求公益和责任的使命方面也有着积极作用。

全球媒体追求创新发展有利于中国媒体国际合作。创新一直是全球媒体行业的不懈追求，也是全球媒体不断发展的重要动力。近年来，媒体行业的新技术、新模式、新业态层出不穷。虽然各个国家媒体的意识形态、文化传统和价值观念等差异巨大，但是在面对新闻报道创新、媒体创意设计创新方面有比较一致的看法。以世界媒体峰会设立全球新闻奖为例，主要就是从求同存异角度去考虑全球新闻工作者的创新意识，其中，首届全球新闻奖的"媒体创新奖"获得者《大屠杀的背后：美国群死群伤恶性凶杀案件之鲜为人知的故事》(《今日美国》)，以及"媒体创新奖"提名奖获得者《海洋变化：太平洋的危机》(《西雅图时报》)、《2012年巴以冲突博客直播》(《以色列国土报》)、《三维模拟视频图形》(法新社)、《"促医改"新闻在线应用平台与相关数据调研》系列(肯尼亚标准媒体集团)、《普京问与答：最佳引语和即时反应》(今日俄罗斯)虽然来自不同的媒体，但均充分运用大数据分析、可视化技巧、多媒体在线直播、虚拟动画视频等众多方式去还原事实、呈现现场状况，这正是媒体创新的最好诠释。在未来，无论是报社、电台、电视台、网站，还是新媒体，无论是单个媒体还是整个媒体系统，无论是全球媒体内部还是跨媒体行业的整合，都还将持续不断地创新。这些创新包括理念层面的创新、战略层面的创新、技术层面的创新、内容层面的创新、产品层面的创新、产业层面的创新、市场层面的创新、制度层面的创新、体制机制层面的创新等。而中国媒体作为全球媒体的一员，近年来不断解放思想，增强创新意识，为全球媒体的发展做出应有贡献。

第二节　中国崛起态势与中国媒体国际合作

作为世界上最大的发展中国家，中国经济与海陆空实力迅速发展，国际地位明显上升。在世界政治多极化、经济一体化和信息传播全球化的潮流中，作为一个谋求更大发展的国家，中国需要进一步加强同世界的联系和沟通，争取较好的外部环境，塑造良好的国家形象，争取更多的国际支持。①但是，近年来，"中国威胁论"等负面言论在一定程度上影响了中国继续融入世界的进程。换句话说，在中国崛起的过程中，中国媒体还要应对一场国际舆论战。另外，中国在 2013 年提出的"一带一路"倡议对沿线国家经济发展推动作用显著，而该倡议的进一步发展，以及沿线国家形成真正的"命运共同体"，更需要中国媒体加强国际合作，促进沿线国家民心相通。同时，中华文化作为中国实力的体现，向世界传播的紧迫性、必要性也要求中国媒体深入开展国际合作。

一、中国经济与海陆空实力发展

改革开放以来，伴随着经济全球化浪潮的极速推进，中国经济保持了长期、持续、较快的增长。1978—2011 年，中国是全球经济增长率最高的国家，年均增长率高达 10.06%，2011—2015 年，中国经济虽然增长减缓（增长率仅为 7.3%），但是对世界经济的贡献率依然超过了 25%，成为世界经济增长的强劲引擎，对全球经济格局的调整、全球技术的进步和技术效率的提升、全球控制通胀和稳定经济增长、全球跨境投资等起着关键作用。与此同时，中国经济的迅速崛起也引起了一定的负面言论。为解决这一问题，中国媒体要加强国际合作，为中国经济对世界做出更多贡献做好舆论导向，也为中国海陆空实力全面崛起做好舆论导向。

（一）中国经济迅速崛起需要中国媒体国际合作

自 2001 年 12 月中国加入 WTO 起，中国经济迅速崛起。21 世纪前十年，中国经济迅速增长。2002—2010 年，中国经济增长率达 10.7%，是世界经济平均增长率的 2.5 倍。2011 年至今，在全球经济增长乏力的大背景下，中国经济增速虽然缓慢，但是在全球贸易、全球投资、全球金融等方面依然有着极大的贡献，崛起态势依然明显。在全球贸易方面，2012 年中国成为世界第一大出口国和第二大进口国。在全球投资方面，2015 年中国对外直接投资迈向新的台阶，实现连续 13 年快速增长，创下了 1 456.7 亿美元的历史新高，占全球流量份额的 9.9%，同比增长 18.3%，仅次于美国（2 999.6 亿美元），首次位列世界第二。② 2018、2019 年度《中国对外直接投资统计公报》显示，中国

---

① 郑保卫、姜秀珍：《后危机时代世界媒体格局变化与中国新闻传播策略》，载《现代传播》2011 年第 10 期。
② 数据源自中华人民共和国商务部发布的《2015 年度中国对外直接投资统计公报》。

对外直接投资流量蝉联全球第二,存量保持全球第三。在全球金融方面,2013年人民币首次超过瑞典克朗和港元进入全球十大交易最频繁货币榜单,跃升为第七大交易货币,日均交易额占全球交易总量的2.2%。[①] 2016年10月1日,人民币正式纳入特别提款权(SDR)货币篮子,是人民币国际化的里程碑。2014—2021年世界经济增长趋势见表1-1。

表1-1 2014—2021年世界经济增长趋势[②] （单位:%）

区域	年份							
	2014	2015	2016	2017	2018	2019	2020	2021
世界经济	3.4	3.2	3.2	3.8	3.6	2.9	−4.9	5.4
发达经济体	1.9	2.1	1.7	2.4	2.2	1.7	—	4.8
美国	2.4	2.6	1.5	2.2	2.9	2.3	—	4.5
欧元区	1.1	—	1.8	2.4	1.9	0.6	−10.2	5.4
英国	3.1	2.2	1.9	1.8	1.3	1.4	−10.2	6.3
日本	—	1.2	0.9	1.9	0.3	0.7	−5.8	2.4
新兴市场和发展中经济体	4.6	4.1	4.4	4.7	6.4	3.7	—	5.9
俄罗斯	0.7	−3.7	−0.2	1.5	2.3	1.3	−6.6	4.1
中国	7.3	6.9	6.7	6.9	6.6	6.1	—	8.2
印度	7.2	7.6	7.1	6.7	7.7	4.2	−4.5	—
巴西	0.1	−3.8	−3.5	1.1	1.3	1.1	−9.1	3.6
南非	1.6	1.3	0.3	1.3	0.8	0.2	—	3.5

由表1-1可知,根据国际货币基金组织《世界经济展望》相关数据,中国经济增速虽然逐渐减缓,但依然超过发达国家及部分发展中国家。即便受到2020年全球新冠肺炎疫情的影响,中国在2021年的经济增长也将超过大部分国家。

马克思主义政治经济学认为,经济力量是权力的基础结构,政治制度是依赖于经济基础的上层建筑。依照此原理,我们就不难理解国际社会对中国经济

---

① 《中国发展对世界经济的影响》课题组赵晋平、胡江云、赵福军:《中国发展对世界经济的影响》,载《管理世界》2014年第10期。
② 根据国际货币基金组织《世界经济展望》2017年1月、2018年1月、2019年1月、2020年1月和6月数据整理而得。2021年为预测值。

增长速度的关注，有人甚至认为"中国占世界产量份额的增加意味着全球权力的根本性改变"。2008年，一项横跨法国、德国、波兰、西班牙、英国的调查显示，44%的人认为美国是世界第一大经济体，只有29%的人认为中国是世界第一大经济体。但是到2012年，认为美国是世界第一大经济体的只占28%，而认为中国是世界第一大经济体的几乎增加了两倍，达到了57%。[1]

不过，即便中国经济崛起，以人均GDP为标准，中国还是相对较弱的，因此在国际上，中国整体舆论还是比较低调，但是国际社会并不这样认为，反而认为中国经济地位的提升必将带来一定的威胁。也有一些国家认为中国经济的崛起是以牺牲环境为代价的，以债权大国责任、能源消费大国责任以及碳排放大国责任等向中国发难。"中国威胁论""中国责任论"等也就被一些国家的媒体传播，从而对中国形成了一些负面影响。此外，美国康奈尔大学2009年一项调查显示，86%的美国人认为中国不尊重人权，[2] 美国舆论也总以人权问题责难中国。美国PEW中心2015年的全球态度报告还显示，与全球39个国家（均值为55%）相比，只有38%的美国人对中国有好感。[3] 75%的意大利人认为中国经济增长对意大利会造成伤害，波兰人、法国人、菲律宾人与越南人也这么认为。[4] 而2020年西方媒体对新冠肺炎疫情的不实报道，更造成国外民众对中国存在严重偏见。由此可见，中国迈向世界传播存在一些困难，这对中国媒体提出了更高的要求，即不能单方面地传播，而是要从合作共赢角度寻求突破。

（二）中国海陆空发展需要中国媒体国际合作

从地理上看，中国东临辽阔海洋，大陆海岸线长达19 160.7千米，[5] 西靠

---

[1] 参见 Global Opposition to U. S. Surveillance and Drones, but Limited Harm to America's Image, Many in Asia Worry about Conflict with China, http://www.pewglobal.org/2014/07/14/global-opposition-to-u-s-surveillance-and-drones-but-limited-harm-to-americas-image/.

[2] 参见 U. S. Attitudes toward China Over 25 Years since Start of Tiananmen Square Protests, Cornell University, http://ropercenter.cornell.edu/u-s-attitudes-toward-china-over-25-years-since-start-of-tiananmen-protests/.

[3] 参见 6 facts about how Americans and Chinese see each other, Pew research center, http://www.pewresearch.org/fact-tank/2016/03/30/6-facts-about-how-americans-and-chinese-see-each-other/.

[4] 参见 Julie Ray, U. S. Global Image Remains Strong Among Major World Powers, http://www.gallup.com/poll/196376/global-image-remains-strong-among-major-world-powers.aspx?g_source=World&g_medium=lead&g_campaign=tiles.

[5] 张云、张建丽、李雪铭、景昕蒂、杨俊:《1990年以来中国大陆海岸线稳定性研究》,载《地理科学》2015年第10期。

亚欧大陆，陆地边界长达22 800千米。基于这样的地理特征，中国只有海、陆、空全面发展，才能成为退可守、进可攻的国家。经过长期的积累，中国终于在21世纪实现海、陆、空全面发展。

海军方面，中国人民解放军潜艇部队已逐步现代化，研发了先进的柴油动力和核动力潜艇，研发了先进的航空母舰技术，研发了反卫星系统，制造了防空制导导弹驱逐舰，部署了各式反舰导弹。在加强自身实力的同时，中国十分重视海权维护，中国海军相当重视前出作战，已从近海防御转向远洋防卫。中国海军远赴亚丁湾与索马里海盗实战就是一例。至2012年11月，中国海军已经累计派出13批护航编队，近40艘次军舰，为4 890多艘中外船舶实施了安全护航，成功解救、接护和救助了50余艘中外船舶。[①] 2008—2019年，30余批护航编队、100余艘次舰艇接力前行，护送中外船舶6 700余艘次，持续保持着被护船舶和编队自身"两个百分之百安全"的纪录，赢得了国外海军同行的尊重，展示了中国海军的大国风范。[②]

陆军方面，从朝鲜战争之后就有"没人敢跟中国打一场地面战争"的说法。21世纪以来，中国陆军不仅拥有更加先进的装备，还拥有世界领先的军事观念。种类多样、性能先进的陆军新武器装备不断列装，而"全域机动、立体攻防""信息火力战"等陆军作战新思想业已成型。

空军方面，中国空军的作战设备及防御能力排在世界前列。除了空军力量的培植，中国在太空方面的探索也取得了长足的进步。这包括载人飞船多次升空，"嫦娥三号"着陆器与"玉兔"月球车登上月球，实现了互相拍摄、沉睡唤醒等重大技术突破。2017年，"天舟一号"与"天宫二号"的成功对接，标志着中国独立制造的空间站已经完成了2020年开始运行的技术体系。陆续投入使用的北斗导航卫星系统，性能超强，已居世界领先地位。

中国海陆空实力的崛起使得中国在国际上的地位有了坚实的保障，但美国及东亚国家认为中国不断增强的海陆空实力对其造成了严重威胁。事实上，中国海陆空实力的发展只是为了捍卫中国权利、保卫中国疆土，并非为了欺凌他国。这也就对中国媒体提出了新的要求，即通过国际合作正面传播中国。

二、中国参与国际事务频繁

在经济与海陆空实力发展的同时，中国也逐渐走向世界政治舞台的中央，

[①] 《中国海军派出第13批护航编队》，载《舰船知识》2013年第1期。
[②] 参见刘军：《亚丁湾上的中国担当》，海军新闻，2020年8月8日，http://navy.81.cn/content/2020-08/08/content_9877644.htm。

对国际事务的开展起到了十分关键的作用。中国 2013 年提出的"一带一路"倡议对沿线各国经济发展起到了重要作用。而这些事务的开展，都需要中国媒体参与国际合作。

（一）中国积极参与国际事务需要媒体参与国际合作

按照外交学院国际安全研究中心秘书长凌胜利的观点，中国参与国际事务经历了四个阶段，即 1949—1971 年的"不参与"阶段、1972—1978 年的"审慎参与"阶段、1979—1990 年的"有限参与"阶段、1991 年至今的"全面参与"阶段。从"审慎参与"到"全面参与"，中国参与国际组织的数量显著增加，1977 年，中国只加入 21 个国际政府组织和 71 个国际非政府组织。到 1994 年，中国已加入 50 个国际政府组织和 955 个国际非政府组织。此后，中国参与国际组织的数量持续增长。根据《国际组织年鉴（2011—2012）》数据，2011 年中国参与的国际组织联盟（A 类）有 25 个，参与的全球普遍性国际组织（B 类）有 384 个，参与的洲际性国际组织（C 类）有 625 个，参与的全球协定性国际组织有 1034 个，参与的地区性国际组织（D 类）有 827 个。[①] 另外，根据中国外交部公布的数据，截至 2015 年年底，中国已参与各类多边国际公约共计 405 项。这些条约涉及军控、环保、人权、反洗钱、反恐、科技、教育、交通、金融等众多领域。

在中国全面参与国际事务这一阶段，中国的创新实践明显增多。中国不仅在各种全球和地区性国际政治安全问题领域提出中国主张、中国方案，还建设性地创设了以中国为东道国的上海合作组织、朝核问题六方会谈、博鳌亚洲论坛、香山论坛，积极推动亚信会议的发展，提出了新安全观、总体安全观、亚洲安全观等一系列极富中国智慧的新理念。[②] 总的来说，近年来，中国作为"二十国集团"（G20）成员，是促进国际金融、货币政策稳定和经济持续增长的重要力量；作为"金砖国家"成员，是促进南南合作、气候谈判、发达国家与发展中国家合作沟通的核心力量；作为东盟"10+3"成员，是促进东南亚地区金融稳定、经济增长的关键因素；作为上海合作组织成员，是鼓励成员国在政治、经济、科技、文化、教育、能源、交通、环保和其他领域有效合作的中流砥柱。

[①] 凌胜利：《从"参与者"到"建设者"——中国参与国际政治安全体系的进程分析》，载《和平与发展》2016 年第 4 期。

[②] 凌胜利：《从"参与者"到"建设者"——中国参与国际政治安全体系的进程分析》，载《和平与发展》2016 年第 4 期。

中国参与国际事务越多，对树立中国正面形象越有帮助。而在未来，随着中国在经济与海陆空实力全面发展，以及参与国际事务更加多样化、深刻化，中国媒体积极传播中国参与国际事务的具体活动与主张、树立中国形象也将面临各种新的要求和挑战。中国媒体应该在合作过程中通过人与人的交流、合作内容的传播、项目的推进等积极传播、树立中国正面形象。

（二）中国"一带一路"倡议的推进需要媒体参与国际合作

中国参与国际事务还表现在主动担负起区域经济发展的责任。2013年9月和10月，习近平主席在出访中亚和东南亚国家期间提出了共建"一带一路"倡议。"一带一路"是中国主动应对全球局势极速变化，统筹国际国内两个大局，促进东西方经贸文化往来，构建全方位开放新格局，实现中华民族伟大复兴中国梦的重大"顶层设计"。为推动"一带一路"倡议顺利实施，2015年3月国家发展改革委、外交部、商务部联合发布了《愿景与行动》，指出了"一带一路"涉及的国外空间，即"丝绸之路经济带重点畅通中国经中亚、俄罗斯至欧洲（波罗的海）；中国经中亚、西亚至波斯湾、地中海；中国至东南亚、南亚、印度洋。21世纪海上丝绸之路重点方向是从中国沿海港口过南海到印度洋，延伸至欧洲；从中国沿海港口过南海到南太平洋"。根据这一提法，中国社科网指出"一带一路"倡议主要涉及亚洲43国、中东欧16国、独联体4国、非洲1国，共64国。此外，《愿景与行动》也详细指出了"一带一路"涉及的国内空间，即新疆、内蒙古、青海、甘肃、宁夏、陕西、黑龙江、吉林、辽宁等西北、东北地区；广西、云南、西藏等西南地区；浙江、福建、上海、天津、香港、澳门等沿海地区；重庆、成都、郑州、武汉、长沙、南昌、合肥等内陆地区。[1]

自"一带一路"倡议提出以来，为推动倡议顺利实施，中国高层领导先后出访沿线国家，并与部分国家签署了合作备忘录。为解决资金问题，中国努力推动筹建亚投行，鼓励支付机构开展跨境支付业务，并设立400亿美元的丝路基金。为解决交通问题，中国与沿线国家正在努力建设铁路、公路和航线。为解决文化交流问题，中国2016年12月出台《文化部"一带一路"文化发展行动计划（2016—2020年）》，指出要"优先在缅甸、马来西亚、印度尼西亚、越南、匈牙利、罗马尼亚、保加利亚、哈萨克斯坦、白俄罗斯、塞尔维亚、拉

---

[1] 蔡尚伟、车南林：《"一带一路"上的文化产业挑战及对中国文化产业发展的建议》，载《西南民族大学学报（人文社科版）》2016年第1期。

脱维亚、土库曼斯坦、以色列等'一带一路'沿线国家设立中国文化中心";同时,中国推动建立了举办文化年、文化节、文化论坛、汉学研修班等文化交流机制,推进建设了海外中国文化中心,举行了丝绸之路文化部部长圆桌会议并通过了《敦煌宣言》。另外,中国与沿线国家的经贸合作也正在开展。2015年,"一带一路"沿线国家在华设立外商投资企业767家,同比增长14.31%。截至2016年年底,中国与"一带一路"沿线国家进出口总额达62 517亿元,比上年增长0.5%。其中,出口38 319亿元,增长0.5%;进口24 198亿元,增长0.4%;中国直接投资了沿线53个国家,投资金额达145亿美元,占中国对外投资总额的8.5%;中国对沿线国家累计投资超过185亿美元;中国企业已在沿线20个国家建设了56个经贸合作区;为东道国创造近11亿美元的税收和18万个就业岗位。[①] 根据《2019年国民经济和社会发展统计公报》,中国对"一带一路"沿线国家进出口总额达92 690亿元,比上年增长10.8%。其中,出口52 585亿元,增长13.2%;进口40 105亿元,增长7.9%。

在中国与沿线国家各项合作开展的同时,俄罗斯、哈萨克斯坦、匈牙利、印度尼西亚、希腊、西班牙等国家认为,"一带一路"倡议有利于促进本国经济发展,推动区域合作;吉尔吉斯斯坦、土耳其等国家认为"一带一路"倡议有利于深化合作关系、促进人文交流、增进相互信任。另外,哈萨克斯坦、新加坡、德国等国家的研究者还认为"一带一路"倡议有利于促进地区和平与稳定,打击"三股势力"。但是,诸如"一带一路"倡议背后还有其他目的,以及其是"能源掠夺"等言论也传播开来。在多年参与国际事务的过程中,中国一直是一个负责任的大国,无论对发达国家还是对发展中国家,都会在各个方面履行自己的义务,承担应有的责任。此次"一带一路"倡议也是中国参与国际事务,为全球发展提供创新思路的做法。未来,"一带一路"倡议还要继续深化,沿线各国在经贸、旅游、文化、教育、科技等方面还要继续合作,这就对中国媒体提出了新的要求,除了原有的促进民心相通功能,还应该与沿线国家的媒体深入合作,深入浅出地向世界传播"一带一路"倡议的核心要义。而2017年5月和2019年4月召开的两届"一带一路"国际合作高峰论坛,更是对中国媒体与沿线国家的媒体深度合作提出了新的要求。中国媒体作为"一带一路"倡议的参与者,多年来,已经逐渐理清了"一带一路"沿线媒体种类、可以合作的媒体及其产业情况、可以合作的领域及合作方式等。只是,在未

---

① 数据源自中华人民共和国国家统计局发布的《2016年国民经济和社会发展统计公报》和商务部发布的统计。

来，中国媒体还要继续对已经合作的媒体加深合作深度、拓展合作广度，对未开展合作的媒体思考合作模式，从而辅助中国参与更加广泛的国际事务。

三、中华文化亟须国际传播

从理论研究来看，国际政治学、社会学、传播学和文化研究等领域的学者都从不同角度得出共同的结论，认为"世界需要多样性的文化，才能更加有效地应对社会发展中的各种难以预见的风险……单一文化只能给人类提供一种解决方案，这本身就是一种文化危机"[1]。从各国文化传播实践来看，无论是美国、英国、法国、德国等欧美国家，还是日本、韩国、新加坡、印度、泰国等亚洲国家，都在积极通过影视、音乐、动漫、游戏等文化输出手段向世界传播本国文化。近年来，中国也意识到"没有文化的积极引导，一个国家、一个民族不可能屹立于世界民族之林，在国际舞台上处于不败之地。离开了文化支撑，即使有繁荣的经济，强国地位也难以确立、难以巩固"[2]。面对中华文化国际传播的必要性、紧迫性，中国努力采用影视传播、加快建设孔子学院、召开文化博览会等多种手段传播中华文化，但是，与中国经济迅速崛起不相称的是，这些传播手段并没有达到理想的效果，甚至出现了一些问题。因此，在中华文化国际传播过程中，中国要在提高对外文化传播硬实力（影视文化产品出口、交易数量持续增长）的同时，逐渐打破文化态度的认同障碍，减少文化内容的认识误区，缩小文化符号的认知差异，从而有效地传播文化内涵。这就需要中国媒体积极开展国际合作，中国媒体无论是作为文化的一部分还是传播中华文化的重要工具，都应积极参与其中。

（一）在国际传播中打破文化态度的认同障碍需要中国媒体国际合作

中国对外出口大量的影视作品，举办多样化的交易会、博览会、文化年、电影周等活动，希望向世界传播正面的、积极的中华文化。但是，在论及《金陵十三钗》《建国大业》《建党伟业》等中国大手笔打造的电影所传播的文化态度时，国外媒体却评论说"中国在炫富"。很多受访的国外观众坦言，根据自

---

[1] 转引自刘琛：《中华文化对外传播战略的跨文化研究》，载《福建师范大学学报（哲学社会科学版）》2012年第6期。
[2]《建设社会主义文化强国 实现中华文化的伟大复兴》，载《人民日报》2013年8月28日第14版。

己以往对中国电影的印象，在全球经济危机的背景下，中国不再追求长期坚持的艺术路线，而是大规模转型商业化，令人困惑。① 在论及中国举办各种文化活动所呈现的文化态度时，英国《卫报》、美国《纽约时报》等国际媒体都会提出批评性意见，认为"中国总是不避讳地宣扬希望把我们的节目卖给你们，目的是把中国介绍给其他国家（in order to introduce China to other countries），而且钱不是大问题（the price is secondary）"。此外，中国对自己的文化产品总是强调"便宜"（cheap）并视此为主要优势，也是受到诟病的一个焦点。②

由此可见，国外媒体和民众对中华文化在国际传播中所呈现的文化态度存在一定的误解，认同障碍较大，这是中华文化在未来的国际传播中必须要解决的问题。历年来，中国媒体都被视为中华文化国际传播的重要载体。中国媒体一方面通过新闻信息传播中华文化，另一方面通过与国外媒体或非媒体机构进行电影、电视、纪录片等视听文化产品的交易传播中华文化。中国媒体与国外媒体在业务上的合作主要表现在交换新闻或者版面、联合拍摄、联合制作等方面，因此，在中华文化国际传播中打破文化态度的认同障碍，就需要中国媒体以更加多样的方式与国外媒体合作，以更加科学的方法传播中华文化。

（二）在国际传播中减少文化内容的认识误区需要中国媒体国际合作

在中华文化国际传播中，还存在着国外民众对文化内容产生认识误区的现象。一方面，一些"走出去"的中国影视剧所传播的内容要么过于华靡、缺少真实厚重的底蕴，要么强调和放大社会与人性阴暗面，③ 甚至有时艰深难懂。这样，本来就有文化差异、语言差异的国外民众对中华文化产生认识误区，也就不奇怪了。另一方面，国外民众从不同渠道获得的中华文化内容不一定能准确表达中华文化的内涵。为了更真切地了解民众对中华文化的文化认识，中国华东师范大学与美国纽约州立大学联合对美国大学生群体进行了一项有关中华文化的调查研究。结果显示，美国大学生认为中华文化价值观存在着"性别歧

---

① 刘琛：《中华文化对外传播战略的跨文化研究》，载《福建师范大学学报（哲学社会科学版）》2012年第6期。
② 刘琛：《中华文化对外传播战略的跨文化研究》，载《福建师范大学学报（哲学社会科学版）》2012年第6期。
③ 刘琛：《中华文化对外传播战略的跨文化研究》，载《福建师范大学学报（哲学社会科学版）》，2012年第6期。

视,不尊重个人自由,对父母绝对服从,计划生育,以惩罚为手段,不会享受生活,法律不健全,不太强调集体主义,太强调纪律,过于依赖父母,物质主义,不敢挑战权威,太崇拜权力,过于传统"等特点。结果还显示,在参与调查的美国大学生群体中,高达48%的人认为美国媒体对中国进行报道时的态度是"基本消极"的,其中18%的人认为是"过于消极"。[①] 笔者采访的美国Intuit 计算机工程师Mark也持这一观点。他坦言,他在美国有线电视新闻网(CNN)、英国广播公司(BBC)等国际媒体上看到的关于中华文化的信息,"负面(negative)"较多。

由此可见,国外媒体和民众认识中华文化内容时存在着一定的误区。这也正是中华文化国际传播需要不断解决的问题。具体来说,问题主要体现在以下三方面:一是如何建立中华文化国际传播的有效渠道,二是采用哪些有效的国际传播方式,三是传播哪些方面的中华文化。对于这些问题,中国媒体国际合作成为一种基本的手段。因为目前国外受众获取中华文化的信息主要是通过当地媒体渠道,而中国媒体与当地媒体合作能够准确表达中华文化的内涵,在一定程度上可以减少国外民众对中华文化的认识误区。同时,随着网络媒体、社交媒体的兴起,中外媒体在这些领域的合作也有助于传播中华文化。

(三)在国际传播中缩小文化符号的认知差异需要中国媒体国际合作

社会学对文化的定义为"一个社会的文化既包括无形的方面——信仰、观念和价值,也包括有形的方面——实物、符号或技术,它们表现着文化的内容"[②]。就目前而言,中华文化国际传播中使用的文化符号还存在"欠缺鲜活、生动"甚至产生负面影响的问题。北京外国语大学英语学院刘琛博士在研究国外媒体和民众对中华文化的认知差异时指出,"无论中华美食、建筑和武术等传统文化符号,抑或是'福娃''海宝'等现代文化符号都未能发挥文化说明作用,甚至还造成了文化误读",并且指出"关于传统文化符号的'长城(Great Wall)',受访者的文化解读是'墙(wall)'意味着封闭、隔绝和以自我为中心(self-centered),中华文化喜欢'墙',而且还以'伟大的墙(Great

---

[①] 洪浚浩、严三九:《中华文化国际传播的必要性、紧迫性与挑战性》,载《新闻与传播研究》2014年第6期。

[②] (英)安东尼吉登斯:《社会学》(第4版),赵旭东、刘琛等译,北京大学出版社,2006年,第21页。

Wall）'为骄傲，说明中华文化至为重要的一点是不愿意包容、探索和交流"①。这种认知与中华民族对"长城"的解读存在着较大的差异。从这个例子可以看出，国外民众对中华文化的认知差异较大。

文化研究的代表人物斯图亚特·霍尔在《电视讨论中的编码与译码》中提到受众译码存在着"主导－霸权立场""协调立场""对抗立场"，而具体选择何种方式与受众自身的兴趣、爱好、文化修养、教育程度、宗教信仰等有着密不可分的关系。在国际上传播中华文化就要面对世界各国不同背景的受众，中国媒体应思考采用何种方式进行国际合作，生产出能够打动国外民众、缩小其对中华文化符号的认知差异的文化产品。中国媒体在学习发达国家的媒体尤其是美国好莱坞影视传播使用的文化符号方面已经有了一定的进步，但是未来，这种进步速度还要继续加快，真正使用具有共同意义空间的文化符号进行国际合作，才能在一定程度上缩小国外民众对中华文化的认知差异。但不管如何，在当下以及未来很长时间内，通过中国媒体与国外媒体交换和联合制作表达中华文化内涵的影视文化作品依然是一个可行的方式。因此，中华文化国际传播需要中国媒体加强国际合作。

总而言之，在中国经济、海陆空实力全面崛起的同时，中华文化亟须做好国际传播。而这一切均对中国媒体提出了新的要求。中国媒体作为中国迈向世界传播的重要途径，继续深入地参与国际合作也是必然之路，但同时在合作中要适时掌握国际舆论的话语权，积极、主动、有效地引导国际舆论，传播中华文化，以维护中国利益，扩大中国影响力。

第三节 中国媒体系统与国际合作

随着新媒体的迅猛发展，中国媒体尤其是传统媒体正在转型升级，而转型升级也亟须技术合作、人才交流等国际合作形式辅助。随着国外媒体陆续进入中国，中国媒体与国外媒体的竞争日渐激烈。与此同时，中国媒体在"走出去"的过程中也要与国外媒体展开竞争。合作是竞争的最高形态，因此，中外媒体的竞争最终推进了中国媒体的国际合作。但是，在中国媒体国际合作的过程中，合作失衡、主导性不强等问题日渐体现出来，这就要求中国媒体在未来的国际合作道路上，努力解决这些问题，提高中国媒体国际合作水平。

---

① 刘琛：《中华文化对外传播战略的跨文化研究》，载《福建师范大学学报（哲学社会科学版）》2012年第6期。

一、中国媒体系统的转型升级

在中国，媒体具有政治属性和经济属性二重属性。其政治属性要求媒体将新闻传播核心业务作为非产业板块，及时传播信息，做到"去塞求通"，而经济属性则要求媒体的产业板块在激烈的市场竞争中有一定的盈利表现。中国媒体在转型升级的过程中，一方面需要继续与国外媒体合作获取经验，另一方面需要继续与国外媒体合作促进盈利。

（一）中国媒体的非产业板块转型升级需要国际合作

中国媒体的非产业板块主要担负着新闻报道任务，不以营利为目的。近年来，随着新媒体的冲击越来越明显，受众（用户）需求急剧变化，以新闻报道为主的报刊媒体、广播媒体、电视媒体在转型升级过程中大量使用新的技术、新的设备。如电视媒体，在采编组织方式以及具体的采访报道、后期制作、传播等环节都在陆续采用新的技术。在采编组织方式方面，新闻生产逐渐呈现出集约化、多元化的特点，大量采用众筹新闻、OGC（Occupationally-generated content，职业生产内容）、MGC（Machine-generated Content，机器生产内容）等新闻生产方式。在采访报道方面，记者除了使用传统的录音、摄影、摄像等设备，还开始使用穿戴设备、360°全景相机、"钢铁侠多信道直播云台"等技术。在新闻制作方面，后期编辑已经大量使用H5动画制作技术、虚拟现实技术等新技术，制作可视化新闻。在新闻传播方面，广播电视媒体已大量使用客户端新闻、视频直播新闻、虚拟现实（沉浸式）新闻等形式。

由前所述，中国媒体非产业板块的转型升级主要涉及技术、设备层面，而这方面在未来还需要继续开展国际合作，汲取国外媒体的技术研发及运用经验，从而更好地做好新闻传播工作，促进非产业板块的发展。同时，中国媒体非产业板块在与国外媒体合作时，通常采用交换新闻、交换节目等非营利模式，而这种方式在未来还将继续。因此，当甘乃特集团已经启用"未来新闻编辑部"改革计划，《华盛顿邮报》已经组织新闻营销改革、采用机器人写作，美国有线电视新闻网（CNN）、英国广播公司（BBC）等也都在采用新技术、新设备转型升级的时候，中国媒体与其进行合作，自然要符合其视频播出、版面编排的习惯与技术，从而有助于优化中国媒体技术。

（二）中国媒体的产业板块转型升级需要国际合作

中国媒体的产业板块主要指媒体可经营的部分从新闻板块脱离出来，通过经营产出经济效益,为媒体的发展提供经济上的支持。一般认为,可以经营的部分包括广告、印刷、发行、传输网络等部分,都是可以经营并产出利润的。此外,国家统计局2018年对"文化及相关产业"进行分类时指出,文化及相关产业是指为社会公众提供文化产品和文化相关产品的生产活动的集合。其范围包括:以文化为核心内容,为直接满足人们的精神需要而进行的创作、制造、传播、展示等文化产品(包括货物和服务)的生产活动,具体包括新闻信息服务、内容创作生产、创意设计服务、文化传播渠道、文化投资运营和文化娱乐休闲服务等活动;为实现文化产品的生产活动所需的文化辅助生产和中介服务、文化装备生产和文化消费终端生产(包括制造和销售)等活动。① 随着中国体制改革逐渐深入,媒体产业逐渐发展起来,报刊媒体、广播媒体、电视媒体将可经营的部分搞得有声有色,成为中国文化产业收入的核心组成部分。

在这一过程中,一些媒体及媒体集团迅速转型升级。以电视领域为例,湖南电视台、浙江电视台等中国第一梯队的电视媒体已经从通过生产要素赢得利润进入资本运作产业整体发展阶段。这两个电视台在转型升级过程中的一个共同特点是将从产业板块获得的收益用于节目研发、创意、创新方面,因此近年来,这两个电视台盛产新节目,并做出了多个现象级的节目,播出了多部现象级电视剧。不过,在这两个电视台做出现象级节目的背后,可以明显地看到国际合作的影子,而且主要是同韩国、荷兰的媒体及公司合作。与此同时,中国第二梯队的电视媒体产业转型升级却深陷人才流失、受众流失、广告流失、融资难等困境。或者更准确地说,中国传统媒体几乎都面临着这些困境。为了突破困境、获得经验,不断转型升级的中国传统媒体加强产业板块的经营,尤其是在媒体创意阶段、制作阶段乃至节目营销阶段与国外媒体的合作,且将继续合作。此外,网络与新媒体也一直同国外媒体保持着多种合作关系。

二、中国媒体参与国内外竞争

从1979年"中国广告元年"开始,中国媒体就逐渐开始追求市场利润,而市场竞争也随之而来。这种竞争在国外媒体没有进入以前通常表现为中国媒体内部之间的竞争,而国外媒体进入中国以后又表现为中国媒体系统与国外媒体的竞争。有竞争自然就有合作,中外媒体的合作也就陆续开展起来。

---

① 参见国家统计局《文化及相关产业分类(2018)》,http://www.stats.gov.cn/tjsj/tjbz/201805/t20180509_1598314.html。

（一）中国媒体在中国境内的竞争需要国际合作

中国媒体内部之间在新闻领域的竞争并不大，但是在电视节目、电影、纪录片、广告等产业方面的竞争异常激烈。从20世纪90年代开始，以新闻集团、时代华纳、迪士尼、维亚康姆、贝塔斯曼等为代表的国外大型传媒集团开始全面实施全球化战略，不断开拓全球市场。其中，由地缘文化集结起来的市场包括西欧电视市场、阿拉伯市场、拉美市场以及华人市场等。而华人市场尤其是中国境内的华人市场潜力巨大，受到许多大型传媒集团的关注，其纷纷进入中国市场。他们的进入，带来了新鲜的节目、理念、模式，使得中国媒体不得不形成联盟与国外媒体竞争，纷纷组建具有中国特色的媒体集团。这些媒体集团包括各类报业集团、广播电视集团。而竞争不是唯一出路，竞争的最高形态是合作。这一时期，中央电视台、中国国际广播电台、人民日报社、新华社等单个媒体，以及广州日报报业集团、浙江广播电视集团、湖南广播影视集团等媒体集团，纷纷与国外媒体合作。

21世纪以来，中国媒体市场竞争日益激烈，既有传统媒体之间的竞争，又有传统媒体与新媒体的竞争，既有中国媒体内部竞争又有中国媒体与国外媒体的竞争。这些竞争主要发生在媒体产业领域，涉及人才竞争、技术竞争、资本竞争、市场竞争。但是，正如常年研究媒体竞争的专家张立伟所说，竞争"要么更经济、要么更出色"。反应较快的中国广电媒体充分意识到如何创造竞争优势，纷纷开始与国外媒体进行版权合作，引进其先进的制作模式。在合作浪潮中，湖南卫视竞争优势极其明显。浙江卫视、江苏卫视、安徽卫视也意识到通过国际合作创造竞争优势的重要作用，从综艺节目到电视剧播出无不透露出国际合作的痕迹。在网络媒体领域，腾讯、搜狐、新浪、爱奇艺、优酷之间的竞争从未停止，而这些网络媒体的共同特点是与国外媒体进行资本合作，这种合作几乎成了各网络媒体创造竞争优势的根本手段。未来，中国媒体内部、中国媒体与国外媒体在产业方面的竞争还将继续，就需要更多的、不同形式的合作，从而实现提升自身媒体技术、促进盈利等目标。

（二）中国媒体"走出去"参与国际竞争需要合作

媒体的国际竞争集中表现在以下三方面：一是新闻报道中国际舞台话语权的竞争，而话语权的争夺又集中体现在对突发事件的关注方面。这种竞争从单纯地及时获取新闻信息转为对新闻事实的解释权、国际话语权以及形象塑造权的竞争。为了在竞争中保持优势，美国、英国等国家的媒体在遵循"突发事件报道黄金原则"的基础上,加大了人力、物力、财力的投入,卡塔尔、俄罗斯等国家的媒体则制定了新的运行机制,增加了人力部署,加大了资金和技术投入。如此,国际竞争更加白热化。二是在受众需求移动化、传媒技术数字化、竞争方式复合化等因素的推动下,国际传媒竞争取向也在发生变化,媒介融合、视觉传播、即时共享成为全球竞争的新支点与新焦点。① 三是媒体产业的竞争。像美国这样的版权产业大国,通过其好莱坞的优势长期占据着全球文化产业的最大份额,日本、韩国等借助其动漫产业、影视产业、游戏产业等紧随其后。印度借助其宝莱坞的优势在全球文化产业市场中取得一席之地。在前述国家借助文化产业输出文化的过程中,媒体产业的竞争也日渐激烈。

中央电视台、中国国际广播电台、新华社等中国有实力的国家级媒体大胆"走出去"参与国际竞争,不仅仅是国家推动的结果,更是与其他媒体尤其是新媒体竞争的必然结果。21世纪以来,随着新媒体飞速发展,受众(用户)对信息的需求、认知都发生了极大的改变。而中国有实力的媒体如果能够即时传播国际新闻事件、解释国际新闻事件,就意味着掌握了独一无二的传播资源,形成了自己的核心竞争力,从而与其他媒体竞争。在新闻报道层面,中国媒体既要面对像美国有线电视新闻网(CNN)、英国广播公司(BBC)这样的老牌新闻报道精英,又要面对像半岛电视台(半岛新闻网)这样的新兴国家的新闻报道行家,还要面对像"今日俄罗斯"这样能够在美国获得高支持率的跨国新闻报道高手。在媒体产业方面,中国媒体既要面对美国、日本等发达国家的媒体,还要面对像印度等不断崛起的国家的媒体。所以,总体而言,不管面对何种竞争,中国媒体选择合作无疑是明智之举。

在新闻传播领域,面对当地媒体以及进入当地的世界媒体竞争,有实力的中国媒体一方面要与这些媒体合作、交换资源,另一方面还要发挥在当地的分站、分台、分中心的作用,充分与当地华文媒体合作,以应对突发事件带来的竞争。在媒体产业领域,南京大学丁和根教授认为,能够做好国际竞争的媒体大公司具有成熟的营利模式与超强的营利能力、丰富的内容产品和领先的生产技术、强大的抗风险能力、广泛的品牌影响力。② 迈克尔·波特在"钻石模型"中阐明,国际竞争中的成功产业必先经过国内市场的洗礼,激烈的国内竞争是迫使一个产业进行改进和创新的压力和动力。海外市场则是国内竞争的延

---

① 陆小华:《国际传媒竞争取向与中国的选择——增强国际传播能力与"中国电视网"开播》,载《新闻与写作》2010年第2期。

② 丁和根、林吟昕:《试论中国传媒业国际竞争的大公司战略》,载《国际新闻界》2011年第1期。

伸。浙江电视台、湖南电视台、江苏电视台、广东报业集团等中国非国家级重点媒体，在国内激烈的竞争中脱颖而出，具有一定的优势，中国媒体在"走出去"参与国际竞争的过程中，与当地媒体合作已成为一种常见的现象。

三、中国媒体需要解决现存的问题

纵观国际合作历程，中国媒体作为合作的主体，存在外宣思想较重、依附性较强等问题，同时，在具体合作过程中又表现出合作失衡、主导性较弱、盈利性不强等问题。这些问题都需要在未来的国际合作中去解决。

（一）中国媒体需要解决作为合作主体存在的问题

第一，中国媒体外宣思想较重。第二，中国媒体参与国际合作的依附性较强，主动性和积极性较弱。目前来看，参与国际合作的中国媒体主要是国家级媒体和部分有实力的地方媒体。但这些媒体免不了受国家政策、资金等的推动，对国家的依附性较高，并且多数媒体并未意识到参与国际合作的重要性，因此，其主动性和积极性较弱。第三，中国媒体对新媒体或社交媒体的利用率较低。在国际合作问题上，新媒体或社交媒体对世界各地的网民有着极大的影响。目前，中央电视台、浙江卫视、湖南卫视等都在 YouTube、Facebook、Twitter、腾讯视频、腾讯微信、新浪微博平台开通了账号，但是与西方媒体相比而言，其利用率还较低。

今后，随着中国崛起对世界的影响逐渐增大，随着中国参与国际事务日渐加深，随着中国对传播中华文化的要求更加迫切，中国将进一步促进中国媒体参与国际合作。中国媒体要运用"公共外交"理念，遵守国际传播规律、国际合作原则，区分"内""外"，推进"走出去"与"引进来"长效机制的实现，构建中国媒体国际合作效果的评估体系，不断提升国际合作能力，从而更快、更好地参与国际合作。

（二）中国媒体需要解决合作过程中存在的问题

2001年，美国印第安纳州普渡大学传播与创造艺术系主任叶美亚·卡马利在谈到中外媒体合作时指出："中国的媒体要把属于自己文化的优秀部分提炼出来，让世界共同分享，不能完全被国外的传媒控制。" 20年过去了，中国媒体在国际合作过程中虽不至于被国外媒体控制，但也的确存在一些问题。一是合作失衡的问题，即中国媒体与发达国家媒体合作较多而与欠发达国家媒体合作偏少，而且在与发达国家媒体合作时，引进国外媒体内容较多而输出中华文化不足。二是合作过程中主导性不强,即中国媒体在与国外媒体合作时被动性的合作相对较多。三是缺乏深度合作与常态交流机制。考察中外媒体交流与合作的效果,不仅要看形式、渠道的"多少",而且要看交流与合作的"深浅"。只有深层次的交流与合作增多,才能真正在提升国际话语权上起到作用。目前,中外媒体交流与合作的形式主要停留在一些浅层次上,比如,举办论坛、高层互访、相互供稿、共同制作节目较多,而渠道合作与资本合作较少。现有的媒体交流与合作多为一次性或不定期的,未能形成常态。这就影响了合作的效果,不利于长期发展。[①]

在未来国际合作过程中,中国媒体需要解决失衡的问题、主导性较弱的问题、合作层次较浅的问题,增加国际合作形式的原创性,加强深度合作,建立常态合作机制,提升国际合作水平。而这一切主要建立在中国媒体自身水平不断提高、自身实力不断增强的基础上。近年来,中国为推进媒体国际传播能力建设,颁布了相关文件与政策,提出了相关建议,配备了相关资金。中国媒体要充分利用这些条件,提升自己,从而促进国际合作的顺利开展。

本章小结

首先,全球化背景在为中国媒体提供国际合作机遇的同时,也需要中国媒体继续参与国际合作。一是全球文化产业的繁荣与发展是中国媒体国际合作的推动力量。在全球文化产业繁荣与发展的浪潮中,发达国家媒体在全球寻找更为广阔的市场,中国市场是其目标之一。这些媒体在抢占中国广告市场及受众的同时,纷纷与中国媒体在影视、出版等产业方面进行了战略合作、人员交流、业务合作乃至资本合作。同时,中国媒体在与国外媒体合作的过程中提高了业务水平。在未来,一方面,全球文化产业继续发展的浪潮还将为中国媒体国际合作提供新的机遇,而中国媒体为发展产业也需要继续参与国际合作;另一方面,全球文化产业的发展需要作为重要伙伴的中国媒体继续参与国际合作。二是全球文化科技的飞速进步是中国媒体国际合作的技术基础。媒体的发展离不开技术的支持,而全球文化科技的飞速发展为中国媒体国际合作提供了强大的技术支持,同时,联合研发新的文化科技也是中国媒体国际合作的方式之一。三是全球媒体共谋发展大计为中国媒体国际合作提供了机遇,需要中国

---

① 郑保卫、叶俊:《中外媒体交流与合作:现状、问题及对策》,载《西南民族大学学报》(人文社会科学报) 2015 年第 9 期。

媒体继续参与国际合作。随着科技的进步，全球媒体格局、全球媒体的职业道德与创新精神等都面临着一定的挑战，为应对这一挑战，中国媒体多次参加国际会议以及相关合作活动，在未来，大国意识、责任意识也更将推动中国媒体参与多种合作，从而推进全球媒体应对媒体格局变化、遵守媒体职业道德、履行媒体责任、不断创新与发展。

其次，中国崛起态势需要中国媒体参与国际合作。一是中国经济与海陆空的发展需要中国媒体参与国际合作。中国经济崛起已是不争的事实，然而多年来，国际上中国形象常常被部分国外媒体塑造，且往往是负面的，因此，中国需要树立良好形象从而与世界各国建立更加紧密的联系。这就需要中国媒体转变国际传播的思路，开展多样化的合作，从而潜移默化地传播中国形象。同时，中国海陆空的发展是为了维护中国国家主权、民众利益，并非为了欺凌他国，这也需要中国媒体以国际合作的方式说明情况。二是中国参与国际事务，尤其是近年来的"一带一路"倡议作为"命运共同体"实践平台，更需要中国媒体广泛参与国际合作。虽然中国提出的"一带一路"倡议得到沿线国家的积极响应，红利逐渐显现，但是"能源掠夺""债务陷阱"等负面言论并未随之消除。因此，为进一步促进沿线国家民众民心相通，为进一步向非"一带一路"沿线国家说明情况，中国媒体需要全方位地参与国际合作，传播好沿线发展的声音，讲好沿线发展的故事。三是中华文化的国际传播以及解决传播中存在的问题需要中国媒体参与国际合作。与中国政治、经济迅速崛起相比，中华文化的传播还相对滞后。在国家的重视下，中国媒体加大了传播中华文化的力度，但是在传播过程中，又面临着打破文化态度的认同障碍、减少文化内容的认识误区、缩小文化符号的认知差异等问题。解决这些问题也需要中国媒体以国际合作的形式，以国外民众能够看得懂的形式、听得懂的语言、具有共同意义空间的符号有效地传播中华文化内涵。

最后，中国媒体自身的发展需要国际合作。中国媒体作为全球媒体中的一员，应通过国际合作的方式为全球媒体的发展做出贡献。同时，中国媒体自身的发展也需要积极参与国际合作。一是中国媒体的转型升级需要国际合作。中国媒体的政治属性和经济属性决定了中国媒体可以分为非产业板块和产业板块。非产业板块，涉及技术升级、设备换代、人员交流培训、交换新闻或者版面等，这些方面的转型升级都需要国际合作。产业板块涉及多种经营部分，这些部分一直以来都与国外媒体有着千丝万缕的联系。因此需要继续与国外媒体保持合作。二是中国媒体参与国内外的竞争需要国际合作。合作是竞争的最高形态。20世纪90年代末期以来，不断崛起的中国媒体，尤其是国家级重点媒体走出国门，与国外媒体的竞争日渐激烈，而且有实力的省级媒体以及新兴媒体也将在"走出去"的过程中与国外媒体在产业方面展开竞争，但是竞争不是目的，合作共赢才是重点。三是中国媒体解决存在的问题才能提升国际合作能力与水平。多年来，中国媒体在国际合作过程中，一方面，其自身存在着外宣思想较重、缺乏国际合作的主动性和积极性以及对新媒体或者社交媒体的应用不足等问题，要想做好国际合作，势必要解决这些问题；另一方面，中国媒体的国际合作存在合作失衡、主导性较弱等问题，只有解决这些问题才能提高中国媒体国际合作水平。

综上所述，无论是从全球背景的推动与需要来说，还是从中国崛起的需要来看，抑或是从中国媒体自身发展角度来讲，中国媒体参与国际合作都是十分必要的、重要的，具有高度的战略意义。同时，在合作中也存在悖论，一方面，中国媒体要抢夺话语权、打好舆论战；另一方面，中国媒体要做到既利己又利他，十分复杂。此外，中国媒体在国家的引导下开展的媒体外交活动，既在一定程度上树立了中国形象，又加速推进了媒体产业的国际化。而在此过程中，切实做好合作，坚守"以我为主，合作共赢"的原则，又是十分必要的。

第二章 "情境-模式"媒体国际合作理论的建构

与西方媒体的国际合作相比，中国媒体国际合作开展较晚。新时代，无论西方媒体还是中国媒体都面临着不同的问题，亟须总结成功经验与失败教训，以指导新形势下的国际合作。笔者通过翻阅材料以及在中国知网、维普、百度学术等平台上搜索相关资料，都未能找到媒体国际合作相关的指导理论。这在一定程度上说明，媒体国际合作理论比较欠缺，或者更准确地说，应该是没有最新的理论去针对性地研究媒体国际合作。基于这种情况，本书充分借鉴国际关系学的国际合作理论、生物学的系统论以及新闻传播的"5W"模式和马莱茨克模式，利用程序主义模式分析法、归纳法、演绎法，尝试性地建构"情境-模式"媒体国际合作理论，以充实新闻传播理论并指导媒体国际合作。

第一节 媒体国际合作现实状况与相关理论的问题

西方媒体尤其是发达的媒体集团早已在全球铺开合作网络，不仅赚得盆满钵满，而且让西方文化风靡全球，反观中国媒体虽有国际合作但仍需提升。而关于媒体国际合作的理论研究，一方面没有形成一个具体的理论，另一方面相关理论与研究还不能完全涵盖媒体作为国际合作主体的特点。

一、媒体国际合作的现实状况

（一）中西方媒体国际合作开展情况

1. 中国媒体国际合作在曲折中开展

虽然中国媒体发展相对滞后，但是在他国在华创办媒体时，就已经与国外媒体在中国境内有过人员交流和业务交流。随着新中国成立以及中国广播电视媒体的产生与发展，人民日报社、新华社、北京人民广播电台、北京电视台等中国媒体与苏联等国家的媒体进行了人员交流，交换了新闻、节目等。"文化大革命"期间，这样的合作停止了，直到改革开放后才逐渐恢复。改革开放至今，中国媒体加快了"走出去"合作的步伐，加大了"引进来"的力度。中国媒体不仅与美国媒体、英国媒体、日本媒体、韩国媒体等开展战略合作、人员交流、业务合作乃至部分资本合作，而且与吉尔吉斯斯坦媒体、格鲁吉亚媒体等开展各种合作。在这一过程中，中国媒体扩大了国际合作对象，扩大了国际合作领域，增加了国际合作形式。另外，2009年召开至今已经成功举办了四届的世界媒体峰会，2015年召开至今已经举办了三届的"一带一路"媒体合作论坛等，更是代表着中国媒体逐渐从单个媒体点对点的合作，走向了形成联合体、共同体，为世界媒体的合作与发展做出贡献。同时，这种合作形式也是中国媒体为实现国家目标、开展媒体外交的重要体现。总的来说，中国媒体无论是出于媒体自身市场拓展需要、国家战略发展需要，还是出于对世界媒体发展的贡献，都在开展着合作。

2. 西方媒体国际合作开展得如火如荼

与中国媒体国际合作在曲折中开展不同，西方媒体的国际合作开展得如火如荼。其中，美国的媒体，尤其是以各类媒体组成的大型媒体集团的国际合作网络已在全球铺开。时代华纳集团率领的美国有线电视新闻网（CNN）、美国在线（AOL）、特纳电视网（TNT）等已与卡塔尔等阿拉伯国家的媒体，英国、法国等欧洲国家的媒体，日本、韩国等亚洲国家的媒体开展着交换新闻、对等落地等方面的合作；探索频道（Discovery）则与英国广播公司（BBC）几十年来一直开展着联合拍片、联合转播、联合举办活动等业务合作乃至资本合作；而像迪士尼、维亚康姆等大型媒体集团也纷纷在全球铺开了国际合作网络。过去20多年，跨国联合制作高端电视剧和纪录片已成为新常态，且显然成为新的全球现象。美国和英国作为全球最大的节目供应商，美国公共电视网（PBS）、英国广播公司（BBC）等著名媒体正不断发掘跨国联合制作的新形式。

（二）中西方媒体国际合作面临的问题

1. 中国媒体国际合作面临的问题

首先，如前所述，发达国家的媒体早就布局国际合作网络，使其掌握了丰富的信息资源，具有强大话语权，在建构中国形象、中国媒体形象时，有失公允；同时，这一网络强强联手，生产的电影、电视剧等视听产品不仅取得了强大的经济效益，还影响中国的文化软实力，争夺中国媒体产业市场。中国媒体要与西方发达国家的媒体合作，就显得力不从心。其次，不断崛起的中国媒体如何与西方媒体在冲突中求合作，在竞争中求合作，在合作中减少冲突，也亟须解决。再者，中国媒体要与欠发达国家的媒体合作，不仅面临着媒体所在国的政策限制，以及媒体所在国家战争、混乱、落后等社会不稳定情况，关键还面临着欠发达国家的媒体本身在人才、技术、管理等方面相对落后，难以达到理想效果的情况。最后，中国媒体日渐崛起，但受限于媒体体制，中国媒体难以在合作中大展拳脚，因此，在具体的国际合作过程中，中国媒体面临着代表谁合作、角色如何定位、获得什么利益等问题。

2. 西方媒体国际合作面临的问题

虽然西方媒体国际合作网络已经非常发达，但是也面临着一系列问题。首先，面对世界市场的饱和，如何与发展中国家的媒体合作，开拓新市场。其次，与中国、印度等不断崛起的发展中国家的媒体展开深层次合作，如何避免文化冲突、意识形态冲突等，如何避免这些国家时而放松、时而收紧的媒体政策带来的影响，扩大合作范围。再者，面对强劲的发达国家的媒体对手，如何避免股权分配不均导致外资持股较多而控制媒体，如何避免经济利益分配不均、市场占有率不均，如何在竞争中求合作，如何在合作中避免冲突。最后，自身转型升级速度之快，而合作对象中欠发达国家的媒体无论是在人才、技术、管理层面都难以跟上，如何减少差距，加快合作进度。

二、已有相关理论的问题

当前，媒体国际合作已经开展得非常多，但遗憾的是还没有形成一个从实践中总结出来又能指导国际合作实践的媒体国际合作理论，或者没有最新的媒体国际合作理论。而比较相关的国际合作理论又不能涵盖媒体的特殊情况。

截至 2017 年 2 月 13 日，笔者在谷歌学术上以"国际合作理论"为关键词进行搜索，并没有发现相关成果。笔者在中国知网上以"国际合作理论"为关键词，能够搜到篇名包含"国际合作理论""国际合作""国际""合作""理论"的论文 144 篇。而其中，真正研究"国际合作理论"的文章实际上只有 23 篇。同时，笔者发现这些成果源自博士、硕士的只有 18 篇，而其中真正研究"国际合作理论"的只有 2 篇。但是，笔者在百度学术上以"国际合作理论"为关键词能搜索到著作 1 部、论文数篇。另外，笔者又以"a theory of international cooperation"在中国知网以及谷歌学术上进行搜索，并没有发现相关成果，但在百度学术上查到了斯科特·巴雷特写于 1998 年的《国际合作理论》等。笔者再以 "International Cooperation Theory" 为关键词在谷歌学术上搜索，仅找到了 Kate O'Neill，Jörg Balsiger，Stacy D. VanDeveer 的《行动者、规范与影响：近期国际合作理论与代理结构争论的影响》（Actors，Norms，and Impact：Recent International Cooperation Theory and the Influence of the Agent-structure Debate）一文，而以同样的关键词在百度学术上找到数篇关于美国、英国的国际合作理论。具体分析如下：

（一）西方的国际合作理论不能完全覆盖媒体国际合作情况

西方国家关于国际合作理论的研究成果较多。罗伯特·阿克塞罗德（Robert Axelrod）1984 年出版的《合作的进化》一书讲述了合作的问题、生物系统中合作的进化、如何有效选择、如何促进合作、合作的社会结构以及互惠的强劲作用等，为后面的研究者探讨国际合作奠定了良好的理论基础。康奈尔约瑟夫·格里科（Joseph Grieco）和哥伦比亚大学彼得·哈斯（Peter Haas）的《国际合作理论：优势和劣势》以及海伦·米尔纳（Helen Milner）1992 年发表于《世界政治》上的对该书的书评，伦敦商学院斯科特·巴雷特的《国际合作理论》等，均对国际合作理论有非常深刻的见解。综合来看，早年，西方国家的国际合作理论包括美国的以"权力合作理论"为代表的现实主义的国际合作理论、以"文化合作论"为代表的建构主义国际合作理论，以及英国的以"社会合作论"为代表的国际社会学派的国际合作理论。这些理论各有优缺点，重点探讨国际政治中大国与大国的合作，主要研究大国需要具备什么能力才能合作，什么因素控制国际合作等。而近年来，Kate O'Neill 等在前述国际合作理论的基础上引入了代理结构辩论的问题，提出了非国家行为者即代理机构在促进国际体系中结构转型的问题。另外，1998 年斯科特·巴雷特在《国际合作理论》中探讨了国家数量多少对合作的影响。他认为，国际合作的国家参与数量主要根据具体合作的事情来定。但是 2004 年 Leif Helland and Jon Hovi 又在《全面国际合作理论：实验评价》（The Theory of Full International Cooperation：An Experimental Evaluation）中用实验的方法肯定和反驳了斯科特·巴雷特的部分观点。总的说来，这些成果主要研究国家与国家之间的合作，对本书要建构的媒体国际合作理论有极大的启发，但并不能完全概括媒体国际合作的情况。

(二) 中国的国际合作理论不能完全覆盖媒体国际合作情况

随着中国参与国际合作,相关的理论研究也逐渐形成。2004年到2009年,夏安凌、黄真、金亨真等从不同角度介绍了西方国家的国际合作理论。其中,夏安凌、黄真分别介绍了建构主义的国际合作理论、新现实主义的国际合作理论,而金亨真则重在介绍新现实主义的国际合作论。黄真在介绍的基础上,还研究了"国际合作理论的发展与反思""国际合作理论的类型学"等问题。2012年,王力军比较了西方国际合作理论的核心观点,更加细化了前面的研究。2015年,华中师范大学马克思主义学院周理清对前面的研究做了一定的解释。除了介绍、批判、总结西方的国际合作理论,研究者也将国际合作理论作为分析工具去探讨中国欧盟合作问题、当前国际体现的变化与前景问题、会计准则问题等。

除了介绍、批判、总结以及运用西方的国际合作理论,研究者还建构了新的国际合作理论。2006年,华中师范大学宋秀琚在其博士学位论文《国际合作理论:批判与建构》中,按照"先破后立"的思路,对美国和英国的国际合作理论进行了主体论批判和方法论批判,并在正确认识国际无政府状态的基础上,建构了国际合作理论。宋秀琚博士认为,国家能力、国家意愿、国际社会与国家之间的合作有着密切关系。

中国关于国际合作理论的研究成果重在介绍、批判西方国际合作理论,研究的对象并不是媒体,所以不太适合媒体国际合作的情况。宋秀琚博士建构的国际合作理论,其核心依然是探讨国家与国家之间、政府与政府之间的合作,并没有将媒体合作作为研究。

基于中外媒体的国际合作较多,那么对这些国际合作规律进行总结,形成媒体国际合作理论也就具有一定的意义。同时,媒体国际合作面临众多问题,也需要相对合适的媒体国际合作理论去指导。现有的国际合作相关理论主要是研究国家作为国际合作主体和国家内部的政治、经济、文化、教育、科技等子系统作为参与国际合作主体的情况,而媒体天生的特殊性决定着其参与国际合作与前述合作主体是有区别的,因此,当前理论无法涵盖媒体国际合作的特点,需要去修正、弥补、升华。这样,建构"情境-模式"媒体国际合作理论就显得十分必要了。

第二节 "情境－模式"媒体国际合作理论建构的基础

要建构一个新的理论，须在厘清研究对象的概念的基础上，充分利用前人的研究理论和研究方法。本书在建构国际合作理论的过程中，主要借鉴了国际合作理论、系统论、囚徒困境理论、"5W"模式、马莱茨克模式等，利用了归纳法、演绎法等传统方法以及"程序主义模式分析法"这一新方法。

一、再认识"媒体"以及"国际合作"

（一）对"媒体"的再认识

关于媒体的概念，西方国家认为媒体是传播新闻、娱乐、教育、数据或促销信息的通信渠道。除了熟知的传统媒体，还包括广告牌、邮件、电话、传真等。[①] 另外，也有专门的定义解释大众媒体的概念，认为大众媒体是指以某种方式、形式向大量人传播信息的通信渠道。[②] 另外，西方国家把媒体分为传统媒体和社会媒体。其中，社会媒体主要指用于描述新一代数字、计算机或网络信息和通信技术的术语。这些可以采取许多不同的形式，包括网络论坛、博客、维基、播客、图片、音乐和视频共享。社交媒体应用程序的例子有 Google Groups, Wikipedia, MySpace, Facebook, YouTube, Second Life, Flickr 和 Twitter。对这些概念进行分析可以发现，其与中国的媒体概念有一定的区别。前面的描述更像是在说媒介这种可触及的事物，而媒体应该是某种组织，在这个组织里面，人作为主体利用前述各种媒介去传播信息。而从某种程度上讲，媒体依然是媒介，这种媒介连接日常发生的事件以及广泛的受众或用户。但是媒体与前述媒介的不同之处在于强调人的能动性，人的劳动使得媒体作为一个系统在运转。因此，本书中的媒体并不单指传统的媒介或者新媒介，而是强调以人的能动性去利用传统媒介或者新媒介去进行传播的某种组织，如报社、电台、电视台、通讯社、网站等。这些媒体作为社会系统的一个子系统，会受到社会各系统的影响，同时也影响着社会各系统的运行。在这一过程中，媒体的政治属性、经济属性、文化属性等就十分重要，并且对国家、对政府、对社会、对民众的作用也日渐加大。

---

① 参见 Media, http://www.sociology.org.uk/media_defined.pdf.
② 参见 Defining the Mass Media, http://www.sociology.org.uk/media_defined.pdf.

清华大学彭兰教授认为在新闻传播领域，"媒体"一词通常有两种用法：一种用法强调传播主体，即传播机构；另一种用法则强调介质的大众传播属性。[①] 本书综合这两种用法，认为媒体指的是具有大众传播属性的传播机构。因为传播机构由无数的人员组成，在国际合作过程中常与社会其他系统相互作用、相互影响。在媒体种类的划分上，本书分为传统媒体和新媒体。传统媒体主要指报社、电台、电视台、通讯社；新媒体通常指的是电子邮件、搜索引擎、微信、微博、抖音、TikTok 等。彭兰教授认为，"新媒体"主要指基于数字技术、网络技术及其他现代信息技术或通信技术的，具有互动性、融合性的媒介形态和平台。在现阶段，新媒体主要包括网络媒体、手机媒体及其两者融合形成的移动互联网，以及其他具有互动性的数字媒体形式，[②] 本书延用这种说法。

（二）对"国际合作"的再认识

国际关系学界现实主义学派认为，国家是最主要的行为体，所以，国际主要指"国家间"，相应地，国际合作主要是"国家间合作"。国外研究者认为，国际"包括国家行为体和非国家行为体等各种行为体之间"，而国际合作既指国家与国家之间的合作，也指跨国合作、跨部门合作、个人合作、国内区域间合作等。中国研究者则认为，国际合作实质上是由于动机与需求促使双方交换资源的过程。基于以上观点，本书认为，媒体的国际合作主要是指国家与国家之间的媒体（也适当包括非媒体机构、组织、企业、公司等）进行对等资源交换，使双方获得对等或趋于对等资源的活动。既然有活动就是一个动态的过程，而事物一旦运动就存在特定的程序，而程序就是本书要解释的问题之一。

二、借鉴国际合作理论、系统论以及相关模式

（一）借鉴了国际关系学中比较经典的国际合作理论

现实主义的国际合作理论探讨拥有相对最大权力的大国之间的合作。这个权力包括以国家财富和总的人口规模为基础的潜在权力，以及国家所拥有的海陆空军事权力。而且，现实主义的国际合作理论认为各国之间虽然不排除暂时合作的可能性，但合作也只是再次冲突的缓冲期和积蓄武力的手段。建构主义

[①] 彭兰：《"新媒体"概念界定的三条线索》，载《新闻与传播研究》2016 年第 3 期。
[②] 彭兰：《"新媒体"概念界定的三条线索》，载《新闻与传播研究》2016 年第 3 期。

的国际合作理论认为，拥有相同或相似观念的国家就是具有"共同知识"的国家，而这又构成了文化。拥有共有文化的国家之间比较容易达成合作。国际社会学派国际合作理论弥补了美国国际合作理论的缺陷，将社会因素引入国际关系，认为国际社会是催生和维持国际合作的有利因素，但是国际合作其实也存在冲突。在中国，宋秀琚博士建构了"国家能力－国际合作"的国际合作理论模式。该模式从国家与国家之间的合作出发，认为国家的技术型能力和自主能力、谈判能力和执行协议能力等基础型能力是影响国际合作的重要因素，而国际观念和国际社会要素又影响着国际合作的样式、程度、领域等。

前述国际合作理论主要探讨国家与国家之间的合作。虽然西方国家的国际合作观点存在强权政治等思想，也不能全面覆盖媒体的特点，但是个别观点依然是媒体国际合作理论的基础，因为媒体国际合作理论强调即使各国媒体的体制不同，但是国家与国家之间的竞合是其合作的重要推动力。换句话说，国家对于媒体的影响较大。这样，"情境－模式"媒体国际合作理论就借鉴了前述西方四个理论的核心观点。

首先，借鉴了"权力合作理论"，认为国家合作是因为追求国家财富力以及海陆空能力，提出一个国家在追求国家财富力、文化软实力以及海陆空能力时，常与其他国家展开竞争与合作，而这种竞争与合作形成的压力其实是媒体合作的一个动力；借鉴了其"合作是暂时性"的观点，认为国家与国家暂时合作时，也会导致其媒体暂时合作，而国家与国家进入冲突阶段，其媒体合作也就暂缓甚至停止。这样，媒体国际合作的周期，其实是深受国家之间关系的影响的。同时，媒体本身也面临着"冲突"，走向暂时"合作"，寻求共同利益，但在合作中又存在"冲突"，导致暂时合作崩溃，也就存在周期的问题。其次，借鉴了"制度合作理论"，强调"国际制度"在国际合作中的缓解作用；借鉴了"社会合作理论"，强调"国际社会"是催生和维持合作的有利因素，提出国际关系、国际形势、国际组织、国际制度、国际法等国际因素是媒体国际合作的影响因素。这些因素对媒体国际合作过程存在的不当问题具有极大的调节作用，从而促进合作双方协调、和解进而重新合作。再者，借鉴了"文化合作理论"的"共同知识"概念，提出不能进行媒体合作其实是因为国家与国家之间由于意识形态差异、语言差异、文化差异等难以形成"共同知识"或者"共同意识"的状态，从而导致合作不能开展。除了借鉴西方国际合作理论的思路与观点，还借鉴了中国宋秀琚博士的观点，提出国家追求国家能力的提升是媒体国际合作的重要动力，国家意愿促使制定或者取缔相关政策来促进或者限制媒体国际合作。

（二）借鉴了新闻传播理论中拉斯韦尔模式和马莱茨克模式等

"情境－模式"媒体国际合作理论借鉴了传播学四大奠基人拉斯韦尔著名的"5W模式"（如图2-1所示），提出了媒体国际合作具有合作主体、合作对象、合作领域、合作内容、合作形式、合作效果、合作动力、影响因素八大元素（如图2-2所示）。其中影响因素理论主要来自马莱茨克模式。因为拉斯韦尔"5W模式"最大的缺陷就在于没有提到传播中的影响因素，所以马莱茨克模式特意强调了在传播过程中存在着各种影响因素。基于此，媒体国际合作理论综合两个模式，提出了八大元素。

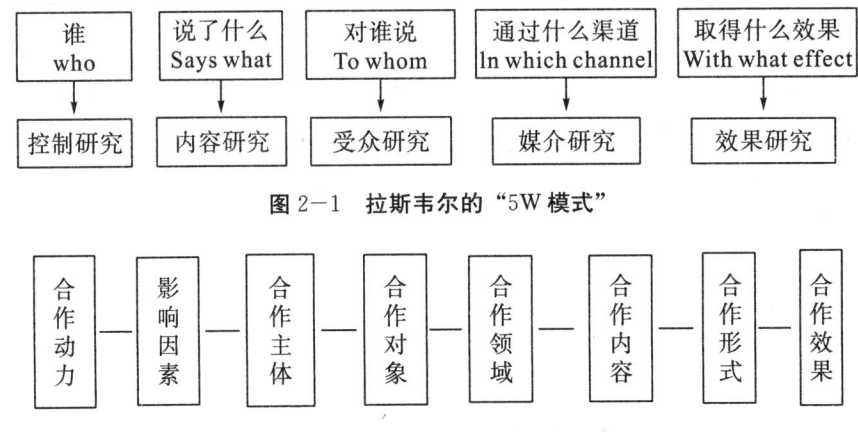

图 2-1 拉斯韦尔的"5W 模式"

图 2-2 媒体国际合作的八大元素

"情境－模式"媒体国际合作理论按照从大到小、从外而内的逻辑提出，影响因素主要来自国际关系、国际形势、国际组织、国际法、国际制度等国际因素，媒体合作双方所处国家的经济状况、社会稳定情况、文化差异和政策等社会系统因素，媒体技术水平、管理水平、人员素质等自身因素。之所以这么考虑，完全是出自"程序主义模式分析法"的元素分解观和系统论的思想，认为媒体作为国际社会的子系统在合作时自然受到国际因素的影响；媒体作为一个国家的子系统能不能合作，能在什么领域合作，能采用什么方式合作，最核心的是在于国家内部的经济系统、文化系统、法律系统的发达与开放程度；而媒体作为一个系统，也会受到人员系统、技术系统、管理系统等的影响。总的来说，当前述每一个系统正常运转的，媒体国际合作才能正常开展；任何一个系统出现问题，都会导致媒体国际合作这个大结构、大整体、大系统的崩溃。

(三) 借鉴了生物学系统论的经典观点

本书在绪论中就介绍过系统论，此处，再次重申本书所借助的系统论的核心观点。"情境－模式"媒体国际合作理论充分借鉴系统论认为元素总会按照一定的规则形成一个完整的结构即整体的观念，认为媒体国际合作依然由无数的元素构成，并且始终将媒体国际合作看作一个系统，而这个系统也由无数子系统构成。同时，媒体国际合作作为自组织系统与社会的其他系统也发生各种关系，受各种因素的影响。系统论的思想始终贯穿本书，从研究内容到结构拟定甚至全书行文，均受到系统论思想的影响。

另外，现代系统论认为，在系统发展的上升阶段，通常构成要素的质量会不断提高，数量会不断增加，层次会逐渐增多，结构会日趋稳固和优化，功能会不断增多和变强，与环境的关联性会日渐紧密，而在系统发展的下降阶段，则反之。① 在下降阶段，前述因素的变化达到或超过临界点时，原系统就会崩溃，直至被新系统取代。无限循环之下，系统就具有了生命周期。"情境－模式"媒体国际合作理论就借助这一观点提出，媒体国际合作作为一个由无数元素组成的系统也会有一个周期。当合作的基本元素质量不断提高，不断升级、优化，合作维持的时间就相对长久；相反，合作的各元素质量不断下降，合作就会崩溃。但是，随着媒体国际合作各元素打破旧有规则，重组就会形成新的合作系统。借助这一观点，本书进一步提出了媒体国际合作存在磨合期、蜜月期、平淡期以及断裂期，这四个时期会由于动力元素的重组而形成循环周期。

三、利用程序主义模式分析法、归纳法、演绎法

(一) 利用程序主义模式分析法

1. 关于程序主义模式分析法

(1) 程序主义模式分析法的理论来源。

程序主义模式分析法也叫作动态模式分析法。该方法基于"元素—结构—程序—模式"这种思路去分解元素—结构关系（静态）—操作程序（动态）—选择模式（情境因应）。该方法是一个由静态到动态的、逐层逐级的、丰富完善提升的过程。该方法并非横空出世，而是对结构主义、程序主义以及行动理论等的综合运用与升华。

---

① 常绍舜：《从经典系统论到现代系统论》，载《系统科学学报》2011年第3期。

第一，程序主义模式分析法对结构主义的运用与升华。结构主义起源于弗迪南·德·索绪尔（Ferdinand de Saussure）语言学的相关著作，后经罗曼·雅各布森（Roman Jakobson）、路德维希·维特根斯坦（Ludwig Josef Johann Wittgenstein）、克劳德·列维－斯特劳斯（Claude Levi-Strauss）等人发展起来。结构主义是对20世纪初只求局部、不求整体的"原子论"的批判与否定。结构主义注重整体性的研究，指出单独的元素按照一定的逻辑会形成某种结构（整体），那么整体对于部分来说是具有逻辑上优先的重要性的。结构主义强调构成元素之间的关系，从大的系统方面来研究它们的结构和规律性，而不是注重一个整体内部诸元素本身。在斯特劳斯的结构主义研究方法中，为分析表层结构和深层结构，通常采用"分割"和"编配"的方法。所谓分割就是把对象分解为各个基本的元素。所谓"编配"则是把已经分解的元素按照一定的规则、秩序加以组合。程序主义模式分析法吸纳该观点，认为元素不断排列组合会形成不同的关系，因此，结构是各种关系的组合，简称结构关系。程序主义模式分析法认为分解是为了建构，只有彻底分解元素，才能更好建构关系，从而揭示本质。程序主义模式分析法认为建构被赋予"时间""空间"的概念之后，会形成某种动态的行为，因此，程序主义模式分析法强调"动态性"。建构持之以恒的运动，会形成某种固定的轨迹，即模式。这是符合结构主义所强调的"模式对认识作品结构有重要作用"，但也常被后结构主义和解构主义诟病，认为不应该模式化、规范化。程序主义模式分析法则包容了三者的观点，认为应该有模式，但是不同的情况应该有不同的模式。

第二，程序主义模式分析法对程序主义的运用与升华。西奥多·维威格（Theodor Viehweg）、查姆·佩雷尔曼（Chaim Perelman）、斯蒂芬·托尔敏（Stephen Touimin）、罗伯特·阿列克西（Robert Alexy）、约翰·罗尔斯（John Bordley Rawls）和尤尔根·哈贝马斯（Jürgen Habermas）等都偏好于研究程序主义。其中，具有代表性的是美国政治哲学家、伦理学家罗尔斯和德国哲学家、法兰克福学派代表人物哈贝马斯。二者的"程序论"的核心内容是：通过设定一定的程序而不是设定一个先验的或形而上的命题作为法之合法性论证的出发点。[①] 但是二者关于程序的研究主要集中在民主政治方面。尤其是哈贝马斯。他把民主理解为程序，即一种协商的程序，并且，由此形成公民舆论和公民意志也是一种决策的程序。民主是一个按照已有程序和多数人原则

---

① 周赟：《论程序主义的合法性理论———以罗尔斯、哈贝马斯相关理论为例》，载《环球法律评论》2006年第6期。

做出与修正决策的过程。程序是一种抽象的和中立的规范以及形式化的普遍标准。程序主义强调一以贯之，就是在任何时间与空间里领导者与人民都得遵守程序与规则。① 从某种意义上说，民主政治就是一种程序主义。但遗憾的是，程序主义的研究主要涉及的是民主政治和法律程序，难以解释具体行动应该具备的程序，并且是就程序谈程序。而程序主义模式分析法吸纳程序主义的观点，将程序视为事物从静态到动态的一个必然过程，并认为"凡事皆有程序"，因此，在程序主义模式分析法看来，程序适用于任何事件，包括宇宙万物的运动、事件的推进、研究的开展等。程序主义模式分析法中所言"程序"更宽泛、更适用，拓展了程序主义的边界。

第三，程序主义模式分析法对行动理论的运用与升华。行动理论是社会学研究的内容之一。其中，古斯塔夫·勒庞（Gustave Le Bon）、赫伯特·布鲁默（Herbert Blumer）、拉尔夫·特纳（Ralph H. Turner）、尼尔·斯梅尔塞（Neil Smelser）等从各自的视角去研究集体行动理论。个体行动理论的研究者代表人物是马克斯·韦伯（Max Weber）和哈贝马斯。韦伯的社会行动理论将人类的行动分为工具性行动、价值理性行动、情感行动、传统行动四种理想类型行动。哈贝马斯的交往行动理论将行动分为目的性行动、循规性行动、戏剧性行动和交往行动。韦伯和哈贝马斯的行动理论都提到了行为的目的性。前者提到，工具性行动亦称为目的合理性行动，是个体借以实现其精心计算的短期自利目标的方式；后者提到，目的性行动中行动者通过理性的计算，寻求达到特定目标的最佳手段。② 二者认为在目的性行动中，目标起着关键的作用。此外，菲什拜因（M. Fishbein）和阿耶兹·阿杰恩（Ajzen）的计划行为理论认为行为的操作性定义包括目标（Target）、行动（Action）、环境（Context）和时间（Time）四个基本元素，简称为行为的 TACT 元素，③ 由此可见目标对于行动的重要性。虽然前述行动理论都提到了目标，但是并没有指出如何锁定目标。程序主义模式分析法吸纳前述理论关于目标的论述，认为程序的第一步应该是确定目标，"目标导向""问题导向"才有助于采取具体的行动，并保证行动不至于出偏。

---

① 何包钢：《保卫程序：一个自由主义者对卡尔·施密特例外理论的批评》，载《浙江学刊》2002 年第 2 期。

② 黄陵东：《人类行为解读：韦伯与哈贝马斯的社会行动》，载《福建论坛（人文社会科学版）》2003 年第 4 期。

③ I. Ajzen, "The Theory of Planned Behavior", *Organizational Behavior and Human Decision Processes*, 1991, Vol. 50.

在列维-斯特劳斯的结构主义中，将事物具有结构作为其研究的立足点，程序主义模式分析法则将事物具有无数基本元素作为起点，将分解元素作为首要问题，将结构关系和操作程序作为一个中间过程，将模式选择作为落脚点，认为不同的情境具有不同的模式。

（2）程序主义模式分析法的概念解析。

程序主义模式分析法按照"欲建构先解构"的逻辑，提出分析问题的第一步是分解元素。当按照"属性列举"的原则将事物（事件）各元素分解完毕之后，再按照一定的"规则"与"秩序"建构这些元素的各种关系，从而形成某种结构。按照"事物总是在运动"这一逻辑，任何结构一旦运动就会呈现一定的程序，形成程序的过程也是事物从静态到动态的过程，而不同事物（事件）从静态到动态又会形成不同的模式，同时，面对不同的情境要选择不同的模式。简而言之，程序主义模式分析法分析问题的基本线路是分解元素—结构关系（静态）—操作程序（动态）—选择模式（情境因应）。按照这个线路去分析事物本质，再上升为宏观思维方式，就构成研究社会行为、研究社会学科的一种基本模式。具体来说，程序主义模式分析法分为以下四个步骤。

分解元素是基于世界是统一的、相互联系的一个整体但世界又是可以细分的这样一个判断。这就像判断整个世界，可以把宏观世界分解成中观世界，把中观世界分解成微观世界，即便是微观世界也可以再分解，直到分解到不可再分为止。在分解层次上，从物理学角度来说，可以分解到分子层面、原子层面，还可以分解到原子核、质子、中子等层面，再依次往下分，还可以细分到夸克层面。换句话说，再宏大的世界、再宏大的事物，都可以找到它的基本元素。从语言学角度来说，可以把语言分解到词、字层面，再分解到字的音、形、意等层面。很多不同事物的分析都可以用这种无限细分的思维去追寻它最原初的组成部分、最基本的要素。

结构关系是基于元素不断地排列组合就形成了不同的结构这一判断。这些结构包括平行结构、交叉结构、错层结构、跃层结构、螺旋结构等常见结构，也包括合作体、联合体、综合体、共同体等整体结构。早在东晋时期，葛洪《抱朴子·勖学》就有关于结构关系的论述："文梓干云，而不可名台榭者，未加班输之结构也。"此外，《二十四史》中对结构亦有很多使用。随着时代的发展，"结构"一词在工学、理学以及人文社会科学中均得到广泛使用。无论是中国古代还是前述西方结构主义关于结构的解释，不管是哪一个学科，对结构的理解基本都趋向于结构其实是整体与元素的一种特定关系，元素位置的变换会形成某种特定的结构，元素与结构相互作用从而影响整体。

操作程序是基于辩证唯物主义认为世界是物质的，物质是运动的，运动是有规律的这一基本主张。元素组成的结构是静态的，是相对稳定的、孤立的，而任何一种静态的结构进行时间维度、空间维度的叠加，就会产生一种运动性，形成一定的程序。人们习惯将"程序"解释为事情进行的先后顺序，并将"程序"与"规范化""系统性""制度化""标准化"等词联结。比如，上海交通大学凯原法学院教授季卫东认为法律程序包括调节程序、审判程序、立法程序、选举程序和行政程序。操作这些程序，在一定程度上保证了法律的正当性、程序性。虽然卡尔·施密特（Carl Schmitt）认为，在民主政治方面应该有"例外"，但是多数情况下，事情按照程序进行会进展得相对顺利，并能节约时间和资源。因此，操作程序可以事半功倍。

选择模式是基于形成结构的事物，针对不同的目标采用不同的手段，形成不同的程序以及程序的组合，由此构成了应对不同问题的模式，即"情境因应"。因此，模式的本质就是解决在不同的目标下，针对不同的问题，找到不同的方向、不同的路径而产生不同类型的成功做法。虽然后结构主义、解构主义反对模式化、规范化，甚至得到一些研究者的推崇，但是不得不承认结构主义的"模式化"观点依然在被大量运用，并深入各个研究领域。这主要是因为模式的可复制性、普适性对研究和实践具有一定的指导作用。选择模式是程序主义模式分析法最关键的一步。

（3）程序主义模式分析法的特色及观点。

首先，基于"元素—结构—程序—模式"线路形成的程序主义模式分析法，形成了从"哪儿"到"哪儿"的思维方式。这种思维方式着重强调从现象到本质，从具体到抽象，从最微观到最宏观，从个别到一般，从个性到共性，从概念到判断再到推理，从过去到未来，从原因到结果，从问题到方案，从古到今，从东到西，从南到北，从上到下，从左到右，从远到近，从内到外，从大到小，从低到高，从正面到负面……反之亦然。也就是说，程序主义模式分析法十分强调逻辑思维的缜密性，这种思维逻辑有利于分解元素时保证逻辑的连贯性。

其次，程序主义模式分析法在形成结构的基础之上，将结构从静态推动为动态，形成了特色的程序。该程序主要包含九步。第一步是确定目标，即确定研究或者实践的终点，确定合理的定性目标，确定目标的梯次关系，确定不同阶段目标之间的关系，确定小目标和大目标，确定短期目标和长期目标，以及目标设立的动机。基于已经实现的目标，基于容易实现的目标，可以再谋求一些更高级或复杂的目标。目标明确、目标导向保证研究或者实践方向正确，不出偏，从而避免徒劳。第二步是确定标准，即将效益、效率、进度量化，找到理由，确定参照系。标准确定以后，可以防止拖延。第三步是明确起点，即明确自己已有的信息，如可利用的理论工具、研究方法或者人力、物力、财力、品牌、平台资源……明确起点，可以帮助梳理自身的优势和短板，并根据这些去寻找可以利用的资源，从而尽早实现资源对接。第四步是看清弯路，即回顾自己以前走过的弯路，别人走过的弯路，乃至接下来将会面临的问题。看清弯路，可以减少自己走弯路的可能，从而迅速回到轨道。第五步是明确捷径，即明确同样的事情，谁走过、是什么、必经之点有哪些、谁先、谁后、为什么、有无更好的路径。明确捷径，能更接近目标。第六步是走！而走，需要确定何时出发，何时走到终点，具体走法是什么，刚性的细节化规范是什么，为何是这个规范，以及理论工具，研究方法，人财物如何匹配、协调，应对不良状况、突发情况、意外情况的方案是什么，为什么选择这种方案……第七步是总结，即检查结果是否合乎既定目标和既定标准，为什么是这样，是否拿出改进方案。第八步是汇报、传播，即向相关部门、组织、领导等汇报工作进度。同时，确定合适的时间、选择合适的方式传播成果，并确定一定的效果。第九步是思考酝酿下一步关联行为，即主动思考接下来还能围绕此次的研究、实践开展什么关联的研究与实践，并思考为什么要有关联行为，以及如何超越此次的研究或实践。

最后，程序主义模式分析法的落脚点是"模式"。模式的最大作用在于可迅速复制、促进快速推广运用。在运用模式的国家中，美国当属第一。从餐饮业来看，肯德基、麦当劳作为快餐店的经典模式，不仅在美国全面推广，还推广到了全球；从连锁超市来看，无论是像Costco、Target、Wal-Mart这样的综合超市，还是像CVS这样的专业超市，在全美几乎无人不知无人不晓，而Wal-Mart则已成为全球性的超市；从影视产业来看，像好莱坞这样的传媒产业发展模式已成为全球顶级模式，而跟着发展起来的印度宝莱坞、中国的华莱坞也成为其模式的复制者。当模式确定以后，最关键的就是根据不同的情境去选择不同的模式。因此，"情境因应"下，模式作用就突显出来。另外，从某种意义上讲，按照程序、按照模式处理事务能够帮助研究主体、操作主体节省时间、精力、金钱，从而快速接近目标。

由此可见，程序主义模式分析法在集纳前人观点的基础上，形成了一套比较完备的逻辑线路，即既要从静态到动态的角度分析，又要回到具体情况，选择不同模式，做到情境因应。因此，程序主义模式分析法能够分析事物、事件、研究等从静态到动态的情况，具有一定的适用性，它可以作为本书"情境－模式"媒体国际合作理论的方法基础。

2. 对程序主义模式分析法的运用

首先，本书沿着程序主义模式分析法的逻辑线路，来梳理"情境－模式"媒体国际合作理论的观点，帮助分析该理论提出媒体国际合作具有合作主体、合作对象、合作领域、合作内容、合作形式、合作效果、合作动力以及影响因素八大基本元素，分析媒体国际合作的基本结构等。

其次，本书沿着程序主义模式分析法的思维方式与观点，得出一定的观点。本书借助程序主义模式分析法从"哪儿"到"哪儿"的思维方式，认为媒体国际合作存在最微观即具体的、无数的合作实践，最宏观即经过归纳总结、逻辑演绎得出具有普适性的理论；合作事件中存在个别媒体特殊的合作，而整个媒体系统也有一般性的合作；具体合作要受内部需求、外部压力的推动。本书借助程序主义模式分析法分解元素、组合结构的思路，认为在媒体国际合作实践中，诸如八大基本元素以及更加细分的众多元素构成了媒体国际合作的基本组织，没有这些元素，媒体国际合作就无法开展。这些元素不断地排列组合，形成了不同的媒体合作结构，而这些结构也是在不断变化、升级的，但不管如何变化都将保证媒体国际合作的相对稳定。本书借助程序主义模式分析法的程序观，认为媒体国际合作在具体形成结构的过程中以及当这个结构从静态到动态正常运转时，存在一些固有的程序，该程序能提高媒体国际合作的效率，达到一定的效果。本书借助程序主义模式分析法的模式观，认为媒体国际合作过程中，虽然媒体种类、所有权等有所不同，但是都是国家与国家之间媒体的合作基本方式，其实是比较固定的，长此以往，就形成了比较固定的模式，该模式在媒体国际合作推广运用中作用十分突出。总的来说，在"情境－模式"媒体国际合作理论中，程序主义模式分析法的逻辑线路依然存在，并且在不同的情境下，媒体会选择不同的合作模式。

（二）利用归纳法和演绎法

1. 关于归纳法和演绎法

在人类的思维方式中，归纳法和演绎法是一种常用的方法。归纳法是从某一类事物具有某些性质、特点等，推导出所有事物都具备这样的性质。演绎法比较强调推导方法的运用，通常是从一般性的前提出发，通过推导得出具体要陈述的或者个别的结论。这个推导的过程需要讲究逻辑，并非随意的。事实上，不管是哪种方法，其核心都在于"推理"。

2. 对归纳法和演绎法的运用

本书在建构"情境-模式"媒体国际合作理论时，首先是在分析众多西方媒体国际合作案例和中国媒体国际合作案例的基础上，使用这两种方法去得出结论的。中国电视节目史上，耳熟能详的节目均有一定的蓝本。凤凰卫视《鲁豫有约》是以美国广播公司（ABC）电视新闻脱口秀《奥普拉·温弗瑞秀》为蓝本的电视谈话类节目，中央电视台《新闻调查》是以哥伦比亚广播公司（CBS）电视新闻杂志栏目《60分钟》为蓝本的电视新闻节目，中央电视台《幸运52》是以新闻集团旗下Fox电视台的真人秀节目《你比五年级小学生聪明吗?》为蓝本的娱乐节目，上海外语频道《冲刺中国》也是以哥伦比亚广播公司（CBS）《极速前进》为蓝本的竞赛类节目，上海东方卫视《中国达人秀》是以英国独立电视台（ITV）*Talent* 为蓝本的选秀节目，湖南卫视《爸爸去哪儿》是以韩国文化广播公司（MBC）《爸爸我们去哪儿》为蓝本的亲子类节目……还有许多案例，此处不一一列举。本书利用归纳法和演绎法，以及"情境-模式"媒体国际合作理论推导出媒体合作的模式，如前述案例所表现出的模仿或版权输出模式，只是不同的媒体面对不同的情况有不同的模式。

第三节 初步建构的"情境-模式"媒体国际合作理论

"情境-模式"媒体国际合作理论一方面重视对前人研究的借鉴，另一方面也有自己的观点。该理论的核心观点在于情境不同，媒体国际合作的模式不同。该理论主要是指媒体作为参与国际合作的主体需要充分利用来自国家、来自需求的动力，在不同的情境下去选择可以合作的领域、方式，按照一定的程序做好国际合作实践。

一、"情境-模式"媒体国际合作理论的内涵与外延

一般而言，情境指的是现实的物理环境。媒介环境学的代表人物约书亚·梅罗维茨（Joshua Meyrowitz）曾提出了"媒介情境"。本书所指"情境"与其既有区别又有联系。现实世界里，存在意识形态差异、体制机制差异、业务能力差异等的媒体与媒体合作总是在不同的情境中进行。笔者在借助程序主义模式分析法建构"情境-模式"媒体国际合作理论时，运用了该方法的分解元素观、结构关系观、程序观、模式观等，来研究媒体国际合作的内部关系、整体结构、动态程序以及合作模式，并提炼出面对不同的情境媒体会选择不同的

模式来合作等观点。大体来说,"情境－模式"媒体国际合作理论可分为宏观理论和微观理论。

"情境－模式"媒体国际合作的宏观理论包括媒体国际合作本质理论、媒体国际合作内部关系理论、媒体国际合作外部关系理论。媒体国际合作本质理论从媒体国际合作的本质规律出发,深入研究媒体国际合作的内在规律,并对这一规律进行规范性和科学性的总结。在这一过程中,本书会先重点考察"媒体""国际合作"各自的内部属性、规律、机制等,再探讨媒体国际合作的总体规律。这样做既可以厘清媒体自身发展的规律,又可以厘清媒体参与国际合作之后的规律。媒体国际合作内部关系理论主要从媒体国际合作内部关系出发,对媒体国际合作内部涉及的各种细节进行细分,再上升到理论的高度,形成具有某种指导意义的、普适性的规律。媒体国际合作内部关系理论重点强调除影响因素之外的七大基本元素以及它们之间的结构关系。媒体国际合作外部关系理论是将媒体国际合作放在社会总系统中去考察,一方面考察媒体所处国家的政治、经济、文化、社会、政策、法律、制度乃至民众等众多因素与媒体国际合作的关系,另一方面考察媒体国际合作与国际关系、国际形势、国际组织、国际制度、国际法等之间的关系。

"情境－模式"媒体国际合作的微观理论认为,在具体的合作过程中,一方面,合作主体与合作对象之间的关系是施动者与被施动者的关系,而在施动与被施动过程中就存在主动与被动、先发与应招再后发的问题,从而形成一套比较具体的程序;另一方面,当合作各元素形成一个联合体,在开展具体的合作时存在一定的程序。虽然不同的媒体在进行国际合作时采用的具体合作形式不同,但其基本的合作程序具有类似之处。另外,在具体程序中不同的合作主体与合作对象以及形成的共同体希望通过合作得到什么目标,什么因素决定这个目标的实现,选择何种合作形式去实现这一目标,哪些因素决定这些合作形式,选择哪些合作领域去实现这一目标,什么因素决定这个合作领域,新时期的新目标是什么,如何通过改变合作形式去实现新目标等问题,以及在合作中什么样的情境下,存在什么样的模式,也都是微观理论研究的部分。总的来说,"情境－模式"媒体国际合作微观理论最核心之处就在于解决"如何做"的问题,即媒体确定目标之后,在何种领域、何种情境下,采用什么方法、模式,利用什么资源等去实现目标。

二、"情境-模式"媒体国际合作理论的观点与模型

(一)"情境-模式"媒体国际合作理论的观点

"情境-模式"媒体国际合作理论主要研究媒体作为参与国际合作的主体的情况,试图先分析媒体参与国际合作的元素、这些元素形成的结构、结构运行中的程序,再落脚到情境不同、媒体国际合作的模式不同这一核心思想。"情境-模式"媒体国际合作理论认为,媒体国际合作动力主要来自国家在追求国家财富力、文化软实力以及海陆空实力时形成的压力,媒体竞争与受众需求变化形成的压力,媒体追逐市场、追求先进技术、提升管理水平、提高人员素质等内部需求形成的压力。合作主体与合作对象相辅相成,区别在于主动与被动、先发与后发的问题,而谁主动、谁先发主要取决于需求,需求越强越主动、越先发,需求的强度决定了主动的强度和先发的速度。合作领域主要取决于国家意愿、国家体制、媒体体制等。而国家意愿尤其是国家在外交方面的意愿对媒体国际合作的影响较大,这些意愿通常以政策、法律、文件等形式呈现出来。合作领域包括创办媒体领域和媒体产业链内部各领域。合作内容主要取决于不同的媒体形式。合作形式主要包括战略合作、人员交流、业务合作、资本合作等。合作效果取决于国家、媒体以及受众(用户),有宏观的与微观的、长期的与短期的、正面的与负面的效果。前面七元素是媒体国际合作内部关系理论所讨论的范畴,而媒体国际合作外部关系理论则讨论影响因素的问题,着重考虑媒体国际合作外部关系的方方面面。

正如西方国际合作理论认为国家与国家之间的合作存在结构一样,基于程序主义模式分析法的"情境-模式"媒体国际合作理论也认为媒体国际合作存在不同的结构,形成这些结构的原因是元素的增减以及元素不断更换位置、排列组合。每种结构都是在媒体国际合作实践中通过逻辑演绎的方法总结出来的。另外,斯科特·巴雷特提出"国家参与数量影响着国际合作","但是国家数量并不是固定的,而是根据合作问题的本质来确定的"。媒体国际合作的结构也受国家参与数量以及媒体参与数量的影响,不同的合作事项媒体参与数量不同,形成的结构也有一定的区别。

"情境-模式"媒体国际合作理论认为媒体参与国际合作还存在一套程序,即锁定国际合作目标、确定国际合作标准、明确国际合作起点、看清国际合作弯路、明确国际合作捷径、开展具体的合作、总结国际合作经验、传播国际合作成果、思考酝酿下一步的关联行为。而在具体开展合作时,正如宋秀琚博士

提出国家需要具备高超的谈判能力才能在国际合作中争取到更多利益一样，媒体国际合作理论也认为媒体参与国际合作需要谈判。谈判并不是一次就能成功的，势必是多人多次长时间地就各自利益去寻求平衡点。其中，无论是国家作为谈判主体谈判、相关管理部门作为谈判主体谈判还是媒体相关人员去谈判，对于双方达成一致的部分都需要通过协议、议定书、意向书等形式固化下来，因此签约也变得十分重要，对于保证谈判双方的利益有着极大的帮助。此后，合作双方就围绕这些约定展开具体的合作。而合作双方的合作水平又直接影响合作效果。

"情境－模式"媒体国际合作理论还认为媒体参与国际合作按照一定的程序开展，就会形成一套比较固定的模式，不同的情境存在不同的模式。情境变化，国际合作模式也随之变化。从媒体参与国际合作多年的历史来看，这些模式主要有动力模式、程序模式和周期模式。其中，周期模式引用了西方国际合作理论中的"合作"与"冲突"观念，提出国家与国家之间"暂时性合作"，那么媒体合作进入磨合期和蜜月期，而国家与国家之间"冲突"，那么媒体合作也就进入"断裂期"。"情境－模式"媒体国际合作理论还引用了"报纸消亡论"，提出如果媒体所利用的媒介形式消失，也将导致"断裂期"。

总的来说，"情境－模式"媒体国际合作理论希望通过从元素到结构，到赋予结构动态的程序的分析，落脚到"情境不同，模式不同"的核心思想，帮助媒体在参与国际合作时，在不同的情境中采取可以利用的模式，做好国际合作工作。

（二）"情境－模式"媒体国际合作理论的模型

"情境－模式"媒体国际合作理论核心在于，媒体参与国际合作具有哪些元素，这些元素不断排列组合形成了哪些结构（整体），这些结构（整体）运动时操作了什么程序，按程序操作时又选择了哪些不同的模式。基于此，本书大致得出了以下基本模型（如图2－3所示）。

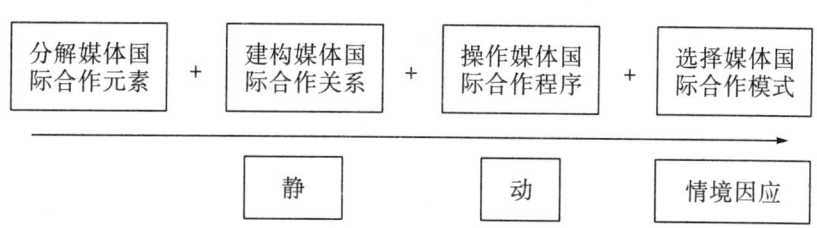

图2－3 "情境－模式"媒体国际合作理论基本模型

"情境－模式"媒体国际合作理论除了吸收国际合作理论中关于"冲突"与"合作"会出现周期的观点，还吸收了系统论关于"元素质量上升与下降带来周期"的观点，指出媒体国际合作各元素质量的上升与下降导致国际合作存在周期。基于此，本书简单绘制了媒体国际合作的周期模式，如图2-4所示。

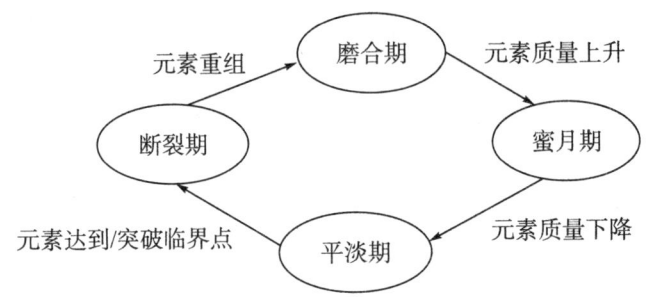

图2-4　媒体国际合作的周期模式

三、"情境－模式"媒体国际合作理论的功能与意义

新理论的建构既有创新也有风险，创新之处在于能够丰富、拓展现有理论，而风险在于学界的认可度。"情境－模式"媒体国际合作理论是一次新的尝试，若能被学界适当认可，就可为中国新闻与传播学理论的建设添砖加瓦。该理论的宏观理论与微观理论具有不同的功能与意义。

（一）"情境－模式"媒体国际合作宏观理论的功能与意义

"情境－模式"媒体国际合作宏观理论可以厘清媒体作为参与国际合作的主体存在的总体规律，也能厘清媒体参与国际合作内部与外部的种种关系，厘清内部关系可以回答媒体为什么要参与国际合作，厘清外部关系则有助于回答什么因素控制着合作等问题。从理论上讲，回答这些问题将使理论更加充实、完整、符合逻辑。从实践上讲，回答这些问题有助于媒体明晰为什么要参与国际合作，从而根据目标调整策略，也有助于媒体明晰哪些因素控制着自己，尤其是国际因素，比如版权。世界版权组织曾指出中国、孟加拉国、吉尔吉斯斯坦等国家不尊重版权，因此，这些国家在与美国、英国、荷兰等十分重视版权保护的国家的媒体进行版权合作时，需要调整自己的思路，按照国际惯例行事。

（二）"情境－模式"媒体国际合作微观理论的功能与意义

本书在介绍"情境－模式"媒体国际合作微观理论时，提到该理论的核心作用在于解决媒体国际合作实践中遇到的各种问题。媒体国际合作实践中，会存在一方主动而另一方被动的问题，同时，不管是什么元素到达临界点导致国际合作系统崩溃，媒体国际合作都始终存在合作周期的问题。"情境－模式"媒体国际合作理论试图明晰由于主动先发而形成的具体程序，试图解释清楚由于国家因素、媒体自身升级因素等形成的周期问题。回答这些问题可以使理论建构更加完整，符合逻辑。同时，对于正在进行国际合作的媒体，按照程序操作，将有助于减少走弯路的可能。此外，如果媒体能够排除国家因素，减少媒体自身素质因素造成的合作周期问题，将有助于媒体更快更好地完成国家传播文化、提升形象，以及媒体追逐市场、提升技术水平、培训人才等目标。

总的来说，"情境－模式"媒体国际合作理论希望从宏观层面和微观层面去解释媒体国际合作的理论与实践的问题。

本章小结

建构一个新的理论，势必要充分考虑该理论的解释力和接受度。本书在建构"情境－模式"媒体国际合作理论时，也在思考这些问题，即以程序主义模式分析法去构建的"情境－模式"媒体国际合作理论究竟有多大的解释力？以此为基础建构的理论是否能被学界接受？此外，如果该理论不能成立，就不能指导媒体国际合作实践。因此，为了说明本书所建构的国际合作理论是有一定价值和意义的，一方面需要再次总结，另一方面需要运用相应的案例进行检视。

一、对"情境－模式"媒体国际合作理论的总结

与西方国际合作理论和宋秀琚博士的国际合作理论相比，以程序主义模式分析法建构起来的"情境－模式"媒体国际合作理论，重点强调媒体是参与国际合作的主体，具有特殊性。该理论主要回答了媒体国际合作实践和媒体国际合作理论两方面的问题。就实践方面，从元素的角度回答了媒体要参与国际合作是由什么动力推动，哪些媒体会参与国际合作，在哪些领域可以合作，可以选择什么形式合作，合作之后会产生什么效果以及有哪些因素影响着媒体的国际合作等众多问题；从结构的角度，在媒体国际合作过程中，当一些基础元素不断排列、组合、升级，就会形成一定的结构，因此也就回答了媒体国际合作如何维持稳定性的问题；从程序的角度，"情境－模式"媒体国际合作理论按照凡事遵守程序这一逻辑，提出了九大基本程序，因此也就回答了媒体在具体

的国际合作过程中，如何按程序合作以及如何保证合作效率的问题；从模式的角度，模式具有复制功能，因此也就回答了为什么媒体国际合作形式基本一样的问题。同时，"情境－模式"媒体国际合作理论借助系统论的观点提出了国际合作存在周期，这也就解释了为什么有的媒体本来合作紧密，关系突然崩盘的情况。

就理论方面，回答了媒体国际合作理论需要明晰具体的概念、功能与意义、模型等问题，回答了具体的理论需要从宏观到微观研究国际合作的理论与实践问题。另外，"情境－模式"媒体国际合作理论还回答了媒体国际合作的内外部关系等问题，而回答这个问题对于理解合作动力、影响因素等具有关键的作用。

二、对"情境－模式"媒体国际合作理论的检视

"情境－模式"媒体国际合作理论是基于大量事实抽象、逻辑演绎出来的理论。因此，这个理论可通过各种案例来检视，尤其是通过国际案例来检视。大型跨国媒体集团作为合作主体，在进入印度、中国、泰国等国家时，总是以游说、免费提供资源等方式去寻找当地媒体合作。到如今，跨国媒体基本已在全球铺开合作网络，形成了巨大的媒体帝国。这些集团在首次寻找合作伙伴时，为了避开政策风险、法律限制，把大量精力放在了谈判上，尤其是面对中国市场时。但一旦找到突破口，其谈判程序、合作形式等就迅速成为经典模式，并被用来应对新的市场。其中，美国探索传播公司（Discovery Communications）的国际合作较为典型，它是世界第一的纪录媒体公司，也是全球娱乐的领导者，在220多个国家和地区积累了30多亿用户。美国探索传播公司在全球铺开了双边、多边合作网络，不仅与欧洲、美洲发达国家的媒体开展合作，还与亚洲、非洲发展中国家的媒体联合拍摄纪录片、联合转播奥运会、开辟新频道、开展教育合作等。其中，美国探索传播公司和英国广播公司（BBC）三十多年的合作非常具有典型性，它们的具体合作情况如下（见表2-1）。

表 2-1 美国探索传播公司（Discovery Communications）
和英国广播公司（BBC）的合作情况①

时间	典型事件
1985 年 6 月	Discovery 频道在美国推出，其中包括来自 BBC 的众多产品
1996 年 9 月	Discovery Communications 和 BBC 宣布成为 6 亿美元的全球内容和网络合作伙伴
1996 年 10 月	Discovery 第三网络、动物星球在美国与 BBC 合作推出
1997 年 6 月	动物星球和"人+艺术"作为与 BBC Worldwide 的合资企业在拉丁美洲推出
1997 年 12 月	Discovery 和 BBC 成立合资公司，在美国推出 BBC America，Discovery 为新频道销售广告
2000 年 4 月	由 BBC 制作的三小时的特别节目"Walking with Dinosaurs"在 Discovery Channel 上播放，打破了全美有线电视收视纪录，是迄今为止在频道历史上最受欢迎的电视节目
2002 年 1 月	Blue Planet：Seas of Life，由 BBC 制作，于 Discovery Channel 首映。
2002 年 3 月	Discovery Communications 和 BBC 宣布"十年的交易"
2006 年 1 月	Discovery Communications 和 BBC 之间的长期合作协议，渗透到在美国的 BBC World News channel
2007 年 3 月	Discovery Channel 和 BBC 共同制作的 Planet Earth，成为最受关注的美国有线电视活动
2010 年 3 月	Discovery Channel 和 BBC 联合制作了 Planet Earth 的续集 LIFE
2010 年 11 月	Discovery Communications 和 BBC 将战略合作关系延伸两年至 2014 年。BBC Worldwide 向 Discovery 出售其全球电视频道合资公司 Animal Planet 和 Liv 的 50% 股权
2016 年 2 月	由于市场的需求，Discovery Communications 和 BBC 签订了长期奥运会协议。创新的交易意味着 BBC 将向 2022 年和 2024 年的奥运会授权（从 Discovery），独家免费播放视听和非排他性的无线电权利

从表 2-1 来看，美国探索传播公司与英国广播公司能够保持三十多年的合作关系必然有一定的经验可循。在这个合作过程中，可以看到几个关键的元素，即合作的动力主要是来自市场的推动，合作主体是美国探索传播公司，合作对象是英国广播公司乃至其附属公司，同时，二者互为主体与对象，主要取

---

① BBC & Discovery Communications Sign Long-Term Olympic Games Partnership，https：//corporate. discovery. com/discovery-newsroom/bbc-discovery-communications-sign-long-term-olympic-games-partnership/.

决于双方的需求强度。合作领域主要是影视制作、转播，合作形式主要是战略合作、联合制作、联合拍摄乃至资本合作等，合作效果是维持了三十多年的合作并继续合作，影响因素则主要是来自双方签订的各种协议。美国探索传播公司与英国广播公司能够保持长期合作，暂时没有进入断裂期，也主要是因为双方总在探索可以深入开展的合作形式、模式。从表2-1可以看到，双方从最开始的合作播出节目逐渐探索资本合作（股权合作）、战略合作等，并开辟新的、创新性的合作领域。由此可见市场、资本在推动合作过程中的巨大作用。若双方缺乏市场推动，也可能面临合作崩盘的威胁。

美国探索传播公司除了经常开展点对点的双边合作，也常在具体事件中采用多边合作的方式。比如，2017年2月1日，美国探索广播公司宣布了一项协议，即关于韩国平昌2018年冬季奥运会和日本东京2020年奥运会在波兰的免费直播视听，其将与波兰的Telewizja Polska、爱沙尼亚的Eesti Meedia、格鲁吉亚的格鲁吉亚公共广播、冰岛的RÚV、拉脱维亚的LatvijasTelevizija、立陶宛的Lietuvos Olimpinis Fondas、捷克的Czech Radio等通力合作。事实上，这不是美国探索传播公司第一次寻找合作伙伴，而是其长期形成的模式的一种复制。因为在此之前，经过多人多次的磋商，美国探索传播公司已经获得了18个奥运会许可协议，并与奥地利的ORF、克罗地亚的HRT、捷克的Ceska Televize、芬兰的YLE、匈牙利的MTVA、爱尔兰的RTE、荷兰的NOS、斯洛文尼亚的RTV Slovenija、斯洛伐克的RTVS、瑞士的SRG SSR等签署了合作协议。自此，美国探索传播公司就拥有了2018年至2024年奥运会的欧洲50个国家和地区的独家多媒体权利。[①] 虽然美国探索传播公司与这些媒体在体制上差异较大，但其通过谈判手段，寻求利益共同点，从而采取多边合作的方式满足了各自的利益。在这一过程中，合作的基本元素、这些元素组合而成的结构以及形成的程序、模式等在一定程度上帮助美国探索传播公司实现了目标。

美国探索传播公司与英国广播公司的合作，其推动力量主要在于市场。中国媒体与这种完全市场化的媒体不同，在媒体产业没有发展起来以前参与国际合作更大的动力来自国家，中国的国家能力、国家意愿在极大程度上影响着中国媒体的国际合作。"情境-模式"媒体国际合作理论在分析合作动力时，不

---

① Discovery Communications Continues Olympic Games Momentum with Telewizja Polska Partnership in Poland, https://corporate.discovery.com/discovery-newsroom/discovery-communications-continues-olympic-games-momentum-with-telewizja-polska-partnership-in-poland/.

仅考虑了市场、资本的推动作用，还考虑了国家意愿等因素。因此，本书所构建的"情境－模式"媒体国际合作理论是一种具有理论价值的合理推演，有一定的借鉴意义。另外，中国媒体虽然发展较晚，但从清朝时期外国人在华办报开始至今，一直在不同阶段、不同领域与国外媒体开展着多种多样的合作。那么，利用建构好的理论，是否能梳理出中国媒体国际合作的情况？此问题我们将通过第三、四、五章来回答。

第三章　中国媒体国际合作的元素与结构

"情境－模式"媒体国际合作理论按照程序主义模式分析法的"分解元素"观点，认为媒体参与国际合作具有合作主体、合作对象、合作领域、合作内容、合作形式、合作效果、合作动力、影响因素八大主要元素。中国媒体国际合作的基本元素也大抵如此。"情境－模式"媒体国际合作理论吸收了系统论、结构主义的观点，认为元素并不能单独存在，要形成一个稳定的结构才能发挥功能。根据其性质是营利还是非营利，可以将中国媒体国际合作的结构分为营利性联合体和非营利性共同体。

第一节　中国媒体国际合作的元素

"情境－模式"媒体国际合作理论提出了八大基本元素。中国媒体要参与国际合作也涉及这些元素。沿着这些元素，还可以继续分出二级元素、三级元素……明晰中国媒体国际合作的元素，有利于理解中国媒体国际合作实践的方方面面，从而促进中国媒体分清元素、厘清合作问题、破除合作障碍，搞好当下的国际合作。

一、合作主体与合作对象

"情境－模式"媒体国际合作理论认为，合作是两个甚至多个媒体参与的事情，即需要合作主体与对象，这二者正是中国媒体国际合作的核心元素。无论是竞争还是合作都涉及双方，但合作不同的是，双方是为了一个共同的目标，是为了利益共享。中国媒体也是希望同竞争对手合作，获得共同利益。因此，合作主体与合作对象在冲突中求合作、在竞争中求合作，并在合作中避免冲突，寻求共同利益就显得十分重要。

（一）中国各级各类媒体是参与国际合作的主体

1. 广义的中国媒体

广义的中国媒体泛指中国所有报社、电台、电视台、网站等。截至2020年年底，全国开展广播电视和网络视听业务的机构约4.8万家。其中，广播电台、电视台、广播电视台等播出机构2543家，持证及备案网络视听机构643家，近千家县级融媒体中心取得网络视听节目许可证，从事广播电视节目制作经营机构约3.7万家。① 截至2020年12月，中国网站数约443万个。② 这些网站包括新闻网站、门户网站、视频网站、社交网站、即时通信互联网公司、搜索引擎与信息服务互联网公司等。中央重点新闻网站和有实力的地方新闻网站是中国网媒走出去合作的主体力量，商业门户网站、视频网站、信息服务互联网公司是中国网媒走出去合作的重要协同和补充力量。③ 从某种程度上讲，这些媒体曾在不同形势下参与了不同形式的国际合作，并且是未来的合作主体。不过，由于其数量太多，无法一一列举，本书在简述案例时就只能选取最具代表性的或者开展国际合作较多的媒体做阐述。代表性媒体如下（见表3-1）。

表3-1 中国媒体不同分类及代表性媒体

	分类方式		代表性媒体
广义的中国媒体	按媒体所处地域划分	中国大陆的媒体	人民日报社、中央电视台、中国国际广播电台、新华社、《新民晚报》、湖南卫视、浙江卫视、江苏卫视、东方卫视、云南卫视、广西人民广播电台、南宁电视台、人民网、四川在线、中国网络电视台等
		中国香港的媒体	香港电视广播有限公司（TVB）、亚洲电视数码媒体有限公司（ATV）、香港电台、大公报等
		中国澳门的媒体	澳门卫星电视台、《澳门日报》等
		中国台湾的媒体	《自由时报》、《商业周刊》、台湾无线卫星电视台（TVBS）等

---

① 参见国家广播电视总局发布的《2020年全国广播电视行业统计公报》，http://ent.people.com.cn/GB/n1/2021/0419/c1012-32082013.html.

② 中国互联网络信息中心《第47次中国互联网络发展状况统计报告》，http://www.cnnic.net.cn/hlwfzyj/hlwxzbg/hlwtjbg/202102/P020210203334633480104.pdf.

③ 梁刚：《我国网络媒体企业走出去现状、问题与对策》，载《中国出版》2015年第16期。

续表3-1

	分类方式		代表性媒体
广义的中国媒体	按行政级别划分	国家级媒体	人民日报社、中央电视台、中国国际广播电台、新华社等
		省级媒体	浙江卫视、湖南卫视、江苏卫视、东方卫视、云南卫视、广西卫视、广西人民电台、黑龙江电视台、辽宁电视台、新疆在线、四川在线、封面新闻等
		地/市级媒体	南宁电视台、南宁人民广播电台等
		县级/区媒体	宁波县广播电视台、各县区融媒体中心等
	按媒体类型划分	报社	人民日报社、新民晚报、华西都市报等
		通讯社	新华通讯社、中国新闻通讯社
		电台	中国国际广播电台等
		电视台	中央电视台、浙江卫视、湖南卫视、上海卫视、江苏卫视、安徽卫视、深圳卫视等
		网站	人民网、新华网、搜狐网、新浪网、腾讯网、澎湃新闻、封面新闻等
		新媒体	中央电视台客户端、人民日报微博、封面新闻、今日头条、抖音等
	按媒体传播内容划分	新闻、时事为主的媒体	中央电视台、人民网、新华网、澎湃新闻、今日头条、四川观察等
		综艺、娱乐为主的媒体	湖南卫视、浙江卫视、江苏卫视、安徽卫视、腾讯视频、爱奇艺、乐视等
	按媒体传播对象划分	以当地受众为传播对象的媒体	湖南经济频道、黑龙江电视台经济频道、昆明电视台、锦观、红星新闻等
		以全国受众为传播对象的媒体	湖南卫视、浙江卫视、江苏卫视等上星频道及相关网站等
		以境外受众为传播对象的媒体	中国国际电视台、央视4套、中国国际广播电台、新华电视等
	按商业化与非商业化划分	商业化媒体	新浪网、搜狐网、腾讯网、爱奇艺、乐视、抖音、TikTok、知乎、豆瓣等
		非商业化媒体	人民日报社、中国国际广播电台、中央电视台、新华社、人民网、新华网、中国国际电视台等

2. 狭义的中国媒体

中国媒体众多,其共同特征在于"党性"和"人民性"高度集中。因此,无论是报社、电台、电视台还是网站,无论是国家级媒体还是省市县级媒体,其实都是在中国共产党的领导下全心全意为中国的发展做贡献。基于此,狭义的中国媒体是一个整体概念,也是一个抽象概念。狭义的中国媒体指的是国家级媒体、边疆省区媒体,以及部分省、直辖市的媒体。同时,由于商业化和非商业化的国际合作情况不同，因此，狭义的中国媒体重点在于非商业化媒体，以及略带商业化的媒体。另外，考虑到国家媒体"走出去"战略的针对性，以及市县级媒体在"走出去"过程中的难度和在"引进来"过程中的优势，本书在探讨中国媒体国际合作情况时，主要涉及中央电视台（央视网）、中国国际广播电台（国际在线）、新华社（新华网）、人民日报社（人民网）等为代表的国家级媒体，而在探讨中国境内的媒体合作情况时，则主要涉及省、直辖市的媒体。

（二）国外媒体及非媒体机构、公司等是中国媒体国际合作的对象

1. 国外媒体

国外媒体众多，要列出每一个媒体实有难度，但是从宏观上来看，还是可以发现国外媒体的一些共性。

首先，从媒体运行体制而言，除了以中国为代表的完全国有的有限商业运作体制，还有以美国为代表的私有制为主体的完全商业化运作体制，以德国、法国、英国、意大利等西欧各国为代表的公私并举的双轨制运作体制。运行体制不同，决定了中国媒体在与这些媒体合作时所采取的方式也不同。这些媒体在不同时期成为中国媒体国际合作的主要对象。其次，就媒体所有权而言，大体上，国外媒体主要分为政府所有、政党所有、大型财阀、集团所有、私人所有等几种不同所有权形式。无论所有制有何不同，是主动出击还是被动迎战，不同所有制的媒体都在不同阶段成为中国媒体国际合作的主要对象。最后，就当地媒体的资本背景而言，全球化的结果就是资本的全球流通。于是，在同一个国家出现不同国家、不同形式资本的媒体已经成为常态。以美国为例，既有美国本土背景的媒体，也有澳大利亚新闻集团资本背景的媒体，还有华人华侨资本背景的媒体等。美国媒体的资本背景最为多元化，因此，当中国媒体与美国媒体合作时，其实是与不同资本背景的媒体合作。

此外，国外媒体还可以划分为发达媒体和欠发达媒体。媒体发达程度与国家经济发达程度成正比，国家经济越发达，媒体也越发达。因此，美国、英国、德国、法国、日本、韩国等经济发达国家对媒体的投资相对较多，其媒体拥有全球化的市场、优秀的人才、先进的技术与管理经验等。而吉尔吉斯斯坦、孟加拉国等经济欠发达的国家，其媒体也相对欠发达。不管是发达国家的媒体还是欠发达国家的媒体，都是中国媒体国际合作的对象，只是发达国家的媒体常常更为主动，而中国媒体则稍微被动。欠发达国家的媒体作为中国媒

国际合作对象，则显得比较被动，中国媒体因为在技术、管理等方面的相对优势，则显得稍微主动。

2. 国外非媒体机构、公司等

纵观中国媒体百年来的合作史，其在合作的过程中并不是只与媒体合作。20世纪80年代，随着发达国家的媒体融入，中国意识到开展媒体国际合作的重要性，逐渐推动中国媒体走出去，主要是通过交换节目、交换版面、租用设备等合作方式。就租用设备而言，1987年，中国广播电影电视部和马里新闻和电信部关于租用短波广播发射设备议定书在巴马科签订，保证了中国能够深入该国开展媒体合作。但是要想深层合作还需要落地，广电媒体、报刊媒体都需要落地，而这通常由酒店、私营公司等非媒体机构负责。除了落地，近年来国际社会的媒体融合之路也促进非媒体机构成为中国媒体的国际合作伙伴。同时，中国媒体在国外的宣传、培训等也涉及一些非媒体机构。这样，非媒体机构、公司等就成了中国媒体国际合作的对象。

另外，一些欠发达国家的媒体基础设施比较欠缺，中国媒体与当地媒体合作的前提就是要与当地非媒体单位、机构等合作，辅助当地媒体做好基础设施建设。2012年，柬埔寨数字电视公司获得了柬埔寨首都金边市及磅湛省、暹粒省、马德望省的DTMB地面数字电视网络建设，而这个公司能按时完成任务，得益于与中国媒体在技术层面的合作。另外，一些国家的媒体在转型升级过程中，也以非媒体单位作为合作对象。同样是在柬埔寨，其国家级通信传媒运营商Supernet就是中国国家新闻广播电视出版局"广播电视科学院"的战略合作单位和"走出来工程"东盟国家的唯一合作伙伴。

除了上述两种情况，商业合作过程中，非媒体机构也常常作为中国媒体国际合作的对象。总而言之，中国媒体的国际合作对象主要分为两类，即媒体与非媒体机构、公司等。中国媒体与国外媒体合作多从业务层面出发，而与国外非媒体机构合作又多从技术层面出发。

二、合作领域与合作内容

"情境－模式"媒体国际合作理论认为，合作双方需要在可以合作的领域选择可以合作的内容，因此，合作领域、合作内容也是中国媒体国际合作元素之一。

（一）合作领域

基于媒体在意识形态领域的作用，媒体合作领域会受到限制。大体说来，中国媒体国际合作领域可以分为有限的媒体创办领域和恰当的媒体产业链领域。

1. 有限的媒体创办领域

在中国，创办媒体受到严格管控，尤其是外资进入后，中国制定了相关政令、法律等限制、管理外资在中国境内创办广播电视媒体。21世纪初，中国媒体在当时政策、法律等的允许下，与外国媒体合作创办了一些媒体公司、机构。中国曾发布的《中外合资、合作广播电视节目制作经营企业管理暂行规定》指出，中外合资、中外合作可创办广播电视制作经营企业。因此，中国媒体曾与国外媒体创办了一些企业，如中央电视台2008年与英国广播公司（BBC）环球公司联合创办了中视传媒。但是，2009年出台的《关于废止〈中外合资、合作广播电视节目制作经营企业管理暂行规定〉的决定》又限制了中外合资、合作创办媒体。这一政策使得原本就有限的创办领域变得更加有限。不过，中国对网络与新媒体的限制相对较少，中国媒体与国外媒体或非媒体机构创办了一些网络与新媒体，重点在于通过资本操作获得利润，而不涉及具体的内容领域、业务领域。

中国媒体与国外媒体合作创办媒体同样受到国外当地法律的限制。在一些对外资管理相对宽松的国家，中国媒体与当地媒体或者非媒体机构合作创办了一些媒体。第一，中国媒体与个人、媒体联合创办传统媒体，如中央电视台与徐展堂合作在英国伦敦创办欧洲东方卫星电视，《中国日报》与《华盛顿邮报》在美国合作出版发行报纸。第二，中国媒体与国外媒体或非媒体机构合作创办新媒体。2010年，中国国际广播电台与芬兰大众明天传媒有限公司合作创办了"国际在线"爱沙尼亚语网和立陶宛语网。第三，中国媒体联合当地媒体或非媒体机构创办与媒体集团，如云南日报报业传媒（集团）与柬埔寨国际合作机构、高棉控股集团在柬埔寨联合创办了高棉国际传媒集团，云南电视台利用旗下云数传媒公司与老挝国家电视台联合创办了老挝无线数字电视公司。

2. 恰当的媒体产业链领域

一方面，媒体公司在创立之后要开始寻找发展之路，而在媒体产业层面合作是一个不错的选择。另一方面，即使不能创办媒体，也可以在现有媒体可经营的产业链上开展合作。媒体产业链把创意与内容制作等上游，市场营销与评估等中游，受众服务、广告与衍生品开发等下游紧密联系在一起。基于此，中国媒体的国际合作领域体现在产业链的不同环节（如图3-1所示）。

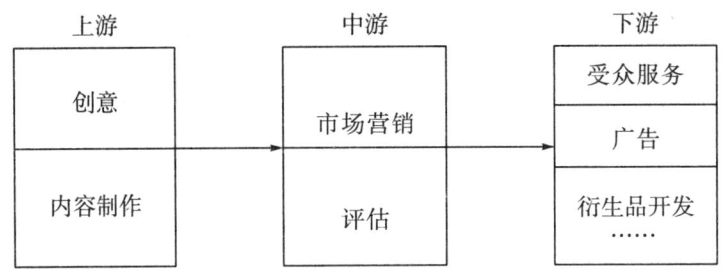

图 3-1 中国媒体产业链

（1）创意与内容制作领域。

创意是媒体产业链的上游。所谓创意是指"列举属性、变更属性、交合信息"的过程。[①] 而列举属性的过程其实就是分解元素的过程。以广播电视节目的创意为例，常把节目每个部分按照列举属性的习惯列出来，比如，列出节目名称、节目主题、节目标识、节目色调、节目形式、主持人发型、演播室色调、内外景组合形式、广告、传播形式等。每个环节涉及创意，都可能成为媒体国际合作的领域。中国媒体的创意往往涉及引用先进的思想、理念、模式以及采用先进的技术等。早些年，由于发达国家的媒体拥有比较先进的版面编辑思想、节目创意理念，而中国媒体发展相对迟缓，因此在合作过程中，中国媒体往往引进、模仿先进媒体的创意。比如，东方卫视《中国达人秀》《花样爷爷》《妈妈咪呀》、湖南卫视《爸爸去哪儿》、浙江卫视《奔跑吧！兄弟》《爸爸回来了》《中国好声音》、江苏卫视《明星到我家》、北京卫视《勇敢的心》等综艺节目的创意都有发达国家媒体相关节目的身影。此外，中国媒体与欠发达国家媒体相比在创意方面又占优势，如《还珠格格》《神雕侠侣》《西游记》《武媚娘传奇》《花千骨》《媳妇的美好时代》等电视剧，《挑战麦克风》等电视节目，都给欠发达国家媒体带去了新的创意思路。另外，中国媒体在与国外媒体合作时，也免不了技术层面的互利互惠。

在内容制作方面，中外媒体可以在娱乐、综艺、纪录片、电影、电视剧、广告等领域合作。以电视剧内容制作为例，《中外合作制作电视剧管理规定》指出中外合作制作电视剧可以采取下列形式：联合制作、协作制作、委托制作。围绕这一政策，中国媒体与国外媒体联合制作了多部电视剧，如《舞乐传奇》，由中央电视台、中共云南省委宣传部与缅甸宣传部国家影视管理局等联合出品。该剧于 2013 年 12 月 31 日在央视八套首次开播，为央视电视剧频道

---

① 蔡尚伟、车南林：《文化产业精要读本》，江苏人民出版社，2015 年，第 98 页。

迎来了"开门红"。中国媒体和国外媒体联合制作的其他形式的作品更多，其中，随着网络影视剧的兴起，合作制作网络影视剧成为一个常见的方式。同时，中国媒体走出去与不同媒体联合制作的节目也非常多。一方面是报刊媒体、广电媒体等走出去与当地媒体联合制作相关内容，如中央电视台在非洲的分台与当地媒体联合制作了电视节目；另一方面是网络与新媒体利用网络的便利性走出去与当地媒体联合制作相关内容，如中央电视台北美本土网、欧洲本土网相继开通，设置了新闻、娱乐、体育、经济、生活等版块。①

(2) 市场营销与评估领域。

媒体产业链的中游主要以市场营销和评估为主。在营销中，分销又占了一定的比例。《外商投资图书、报纸、期刊分销企业管理办法》指出，外商可以投资图书、报纸、期刊分销企业，外国投资者可以参股或并购内资图书、报纸、期刊分销企业。基于这一政策，中国媒体与国外媒体开设了一些专门做分销的企业以帮助中国媒体开拓市场。另外，报纸发行量、广播收听率、电视收视率，以及网络与新媒体的点击量、阅读量、转发量、评论量、完播率等成为评估媒体内容质量的一个重要手段，这也是媒体产业链下游的关键环节。中外合作的一个典型领域也就涉及评估方面。以著名的调查评估机构央视索福瑞（CSM）为例，央视市场研究与 Kantar Media 集团合资成立了该公司，主要致力于视听调查服务。截至 2016 年 9 月，该公司已建立起 157 个提供独立数据的收视率调查网络。除了在广播电视媒体领域开展合作评估、调查企业，还在报刊、网络与新媒体方面开展了不少合作。

(3) 受众服务、广告、衍生品开发领域。

做好受众服务、广告市场开拓以及衍生品开发是中国媒体产业链下游的关键环节。就做好受众服务而言，中外媒体合作是比较常见的方式。二者合作成立公司或者开展具体调查项目，了解受众需求变化，为做好下次创意提供新的思路。就开拓广告市场而言，国外媒体在广告创意方面，具有先进的设计理念、巨大的资本规模、优秀的经营管理经验、完善的产业链、知名的品牌资源、稳定的客户关系以及多样的营销渠道等，中国媒体与其合作能够获取丰富的经验，而国外媒体通过合作又能获得更多利润，因此双方合作开拓广告市场的案例就较多，尤其是在 20 世纪 90 年代，光明报业集团 1991 年与麦肯合资成立麦肯·光明广告有限公司，广州日报社 1993 年与灵智广告合资成立灵智大洋广告公司，等等。进入 21 世纪之后，由于网络广告的迅速发展，中国媒

---

① 梁刚：《我国网络媒体企业走出去现状、问题与对策》，载《中国出版》2015 年第 16 期。

体与国外媒体一方面成立了合资网络广告公司，另一方面又积极与国外大型集团组建战略联盟，如百度2006年12月与微软组建付费搜索广告战略联盟开拓广告市场。就开发衍生品而言，国外媒体尤其是美国媒体在这方面具有绝对优势，我们耳熟能详的唐老鸭、米老鼠、大黄蜂、擎天柱等都被开发为各式各样的产品，哈利·波特的衍生产品除了图书、玩具、文具、电子游戏等，还有大型的主题乐园。而世界上最大的衍生品开发要属迪士尼的主题乐园。截至2016年，迪士尼已在加州、奥兰多、东京、巴黎、香港、上海建造了六家迪士尼度假区。与此同时，中国媒体的衍生品开发能力也在逐渐提高。

（二）合作内容

合作内容主要指在可能合作的领域所做的事，可以分为媒体传播内容和非媒体传播内容。媒体传播内容主要指电影、电视剧、电视节目、广告、网络音视频节目、版面、页面等。这些年，中国媒体在这些方面的国际合作基本呈现为全面开花的状态。非媒体传播内容主要指联合举办活动等。

三、合作形式与合作效果

"情境－模式"媒体国际合作理论认为，合作媒体双方以一定的合作形式开展具体的合作总会呈现一定的效果，因此，合作形式、合作效果也是中国媒体国际合作的重要元素。

（一）合作形式

中国媒体在不同时期采用了不同的合作方式，大致可以分为战略合作、人员交流、业务合作、资本合作、版权合作、品牌合作等。

1. 战略合作

战略合作表现在两个方面。一是媒体与媒体之间进行战略合作。中国媒体与国外媒体在内容、制作、传播等方面各有千秋，通过战略合作来实现具体的业务合作就相对顺利。20世纪90年代以来，中国媒体与国外媒体陆续建立了各种战略合作关系。二是媒体与非媒体机构进行战略合作。中国媒体与境外非媒体机构进行战略合作主要体现在网络与新媒体方面，尤其是在拍摄广告、组织大型活动等方面通常会与非媒体机构形成长期的、良好的、稳定的战略合作关系。以中国网络视频为例，爱奇艺一直是宝洁大中华区重要的新媒体战略合作伙伴。

2. 人员交流

人员交流的形式主要包括高层互访、媒体从业人员交流与培训以及访问团访问等。

（1）高层互访。

高层互访是媒体国际合作过程中人员交流的一种常见方式。早期，为了提高媒体技术，提升舆论宣传能力，媒体高层外出学习成为必要的一环。央视前身北京电视台在建台初期就安排了高层互访活动。除了央视，中国国际广播电台、人民日报社、新华社等媒体的高层领导曾多次前往美国、英国、德国、法国、澳大利亚等国家访问当地著名媒体。这些国家的媒体高层为了了解中国传媒市场也多次曾访问中国。尤其是从20世纪80年代中期到21世纪初，国外媒体高层多次访华，其中，澳大利亚新闻集团的高层领导默多克在1985年3月首次访问中国之后，又分别于1998年12月、2001年1月、2002年3月三次访华，目的就在于同中国媒体展开多层次的合作。随着媒体的发展，中国媒体与国外媒体开展了多次高层互访，有的是日常交流，有的是互相学习，有的是推动合作事宜。

进入新时期，在发展中外关系的过程中，中国媒体更加重视高层互访的作用。在2014年3月3日召开的全国政协十二届二次会议上，俞正声指出要不断深化人民政协对外友好交往，进一步做好高层互访，推进与周边国家的交流与合作。围绕国家强调高层互访这一契机，媒体界的高层更加重视加强中国媒体与国外媒体之间的访问交流。以中俄媒体高层互访为例，自中俄恢复邦交关系以来，从中央电视台、中国国际广播电台、新华社、人民日报社等国家级媒体与俄罗斯第一频道、俄罗斯新闻社、俄罗斯塔斯社、俄罗斯报，到黑龙江电视台、哈尔滨电视台等省市级媒体与俄罗斯媒体之间都开展了多次高层互访，尤其是2016—2017年值中俄合作年，互访活动更多。同时，俄方媒体高层也到中国考察学习。总而言之，高层互访作为人员交流的一种方式，加深了合作双方的信任，为彼此开展具体合作提供了契机。

（2）媒体从业人员交流与培训。

媒体从业人员交流与培训是人员交流一种基本形式。早期，中国媒体需要向发达国家的媒体学习、引进先进的采访、编辑、排版等技术，发展媒体，因而派出大量的媒体从业人员参加发达国家举办的媒体相关培训。20世纪50年代到90年代，无论是国家级的媒体还是地方媒体，都曾多次派出编辑、记者、主持人等前往美国、德国、法国、日本等参加当地媒体举行的培训学习活动。21世纪以来，尤其是当媒体成为文化产业的核心组成部分之后，加强媒体高层管理人员的培训，提升媒体管理人员的能力就成了必要之举。随着中国媒体整体业务能力提升以及发展水平提高，中国媒体与相对欠发达国家的媒体相比就有相当的优势。这就促进了中国媒体向欠发达国家媒体提供学习机会。尤其是21世纪以后，这样的培训合作机会就更多了。

(3) 访问团访问。

访问团访问也是人员交流的一种形式。中国为了发展媒体，既要迎接国外媒体代表团的访问，又要派出访问团前往相关国家参观当地媒体、学习当地媒体的先进经验。新中国成立以前，中国媒体就迎接了《泰晤士报》《基督教科学箴言报》《纽约时报》等国外媒体组成的访问团，比较典型的有1922年12月访问中国的美国25家大报联合访问团，1925年4月访问中国的日本大阪新闻记者代表团等。同时，中国也派出了《大陆报》《申报》等报刊媒体代表团出国访问，比较典型的要属1917年11月上海派出大型新闻记者代表团赴日本考察。该团成员有《申报》的张蕴和、张竹平、伍特公，《新闻报》的汪涵溪、冯以恭，《时报》的包天笑，《神州日报》的余谷民，《中华新报》的张群，《民国日报》的吴苍，《新申报》的席蓉轩，《时事新报》的冯心支，《亚洲日报》的薛德树等。[①] 新中国成立以后，中国媒体与苏联媒体的访问较为频繁，仅1954年到1955年，比较大型的互访就有4次，这在当时的条件下是十分难得的。另外，在广播电视方面，1959年到1966年，古巴、苏联、阿尔及利亚、罗马尼亚、英国、瑞典等国家的访问团应邀到中国访问，商谈电视合作业务。同时，中国广播电视代表团出访了朝鲜、古巴、英国等国家，商谈电视合作业务。[②] 改革开放以来，中外媒体代表团之间的访问更加频繁。其中，除了国家级媒体，各省市媒体代表团出国访问也较多。以四川为例，1996年11月，四川省报业访问团到美国访问，与旧金山侨报报社进行多方面的交流；1999年7月，四川省新闻考察团赴欧洲访问，了解当地媒体的发展状况。[③]

"一带一路"倡议提出之后，为了促进中国媒体与沿线国家媒体的相互合作，双方代表团的访问逐渐增多。来自中亚五国的媒体代表团，来自越南、柬埔寨等东南亚国家的媒体代表团，来自中东欧十六国媒体代表团以及来自阿拉伯国家的媒体代表团，纷纷访问了中国相关媒体。同时，中国媒体代表团也回访这些国家。另外，意大利、德国等非"一带一路"沿线国家的媒体代表团在

---

① 马光仁：《上海新闻史》，复旦大学出版社，1996年，第585页。
② 赵化勇：《中央电视台发展史（1958—1997）》，中国广播出版社，2008年，第49页。
③ 邱沛篁：《新闻传播教育探索》，四川人民出版社，2013年，第68–70页。

"一带一路"倡议提出之后也访问中国媒体，希望推进双方的交流与合作。访问团不仅考察国家级媒体，还重视了解地方媒体。在"一带一路"节点上，俄罗斯是重要的参与者，因此，中俄媒体的访问活动较多。

3. 业务合作

业务合作是中国媒体国际合作最核心的一部分，大致包含落地，交换新闻、节目、电影、电视剧、纪录片，交换版面，联合采访、拍摄、制作、举办活动等。

（1）落地。

频道落地是中国媒体国际合作过程中的一个基本方式。中国媒体尤其是广播电视要"走出去"，满足国外当地受众的需求，满足大量出国人员（包括留学人员、游客、访问人员、探亲人员、商务人员等）的需求，就需要到合作对象国落地；同样，国外媒体要进入中国开展业务，也需要对等落地。此外，报刊落地、网络、新媒体落地，等也是媒体合作的一种常见方式。

（2）交换新闻、节目、电影、电视剧、纪录片及交换版面。

交换新闻、节目、电影、电视剧、纪录片是中国媒体国际合作的一种常见方式。中国媒体成立初期就与东欧国家的媒体有着广泛的交换新闻合作，20世纪80年代又与发展中国家交换新闻、电视剧较多。如朝鲜向中国提供《青出于蓝而胜于蓝》，中国向朝鲜提供《红楼梦》等。到90年代末，中国媒体已形成同世界各国交换新闻、节目、电影、电视剧、纪录片等的局面。尼克国际儿童频道的《海绵宝宝》等动画片也是与央视交换节目而进入中国的。21世纪以来，在中国与世界各国签订的广播电视合作协议中，均把这种交换视为广电媒体合作的一种常态，协议双方围绕着协议内容陆续开展交换活动。

交换版面是报刊媒体开展国际合作的一种基本方式，但是与广电媒体交换新闻、节目等相比，中国报刊媒体交换版面相对较少。不过，中国报刊媒体无论是与俄罗斯报刊媒体交流，还是与美国、英国、德国、日本、韩国等国家报刊媒体交流，都多次强调版面交换的问题。边疆省区报刊媒体在与周边国家报刊媒体合作时，版面交换合作较多。以《广西日报》为例，2008年，该报与越南《广宁报》等就版面交换问题达成合作意向。2010年11月23日，越南《广宁报》到访《广西日报》并签署了相互交换新闻报道稿件和版面的合作协议。

（3）联合采访、拍摄、制作、举办活动。

联合采访、拍摄、制作、举办活动是中国媒体国际合作最常用的方式。联合采访出现在战争、大型活动等现场。从20世纪50年代起，中国媒体就与相关国家媒体联合采访。随着中国媒体日渐成熟，联合采访也更多。联合拍摄、联合制作是中国媒体与国外媒体合作的两种常见方式。中外广电媒体经常联合拍摄、制作电影、电视剧、电视节目以及纪录片。联合举办活动也是中国媒体国际合作的常见方式。无论是中国媒体走出去做宣传还是国外媒体来到中国举行活动，都需要双方的支持。在"走出去"过程中，中国媒体不仅同国外媒体联合举办了大学生辩论赛，而且举办了电影展、电视展等活动。

4. 资本合作

中国对外资进入媒体管控较严。那么到底什么是资本，其实很难给出一个简洁明了的概念。列宁认为资本输出是资本主义的本质，"过剩的资本会输出到国外，输出到落后的国家去，以提高利润"。这正如马克思所说，资本要流动才能增值。因此，资本合作中资本更倾向于资金的概念。

最早关注中国传媒经济的研究者周鸿铎先生认为，中国的广播电视节目可分为两大类，即新闻节目（非商品性节目）和非新闻节目（商品性节目）。新闻节目不是商品，无须通过市场交换；非新闻节目是商品，可通过市场交换而获得。[①] 按照这一说法，在资本合作板块，中国媒体的国际合作也有差异，即新闻类媒体、内容（非商品性媒体、内容）涉及意识形态就不能进行资本合作，而非新闻类媒体、内容（商品性媒体、内容）则可以进行资本合作。另外，中外媒体的资本合作也有"股权合作"。股权合作有两种，一种是单纯的媒体与媒体股权合作，如上海文广与维亚康姆尼克儿童频道合资成立制作公司；另一种是中国媒体与中国相关文化企业同国外媒体股权合作。在中国进行资本合作，会受到中方控股51%、外方控股49%的限制，中外合资主要体现在电影、电视剧领域。

5. 版权合作

版权合作最早出现在中外期刊合作领域。报刊媒体的版权合作模式通常分为中国报刊媒体主动模式和国外报刊媒体主动模式，近年来，又形成了业务合作模式、合作出版模式、合资经营模式等延伸模式。在中国报刊媒体"走出去"的过程中，版权合作是一种最为直接、快速的方式，既能传播中国信息，又能借助海外报刊媒体固有的受众群体增加报刊媒体的发行量。另外，随着电子报刊的出现，电子报刊版权合作也开展起来。版权合作同样也是视听媒体国际合作的重要方式。一方面，中国媒体引进发达媒体的节目版权，可以借助国外节目的成熟模式迅速做出一档适合中国人习惯的节目。如湖南卫视，其著名

---

① 周鸿铎：《创意传媒经济》，世界图书出版公司，2008年，第60页。

的综艺节目的版权来自美国、英国、韩国等国家的媒体。此外,浙江卫视、江苏卫视、深圳卫视、爱奇艺、乐视等视听媒体也纷纷采用这种版权合作模式。另一方面,中国媒体也与欠发达国家的媒体采取版权合作形式,帮助欠发达国家的媒体赢得市场。版权合作同样是网络与新媒体开展国际合作的重要方式。以抖音为例,2018年10月,抖音与日本规模最大的唱片公司Avex达成版权合作,向亚洲用户新增2.5万首人气曲目的使用权。[①]

6. 品牌合作

品牌合作是中国媒体国际合作过程中一种常见的方式,尤其是在与迪士尼、梦工厂、21世纪福克斯、派拉蒙等好莱坞品牌的合作方面最为明显。合作不涉及股权交易,多体现为授权经营或许可经营。迪士尼于2001年与中国海虹控股就是采用品牌合作方式,但是这种模式出现于中国网络媒体市场发展的早期。在电视媒体方面,品牌合作也较多。如《中国好声音》借助《荷兰好声音》品牌,《冲刺中国》借助《极速前进》品牌,《我们的法则》借助《丛林法则》品牌等。

(二)合作效果

拉斯韦尔认为,任何一次传播必须讲究传播效果,因此,他在1927年出版的《世界大战中的宣传技巧》中提出传播"五要素"时特别强调效果。此后,传播学研究领域也出现了专门的效果研究。中国媒体国际合作的效果,不仅跟传播效果有关,更强调国家、媒体既定目标的实现。换句话说,合作效果是检验中国媒体国际合作是否实现既定目标的关键。此处的合作效果主要是指实现了媒体所具有的政治、经济、文化等属性带来的预期目标。虽然这些效果不一定都是媒体国际合作造成的,但是与其有着密不可分的关系。

1. 中方获得的效果

(1)获得了正面效果。

从国家层面来看,首先,促进了中国和世界各国的联通。中国媒体国际合作整体上让中国了解世界,也让世界了解中国。就中国了解世界而言,中国进口总额从1978年的187.4亿美元增长到2015年的104 485亿元,再到2019年的315 505亿元;中国国内居民出境旅游人数从2001年的1 213.31万人次增长

---

① 《抖音与日本最大唱片公司Avex达成版权合作 向亚洲用户开放2.5万首曲目》,字节跳动,2018年10月24日,https://www.bytedance.com/zh/news/5e478d8376014aad0bca3dae.

到 2015 年 1.17 亿人次，再到 2019 年的 15 463 万人次。① 就世界了解中国而言，世界各国意识到中国经济的发展对其是有利的，PEW 中心 2014 年针对 43 个国家进行的调查显示，认为中国经济增长对自己国家发展有利的占 53%。各国意识到中华文化是博大精深、富有强大魅力的。中国媒体国际合作从正面效果来说，能使中国与世界相互了解，并促进中国与世界的融合发展。

其次，扩大了中华文化影响力。中国媒体通过与国外媒体进行人员交流、业务合作乃至资本合作，在一定程度上促进了中国传统文化的传播，也促进了"富强、民主、文明、和谐""文明对话、合作共赢""爱国、敬业、诚信、友善"等文化的传播。最关键的是，通过中国媒体多年的努力，中华文化影响力逐渐扩大。2008 年，美国《新闻周刊》的调查结果显示：中华文化影响力排在世界第二位，汉语、故宫、长城、苏州园林、孔子、道教、兵马俑、莫高窟、丝绸、瓷器、京剧、少林寺、功夫、天坛、针灸等中国文化符号的海外认知度很高。②

最后，提升了中国国家形象。近年来，随着中国媒体与国外媒体在方方面面的合作，传播中国信息，讲述中国故事，一定程度上让国外媒体更加了解中国，从而提升了中国的国家形象。2013 年 7 月 PEW 中心公布的全球态度研究项目中的调查数据显示，从 2007 年至 2013 年，受调查国家民众对于中国的好感度相对稳定，变化不大。该中心 2014 年的调查数据还显示，全球年轻人都给予了中国比较积极的态度。在 23 个被调查的国家中，18 岁到 29 岁的人群对中国持较为积极的态度。③ 另外，中国外文出版发行事业局对外传播研究中心 2016 年发布的第四次中国国家形象全球调查结果也显示，中国整体形象正稳步提升。

从媒体层面来看，首先，提升了中国媒体国际影响力。中国传统媒体在与国外传统媒体合作的过程中，中国媒体的国际影响力得到了一定的提升。例如，广播电视媒体与 YouTube 合作，在上面开通账号，为在海外的中国人观

---

① 出口总额数据源自中华人民共和国国家统计局发布的 1978 年、2015 年和 2019 年《中华人民共和国国民经济和社会发展统计公报》；出境旅游人数数据源自中华人民共和国旅游局发布的 2001 年、2015 年和 2019 年《旅游统计公报》。

② 谢稚、孙茜：《中外合作电视节目从文化符号传播到文化内涵传播——以 CBS〈极速前进〉及其改编版 ICS〈冲刺中国〉为例》，载《理论月刊》2014 年第 3 期。

③ GLOBAL OPPOSITION TO U.S. SURVEILLANCE AND DRONES, BUT LIMITED HARM TO AMERICA's IMAGE, Pew Research Center, http://www.pewglobal.org/2014/07/14/global-opposition-to-u-s-surveillance-and-drones-but-limited-harm-to-americas-image/pg-2014-07-14-balance-of-power-2-02/.

看中国节目提供了极大的便利。有人表示："在国外 YouTube 上观看中国节目特别方便，与中国完全同步的感觉很好。"还有人表示："我喜欢看新闻节目，能够在国外看到央视的《新闻联播》《新闻 30 分》，及时了解中国大事件，感觉离家特别近。"① 另外，新华社与世界主要新媒体的合作，也提升了新华社的国际影响力。"新华欧洲"微博，"新华欧洲"中英文客户端，"新华欧洲"屏媒等，得到了欧洲众多国家媒体的支持与合作。新华网通过多种语言不间断地发布全球新闻，已成了名副其实的"网上新闻信息总汇"，在 Alexa 上的综合排名超过了路透社、美联社、法新社。

其次，促进了中国媒体行业的发展。在中国媒体国际合作的过程中，媒体行业逐渐发展。一是中国整个媒体行业迅速成长，提升了竞争能力。以电视业为例，1979 年才开始正式探索经营，经过几十年的发展，已经能够独当一面。近年来，虽然受到外资、网络与新媒体的冲击，中国电视业依然收入不菲。二是媒体自身提升了技术水平、内容制作水平、经营管理能力等。中国电视行业的迅速发展就是最好的证明。三是媒体融资能力得到了提高。如《北京青年报》上市以后，大胆融资，促进了整个产业的发展。

最后，实现了中国媒体的短期目标。从境外落地情况来看，中央电视台、中国国际广播电台、新华社、人民网等落地国家日渐增多。以中国国际广播电台为例，截至 2013 年年底，已拥有 95 家境外整频率落地电台，并具有全球信息采集能力和传播覆盖能力。由于落地工作的扎实推进，中国媒体的短期目标逐渐体现，如收听率提高、得到当地民众认可等。以央视网为例，由于与当地媒体展开合作，央视北美本土网、欧洲本土网已获得当地受众的认可。近年来，中外合拍的《鸟瞰中国》在国家地理频道播出以后，截至 2015 年年底，点击量突破 1.4 亿次。除此之外，中国媒体的国际合作在一定程度上赢得了利润。尤其是浙江卫视、湖南卫视、江苏卫视等电视媒体近年来与国外媒体合作，获利丰厚。

（2）导致了负面效果。

第一，导致了负面言论。负面言论主要表现在对中国的看法和对中国媒体的看法两个方面。就国家层面而言，中国媒体参与全球信息传播时，某些信息编译不当或者难以符合当地受众习惯，导致美国、德国、法国、意大利、西班牙、菲律宾、越南等国家的民众认为中国是"侵略国"。就媒体层面而言，尽管中国已经在传播语言、编辑技巧、节目包装乃至成立媒体企业方面做了大量

---

① 根据笔者在美国访学期间对在美定居华人的访问整理而得。

的努力,部分国外媒体及其受众依然认为中国媒体保守、无新闻自由。

第二,出现了文化帝国主义现象。文化帝国主义(cultural imperialism)是全球化面临的一个问题。研究者认为:"文化帝国主义是西方特别是美国传媒集团为维持商业、政治和军事优势而作出的有意识和有组织的努力。"[①] 随着世界各国媒体合作的开展,美国、英国、澳大利亚等国家的音乐、电影、电视剧、动漫游戏等文化产品逐渐渗透其他国家,以美国最甚。例如,在20世纪五六十年代,韩国影视、音乐等几乎都依赖于美国;20世纪70年代,美国的音乐、工作、休闲娱乐、经济实体以及文化遗产等在新西兰占有绝对优势。[②] 事实上,后来居上的日本、韩国的文化产品也逐渐渗透全球各国,而媒体及媒体产业的作用功不可没。中国改革开放以来,这些国家的影视、动漫、游戏等也逐渐进入中国,肯德基、迪士尼文化、韩流、COSPLAY等深深地影响着中国民众。中国早已意识到国外文化进入中国所带来的"文化帝国主义"乃至文化安全问题,因此以影视交换、媒体合作的形式去减少这种影响。但是,在媒体合作过程中依然存在欠公平、欠平衡的情况,导致美国、韩国、日本等国家的媒体在合作过程中仍然占有一定的优势,"文化帝国主义"仍然存在。

2. 外方获得的效果

合作毕竟是双方利益共享的问题。一方面,外国媒体在中国的知名度提高。诸如ESPN、FOX、BBC、CNN、半岛电视台等众多国外媒体通过与中国媒体合作交换新闻、对等落地、联合采访、联合拍片等在中国的知名度迅速提高;另一方面,外国媒体在中国获得的利润较高。这些国外媒体与中国媒体合作,尤其是在媒体产业领域和网络与新媒体领域的版权合作和资本合作,促使其获得了较高的经济利润。

此外,就一个国家媒体某次具体的合作而言,其效果也是非常显著的。以澳大利亚的媒体为例,2016年5月27日,在悉尼举行的中澳媒体合作项目签约仪式上,澳大利亚媒体等与中国媒体签订了众多合作协议、备忘录,包括澳大利亚新闻频道与人民网签署了合作协议,费尔法克斯传媒集团与中国日报社签署了合作框架协议,环球凯歌国际传媒集团与中国国际广播电台签署了合

[①] Dal Yong Jin, Reinterpretation of cultural imperialism: emerging domestic market vs continuing US dominance, http://journals.sagepub.com/doi/pdf/10.1177/0163443707080535.

[②] Patrick Day, Cultural Imperialism in New Zealand, http://journals.sagepub.com/doi/pdf/10.1177/144078337501100209.

备忘录,澳大利亚威尔顿国际传媒集团与青岛出版集团签署了《中国——新长征》阿拉伯语版出版合作协议,澳大利亚天空卫视、威尔顿国际传媒集团与人民网等媒体共同签署了《中国经济领军人物高端访谈》合作谅解备忘录。[①] 签约至今,澳大利亚媒体相关项目在中国境内陆续开展,打开了新市场,提升了知名度。

3. 形成合作整体而获得的效果

中国媒体与国外媒体合作时,常常形成一个合作整体,联合举办一些活动。如中外媒体联合举办世界媒体峰会。该峰会自成立以来,已协调成员机构共同制定并发布了《世界媒体峰会共同宣言》《世界媒体峰会知识产权公约》《世界媒体峰会章程》等重要文件,并发起组织了"全球媒体儿童日"大型公益活动和新闻报道、"关注贫困"摄影大赛等大型国际性公益活动。世界媒体峰会秘书处组织了面向全球新闻从业人员的各种培训活动,如世界媒体峰会亚非青年记者培训班(2010年)、世界媒体峰会全球记者安全培训班(2012年)和世界媒体峰会全球记者安全培训班(第二期)(2014年)等。[②] 从这个峰会可以看到,建立在共同利益基础上的合作,可以使合作双方达成一定的共识,增进彼此感情,并影响"整体"之外的世界。

四、合作动力与影响因素

"情境-模式"媒体国际合作理论认为,从某种意义上讲,合作动力与影响因素是相辅相成的,也可以相互转换。

(一)合作动力

事物发展的动力来自外部的压力和内部的某种需求。中国媒体的国际合作也不例外,其动力主要来自国家竞合、国家意愿、受众需求、媒体竞争等外部压力,以及开拓市场、培训人才、掌握技术、提升能力等内部需求。

1. 国家竞合、国家意愿、受众需求、媒体竞争等外部压力形成的动力

(1)国家竞合压力。

"情境-模式"媒体国际合作理论指出,国家与国家在财富力、文化软实

[①] 参见中澳媒体交流合作项目签约仪式在悉尼举行,http://www.xinhuanet.com/xhsld/2016-05/27/c_1118946218.htm.

[②] 世界媒体峰会,http://www.worldmediasummit.org/cn/the_wms_cn/wms_A_about_cn/index.html.

力、海陆空军事实力等方面的竞争与合作对媒体形成了压力。多年来，世界各国一方面在政治上角逐、经济上竞争，另一方面也在政治、经济、文化、教育、旅游、军事、反恐、能源、气候谈判等诸多方面合作。中国与美国、俄罗斯这样的大国在政治与经济上的竞合从未松懈，与非洲、拉丁美洲各国的竞合也未曾停止。

就经济竞争而言，美国、英国、德国、法国、意大利等老牌帝国主义国家，日本、印度等周边国家，始终认为中国经济发展是他们最大的敌手，从而与中国在经济上展开竞争，而中国从落后挨打的时代走出来之后，从被动卷入逐渐转变为积极参与，并大力改善经济结构、发展经济，于2010年成为世界第二大经济实体。就经济合作而言，在世界合作的浪潮下，中国参与了亚太经合组织、东盟、北部湾经合组织、上海合作组织等多种经济合作组织与世界各国进行经济合作。就文化竞争而言，文化软实力的竞争成为中国与世界各国比拼的一个重要手段。就文化合作而言，中国自20世纪50年代起就逐渐与世界各国签订文化合作协定、协议、备忘录等，并围绕这些开展了多种多样的文化合作。

在与世界各国竞争与合作的过程中，中国媒体一方面被当作国家进行全球宣传、传播文化、维护利益、树立形象的工具，另一方面被当作国家经济结构的一部分，是经济实力增强的重要手段。因此，无论在哪个方面，国家都对媒体形成了巨大的压力，这种压力也逐渐发展成媒体参与国际合作的动力。

(2) 国家意愿对媒体的压力。

"报刊四种理论"中的社会责任论提到，媒体要为政党和国家服务。革命战争年代，媒体要为党和国家的革命与战争做宣传。拉斯韦尔在《世界大战中的宣传》中不仅指出了这一观点，还专门总结了媒体为同盟国和协约国做战事宣传的主要技巧。和平年代，媒体成为政党和国家的宣传工具，《单向度的人》《娱乐至死》等著作也指明了这一特点。"情境－模式"媒体国际合作理论指出，党和国家的要求通常以国家意愿的形式表现出来，而国家意愿又以各种政策、法律等形式表现出来。

中国的国家意愿通常以各种会议、政策、法律、合作协议等形式向媒体传达。党的十一届三中全会以来，历次重大会议都十分强调中国"走出去"的问题，从企业到媒体几乎都有所涉及。中国还制定了《关于广播影视"走出去工程"的实施细则》，签订了《新闻合作协议》。而这些政策、协议等成为中国媒体参与国际合作的压力，并逐渐转为动力。之所以这些政策、协议成为中国媒体国际合作的动力，是由中国媒体的性质所决定的。1921年，中国共产党成立之时就指出："任何出版物，无论是中央的或地方的，均不得刊登违背党的原则、政策和决议的文章。"此后，中国共产党对报刊、广播、电视都有明确要求，必须强调"党性"。尤其是随着中国成为经济大国、军事大国、科技大国、贸易大国，在国际舞台上的地位越来越重要，党和国家对媒体参与国际竞争与合作，传播好中国声音、树立好中国形象，提出了新的要求。而这些要求已成为中国媒体参与国际合作的动力。

中国也通过与世界各国签订文化协议、执行计划的形式对媒体形成一定的压力，推动媒体参与国际合作。以中国与埃及为例，1955年，中埃双方签订了第一个有关文化交流的文件——文化合作会谈纪要。此后，双方围绕这一文件开展教育、新闻等方面的文化合作。1986年3月，李先念主席访问埃及时，中埃两国政府签订了1986—1988年文化合作执行计划。内容涵盖：两国每年派出教育、艺术、新闻、卫生和青少年代表团互访；互相交换留学生；互派文物、医学及农业方面的专家进行考察；互换教育和学术资料、纪录影片、有关出版物以及互相举办电影周和艺术展览。[①]"一带一路"倡议提出以后，中埃双方又签署了《中埃两国政府文化合作协定2015—2018年执行计划》和《中埃两国文化部关于2016年互办文化年的谅解备忘录》，这些协议、计划、备忘录等均要求中国媒体积极参与合作。因此，中埃之间签订的各种文化协议对中国媒体形成了巨大的动力，推动双方开展合作。

（3）受众需求压力。

随着国家与国家之间的交往日渐密切，各国民众之间以商务、旅游、会议、培训、文化交流与学习、探亲、留学等形式的往来和沟通越来越多，对信息的需求不再仅限于区域而强调国际化，自然对媒体信息提出了新要求。这些需求倒逼媒体提供满足其需求的内容，从而推动媒体主动采用新技术制作新内容。尤其是全球化时代的媒体受众，他们需求的多样性对媒体提出了新的要求，而这也成了媒体开展国际合作的动力。

全球市民社会的兴起，使得国际社会越来越成为一个密切联系、相互融合的整体，在政治、经济、文化、社会、科技、教育、环保、能源等各个领域开展交流与合作，任何国家都无法置身事外，中国也不例外。[②] 在中国融入国际社会的过程中，中国推行的孔子学院引发了"汉语热"。在英国，5 200多所中

[①] 中华人民共和国外交部外交史编辑室主编：《中国外交概念（1987）》，世界知识出版社，1987年，第132页。

[②] 王海腾：《中国对美公共外交研究》，中共中央党校博士学位论文，2014年。

小学开设汉语课;在法国,中小学学习汉语的人数连年增长40%;在德国,学汉语人数在5年内增长了10倍;而在美国,2010年学习汉语的人数已达20万,开设了汉语课程的公立大中小学超过了5 000所。①"汉语热"的出现使受众对信息的需求也发生了极大的变化。这就对媒体前往这些国家开展合作提出了新要求,从而形成新的压力,而这也成为中国媒体开展新国际合作的动力。

(4) 媒体竞争压力。

随着媒体产业化进程的推进,媒体竞争呈现白热化状态。对大型媒体集团而言,这一利益主要表现为全球受众带来的广告利益、增值效益、产业链附加值等。而对于一般媒体而言,这一利益主要在于本国受众消费带来的相关利益。于前者,进入世界各国市场,与当地媒体形成了竞争关系。于后者,在本国境内,媒体自身获益增多,实力增强,并促使本国众多媒体为获得更多受众和收益而相互竞争。经济全球化趋势使外国媒体进入本国媒体,本国媒体还要或单独或联盟面对外国媒体的竞争。同时,本国媒体努力发展,也要参与全球竞争。媒体在竞争过程中总是出于减少竞争者、改善竞争环境、增强自身竞争力乃至道德的原因,而选择合作。②

随着中国逐渐对外国媒体开放,外国媒体进入中国,往往带来非常先进的内容制作理念、新颖的节目制作方式以及先进的经营管理理念等,而这一切最终体现为吸引受众的各式各样的内容,并逐渐瓜分中国媒体的受众市场,对中国媒体形成一定的竞争压力。这种压力导致谁先主动与外国媒体合作,谁就可能抢先获得内容并最终挽回失去的市场。同时,中国媒体内部不同种类、不同形式的竞争所形成的压力,也成了媒体国际合作的动力。这可以从湖南卫视、浙江卫视、安徽卫视、江苏卫视等在媒体竞争中不落人后而寻求与美国、韩国等国家的媒体开展合作可以看出端倪。另外,中国媒体一方面要应对国外媒体竞争;另一方面要履行国家"走出去"战略,与国外媒体竞争,而这种竞争与国内竞争不同,面临着新的困难,如当地媒体多年深耕的受众群体不能即刻转为中国媒体的受众,当地媒体占据的渠道不能随意瓜分等。另外,媒体冲突也是促进中国媒体参与国际合作的重要动力,因为合作是避免冲突的有效方式之一。

2. 开拓市场、培训人才、掌握技术、提升能力等内部需求形成的动力

(1) 追逐受众、开拓市场需求。

按照"受众=市场"的原理,媒体首先抢占国内市场,但随着国内市场饱

---

① 王海腾:《中国对美公共外交研究》,中共中央党校博士学位论文,2014年。
② 蔡尚伟:《媒体合作:媒体竞争的明智策略》,载《新闻与传播研究》1999年第4期。

和以及国内媒体之间竞争激烈,媒体转而主动向国际媒体寻求合作,以便找到专业技术、规模经济、国际内容销售网络等更高级、更持久的竞争优势,从而重新开辟国内市场蓝海。以湖南卫视为例,凭借20世纪90年代播出《快乐大本营》等娱乐节目、《还珠格格》等电视剧掀起全国省级卫视的娱乐热、电视剧热,导致同期浙江卫视、江苏卫视、安徽卫视等迅速播出同类综艺节目和电视剧,"娱乐蓝海"迅速变成"娱乐红海"。随着受众需求的多样化,湖南卫视如何追逐受众、开辟新市场成为至关重要的问题。21世纪初,世界大型媒体集团进入中国,带来了很多新鲜观念,湖南卫视向著名的《美国偶像》取经、合作,推出了一鸣惊人的《超级女声》,重新开辟选秀节目市场蓝海。湖南卫视也凭借《超级女声》创造了中国广告史上的奇迹。由此可见,追逐受众、开拓市场需求是中国媒体参与国际合作的动力。

开拓市场还包括开拓国际市场。这主要有两方面的原因,一方面是纯粹的商业化利益并掺杂着"文化霸权"驱使其努力开拓国际市场,另一方面则是为自身正名并掺杂政治宣传思想等开辟国际市场。于前者,美国、德国、英国、澳大利亚等大型传媒集团是典型代表;于后者,发展中国家表现较为明显。一直以来,发展中国家经历着国家形象被歪曲的痛苦,也一直试图向世界发声,半岛电视台就是一例。于中国媒体而言,这一需求成为与各国媒体开展合作的强大动力。

(2)培训人才、掌握先进技术需求。

媒体自身的发展必须不断培养新人才,掌握新技术,同时,为了满足受众不断变化的需求,媒体还要提升内容质量。这就对媒体的采访、写作、编辑等人才培养以及内容制作技术都提出了新的要求。媒体的运作最终靠人才和技术,媒体要制作出满足受众(用户)内容需求、传播方式需求、接收终端需求等种种不同需求的版面、节目、视频,就要不断培养人才、掌握先进技术。技术相对落后的媒体总希望从人才、技术相对发达的媒体那里获得经验。这种需求形成了媒体国际合作的压力。

中国媒体,尤其是广播电视媒体的培养人才需求、掌握先进技术需求较为旺盛,这种需求促使其积极与国外媒体合作。20世纪50年代,第一世界国家的电视都已采取彩色形式,中国电视媒体却还没有诞生。刘少奇同志曾多次表示广播技术人员要努力学习研发电视技术,满足民众的需求。在这种需求的推动下,当时中国的广播电台就迅速抽调人员向技术发达的捷克斯洛伐克等广电媒体学习技术。20世纪70年代,由于美国广播电视技术发达,尼克松总统访华期间,北京电视台积极向美国同行交流学习卫星转播技术。20世纪八九十年代，在中美关系、中日关系、中德关系、中法关系等逐渐恢复的过程中，从中央到地方的广播电视媒体培养人才、掌握先进技术的需求又促使其前往美国、日本、德国、法国等国家参加当地发达媒体举办的各类培训班。进入 21 世纪后，随着网络技术、大数据技术、智能媒体技术等的不断普及，培养新人才、掌握新技术的需求更是媒体面临的新压力。总而言之，向其他国家媒体学习先进技术以便制作优秀内容、改进传播方式从而获得更多受众、赚得更多收益，形成了中国媒体主动寻求合作的动力。

（3）加强经营管理、提升能力等需求。

媒体加强经营管理、提升能力、促进自身发展的需求主要是从媒体的经济属性角度出发的。媒体在将内容作为商品进行交换的过程中，自然会获得经济利益。媒体如果拥有先进的经营管理理念、高端的技术以及优秀的人才，制作的内容就具有一定的水平，因此，在将内容作为商品交换的过程中获得的经济收益就较多，也能在与国内媒体或国际媒体之间竞争的过程中获得有利地位。另外，媒体作为每个国家内部经济增长以及参与国际经济竞争的重要组成部分，势必要积极寻找经济收益，而这种压力就推动媒体寻求的合作。因此，无论是从哪个角度，媒体都需要积极寻求发展之路。这种自身发展需求形成的动力，迫使媒体主动与其他媒体合作，以便获得先进技术、优秀人才、先进经验、媒体内容制作理念乃至资金等。

在计划经济时代，中国媒体无须考虑经济收入，只需要思考如何做好"上情下达""下情上传"。而当中国经济体制发生转向时，媒体也就从政府补贴转为了自负盈亏。在市场经济时代，中国媒体要自负盈亏，就必须保证自己生产的内容及产品在交换过程中符合需求，而这又要求媒体迅速加强经营管理，提升内容创意能力、制作能力、营销能力、经营管理能力，从而提升媒体竞争能力。这种内在的需求，又最终促进中国媒体参与国际合作。其中，从收入消费型转为收入生产型的电视产业就是典型。以中央电视台为例，在从计划经济时代全靠政府补贴到 20 世纪八九十年代开展经营，再到 21 世纪强调自负盈亏的过程中，其追求提升能力、促进自身发展的路线十分清晰。2001 年，政府补贴为 827 万元，不及 10 年前的五分之一，但是央视的广告收入为 51.8 亿元，是政府补贴的愈 600 倍之多。2004 年，中国电视广告总收入是 309 亿元，仅央视就赚得大约 80 亿元。[①] 在这一过程中，中央电视台基于增强技术、培养人才的需求，积极主动地同国外媒体合作，提升自己的能力。

---

① Susan L. Shirk, *Changing Media, Changing China*, Oxford University Press, 2011. p. 94.

中国媒体的经营管理能力至关重要，获得更多经济利益、强化经营管理、推进自身发展的强烈需求成为中国媒体参与国际合作的动力。同时，媒体这种自身发展需求的强弱决定了合作的紧密与松散程度，并且这种需求可促进媒体主动探讨合作的形式、合作的内容，调整合作的方向，破除合作的障碍。

（二）影响因素

影响因素决定了媒体是否合作、从哪些方面合作乃至合作是否有效等问题，因此，影响因素是媒体国际合作的关键因素。"情境-模式"媒体国际合作理论认为，媒体国际合作的影响因素既有媒体自身的因素，又有媒体外部因素。中国媒体国际合作的影响因素也大致相似，即媒体国际合作受到国际关系与国际法的影响，受到合作双方的社会情况、语言、文化与意识形态的影响，还受到媒体自我形象、发展水平、内容限制、个性结构等因素的影响。

1. 各种国际因素影响着中国媒体国际合作的基本方向与轨迹

（1）国际关系与国际形势影响中国媒体国际合作的基本方向。

国际关系建构主义"文化合作论"认为，在国际互动过程中各自的利益诉求变化和行动差异导致了国家身份变化，而这种变化影响着国际合作。如果国家与国家之间平稳发展，就会促进国家之间的商贸往来、文化交流、旅游合作、教育合作、医疗卫生合作、科技合作等。通常情况下，国家之间为了稳固彼此关系，加强交流与合作，会签订各类协议，并在这些协议中顺带加强媒体合作的相关信息。就文化协议而言，以中国、罗马尼亚两国的交往为例，早在1951年12月，中国就和罗马尼亚签订了文化合作协议。到1965年5月，两国又重新签订文化协定，之后陆续签订文化合作执行计划。1986年10月，双方又签订了1986—1990年文化合作协定计划。中国、罗马尼亚签订的这些协议、计划，影响着两国媒体的有效合作。中国与各国签订的文化协议逐年增多，而其中几乎都涉及新闻出版、广播电视等方面的合作。此外，国家之间也会专门签订关于加强媒体合作的协议及计划等，促进中国媒体国际合作。一直以来，美俄关系、美日关系、美国与西欧各国关系，以及美国与中国接壤国家的关系等，也影响着中国媒体国际合作的大方向，而中美关系、中俄关系、中日关系以及近年来中国与"一带一路"沿线各国之间的关系，更是影响着中国媒体国际合作的基本方向。

国际形势一般表现为国家与国家之间关系所呈现的现状及其动态。国际形势变化万千、跌宕起伏，中国与各国的关系逐渐改变。一般情况下，战争、冲突以及单极化的国际形势严重影响着中国媒体的国际合作方向。多极化的国际形势更利于中国媒体多边合作，尤其是国际多极化发展情况下，全球经济协作日渐增强的国际形势影响着中国媒体国际合作的基本方向，促进中国媒体作为世界经济的组成部分之一与各国媒体开展合作，赢得一定经济收益。不过，近年来，国际形势呈现出和平、发展、合作、共赢与冷战、对抗、冲突、仇恨交织，单极与多极并存以及全球经济增长乏力的特点。经济增长乏力更是促进世界各国重新寻找新经济策略，如"TPP""TTIP""香料之路""季风计划"以及中国的"一带一路"倡议等，这些战略整体上影响着中国媒体国际合作的基本方向。此外，2008年全球金融危机、2020全球各国作为命运共同体共同应对新冠肺炎疫情等国际形势，也同样影响着中国媒体国际合作。

（2）国际组织与国际法影响中国媒体国际合作的基本轨迹。

改革开放后，中国以恢复联合国席位为转机，积极加入国际电信联盟、万国邮政联盟、国际海事组织、世界卫生组织、国际货币金融组织、世界银行集团、世界贸易组织、国际劳工组织等机构。[1] 这些国际组织对中国政治、经济、文化、社会的发展都起到了积极的作用。虽然这些国际组织的各种干涉活动越来越多，但还是得到了大家的一致认可。[2] 中国媒体作为中国"走出去"的代表在国际合作过程中也受到国际组织的影响，尤其是国际组织制定的一些政策严重影响着媒体国际合作的基本轨迹。

国际法是国际社会的法，是国际关系的规范维度。[3] 国际法是国际社会的行为规则和指南，是对权利和义务的配置，也是一种利益的划分。[4] 国际法的行为主体本质上讲就是国际关系的行为主体，包括国家这个基本主体，国际组织这个派生性主体以及民族解放组织等过渡性主体。中国作为国际法的行为主体，对其一直持支持的态度。基于这样的背景，国际法就影响着中国的各项事务，就媒体而言，影响着媒体的出境策略、入境控制、文化、市场、渠道等，而这些因素又是中国媒体国际合作的基本要素，因此，国际法就影响着中国媒体国际合作的基本轨迹了。

另外，国际制度也影响着媒体国际合作。例如，《伯尔尼保护文学和艺术作品公约》《世界版权公约》《保护录音制品制作者防止未经许可复制其录音制品公约》《专利合作条约》《世界知识产权组织版权条约》《世界知识产权组织表演和录音制品条约》《保护和促进文化表现形式多样性公约》等国际条约控

---

[1] 何志鹏：《论中国国际法心态的构成因素》，载《法学评论》2014年第1期。
[2] 赵洋、袁正清：《国际组织与国际干涉行为》，载《外交评论》2015年第2期。
[3] 古祖雪：《论国际法的理念》，载《法学评论》2005年第1期。
[4] 何志鹏：《走向国际法的强国》，载《当代法学》2015年第1期。

制了中国媒体在国际合作中报刊版权、影视作品版权的合法利益与争端等。

2. 社会情况、文化差异、政策等影响着合作是否开展、有效

（1）社会情况影响中国媒体国际合作是否开展。

一个国家的社会情况直接决定了两个国家之间媒体合作是否开展。一般而言，合作双方的社会相对稳定，那么合作就相对容易开展。传播学界鲍尔－洛基奇和德弗勒的依赖模式早就解释了社会、媒体和受众之间具有强烈的依赖关系（如图3-2所示）。社会不稳定，自然影响媒体的稳定性。一个国家如果经济不发达、社会动乱等，就难以分身发展媒体，开展媒体合作也就无从谈起。

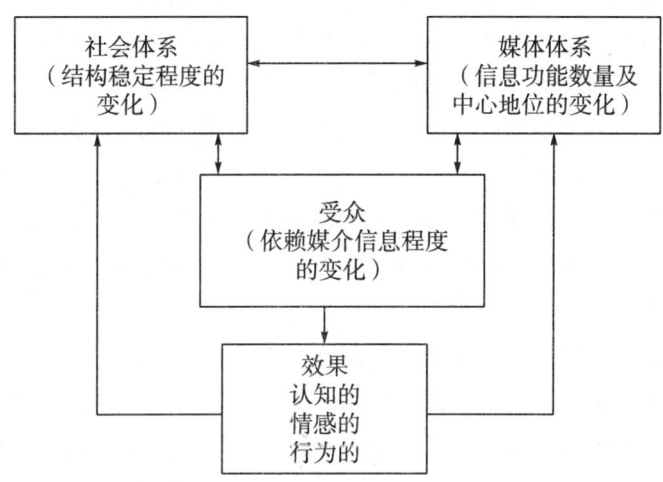

图3-2 鲍尔－洛基奇和德弗勒的大众传播效果依赖模式

（2）语言、文化、意识形态差异等影响媒体国际合作是否有效。

首先，语言差异影响着合作效果。语言是我们了解他国政治决策和国际思维、了解不同文明的价值观的一把钥匙。[①] 中国媒体国际合作过程中，就面临着语言差异的问题，因为全球语言众多，无论是合作过程中工作人员沟通时语言差异导致的误解，还是媒体内容语言传播过程中存在的差异导致的误差，都会影响合作的有效性。以中国影视的翻译为例，随着文化产业的发展，中国优秀影视剧剧增，但是无论是向周边国家传播还是向欧美国家传播，语言都是一种障碍，而翻译众多内容，又存在人力、物力、财力不足的问题，加之时效性的要求，要实现语言的"无缝对接"就很难，合作的有效性也就受到了一定的挑战。

---

① 王海腾：《中国对美公共外交研究》，中共中央党校博士学位论文，2014年。

其次,文化差异影响着中国媒体国际合作的有效性。文化包含历史、地理、宗教信仰、风土人情、传统风俗、生活方式、思维方式、行为规范、文化学术等。各国都有自己独特的文化,不同国家之间的文化差异较大。这种文化差异导致中国媒体从业人员与国外媒体从业人员在工作中存在沟通与交流的障碍甚至冲突。这种文化差异还导致受众媒体接触习惯、收听习惯、收视习惯、评论习惯、转发习惯的差异,而这些差异导致受众(用户)在选择中国信息、理解中华文化内容方面与中国媒体在国际合作过程中传播的信息有差异,并最终影响着中国媒体国际合作的效果。

最后,意识形态差异也影响着中国媒体国际合作的有效性。意识形态是社会的经济基础和政治制度,是人与人之间经济关系和政治关系的反映。不同国家社会的经济基础、政治制度、经济关系、政治关系不同,因此,意识形态就存在差异。意识形态差异导致媒体从业人员以及受众的认知差异,而认知差异导致国外媒体对中国媒体有着固有的偏见,认为中国媒体的传播与合作饱含着某种目的。因此,国外媒体十分防范中国媒体,由于防范,导致既有的合作难以深入开展、形式单一。换句话说,意识形态差异影响着中国媒体国际合作的有效性。

(3)政策、法律影响着中国媒体国际合作各方面。

中国的政策法律影响着中国媒体各方面。就媒体的资本合作而言,新中国成立以后,中国多次颁发法律、制定政策控制外资进入中国媒体,在合适的时候适当放开,当出现一些问题时又适当收紧。比如1994年中国发布《关于禁止在我境内与外资合办报纸、期刊和出版社的通知》,禁止外资,但是随着经济的开放,2004年又发布《中外合资、合作广播电视节目制作经营企业管理暂行规定》,逐渐放开外资。2009年中国又再次颁布《关于废止〈中外合资、合作广播电视节目制作经营企业管理暂行规定〉的决定》,禁止相关合作。此外,针对产业,2011年、2015年和2017年中国分别修订了《外商投资产业指导目录》,指导外资在中国投资。由此可见,中国的法律、政策影响着中国媒体的合作问题。就媒体能否"走出去"以及将国外媒体"引进来"而言,国家也曾多次制定相关法律、政策支持中国媒体"走出去"或者"引进来",但在内容上又偶尔反对"引进来"。这些限制,就影响着中国媒体与国外媒体在内容引进方面的合作。

与此同时,中国媒体国际合作对象所在国制定的各项政策、法律也影响着合作的方方面面。以美国为例,虽然美国有四种类型的媒体,并且这些媒体享有高度的新闻自由,但其依然受到美国宪法第一修正案、诽谤法、联邦通信法以及联邦通讯委员会（FCC）的其他法规的限制。尤其是关于战争，美国限制本国媒体报道与战争目标不一致的内容，限制本国媒体与他国媒体联合报道战争，因此，中国媒体与其合作就受到了一定的限制。不过，"9·11"事件发生后，美国重视媒体与他国媒体的合作，制定相关政策鼓励媒体国际合作，又促进了中美媒体的合作。除了美国，印度对媒体的管理也通过相关法律和政策进行。印度曾属于严格限制外资媒体进入的国家，但随着对国际形势的重新认识，印度逐渐开放了对外资的限制，加强了同世界各国的联系，推动了媒体的发展。尤其是印度FICCI制定的"Making India a Global Entertainment Superpower"① 政策，更促进了印度媒体在娱乐方面与中国的合作。围绕这一政策，中印双方加强了在视听方面的合作。此外，世界其他国家为了发展本国文化、维护本国媒体利益也制定了法律、政策等，而这些法律、政策等也影响着媒体国际合作的开展。当法律、政策允许资本合作、内容合作、业务交流、人员培训等，中国媒体与其就能顺利合作，反之亦然。

3. 媒体自身情况影响中国媒体国际合作的角色、方式、效果

（1）媒体发达程度影响着国际合作的角色。

媒体的发达程度影响着中国媒体在合作中担当的角色。仅以2014年为例，世界银行的数据显示，美国以17.348万亿的国内生产总值（GDP）位居世界第一，与之相对的，美国媒体产业也十分发达，不仅拥有世界顶级报刊媒体、广电媒体，还拥有世界最先进的网络与新媒体，而新近发展起来的Facebook、Twitter、WhatsApp、Instagram、Netflix、YouTube等更是世界新媒体的佼佼者。仅WhatsApp截至2015年6月在印度的用户群体就超过了1亿。当美国媒体逐渐进入中国寻求合作时，中国就显得极为被动。但是，当中国大力发展经济、发展媒体时，中国媒体又变得主动一些。

21世纪之后，中国经济发展迅速，尤其是在2010年成为跃居全球第二的经济体之后，就一直保持这一位置。在中国经济增长的同时，中国媒体无论是报刊媒体的编辑技巧、广电媒体的采访、编辑、制作、转播、直播、VR/AR技术，还是网络与新媒体的研发技术、开拓新产品的能力、经营管理技巧等都迅速发展。因此，中国媒体与欠发达媒体相比，优势突出。在合作过程中，中国媒体就常常扮演主导角色。换言之，无论是国外媒体的发达程度还是中国媒体自身的发达程度，都影响着中国在合作过程中所扮演的角色。

---

① Indian Media and Entertainment Industry Report 2015，https：//home．kpmg.com/in/en/home．html．

(2) 媒体形象影响着媒体国际合作的方式。

不同体制媒体在对方看来形象也不同。以美国媒体为代表的私有制媒体长期以来树立的形象总是以盈利为主要目的，而以德国、法国、英国、意大利等国家的媒体为代表的公私并举媒体树立的形象则主要是服务与盈利共存。除了这两种性质决定的媒体形象，阿拉伯国家的媒体诸如半岛电视台、黎巴嫩广播电视公司、中东通讯社、《金字塔报》（阿拉伯世界的第一大报）等媒体的形象又截然不同。国外媒体形象的不同使得中国媒体针对不同形象的媒体采取了不同的合作方式，如与私有制、商业化媒体合作主要采取利益分成式的业务合作以及资本合作，而与公有制媒体合作则选择人员交流等非营利式合作。

中国媒体众多，形象虽大体一致，但稍有区别。中国报刊媒体、广电媒体的政治属性较强，而由广电媒体延伸出来的影视产业以及网络与新媒体，相对重视媒体的经济属性，强调盈利的重要性。这样细微的差异在国外媒体中也存在，因此，前两者在合作过程中更重视采取业务合作，人员交流、培训等方式，而影视产业、网络与新媒体则可以采用资本合作的方式。网络与新媒体方面的资本合作尤为突出，这主要是因为境外资本进入中国是从网络媒体开始的。总之，中国媒体的形象不同也影响着中国媒体在开展国际合作时采取不同的合作方式。

(3) 媒体跨文化传播能力影响着媒体国际合作的效果。

具有较强跨文化传播能力的媒体在国际合作过程中通常能够利用人才、技术等处理语言、文化、意识形态差异乃至冲突，也就具有一定的优势。这一点充分体现在美国、英国、日本、韩国等国家的媒体上，尤其是在这些国家的影视剧传播方面。以美国为例，该国的媒体相当善于利用各个国家的独特文化进行文化传播，比如，《功夫熊猫》利用中国"熊猫""武林高手""馒头""筷子"等基本元素，辅之以欧美价值观，做出了满足各国民众需求并且票房高达6.31亿美元的大片。以前，中国媒体的跨文化传播能力较弱，导致中国形象总被国外媒体塑造，甚至导致一些合作难以深入。近年来，在政府政策的推动下，在自身不断进取的基础上，中国媒体的跨文化传播能力日渐提高，增加了国际合作项目，提高了合作频率，日渐精细化地了解文化差异，并依据这些差异以一种海外受众所能理解的符号方式进行编码，从而在一定程度上减少了受众在译码过程中的信息误读。由此可见，跨文化传播能力影响着中国媒体的国际合作效果。

此外，媒体的个性结构、媒体在受众心目中的形象以及受众接触媒体的习惯等，也影响着中国媒体国际合作的多个方面。曾有媒体人从读者差异的角度分析了中国媒体"走出去"的情况，指出受众的需求、接触习惯影响着中国媒体的编辑思路、传播方式等。还有媒体从业人员提出，由于中外读者阅读报刊有极大的不同，因此，要"真正走出去、创造一个让世界朋友认同的中国符号，我们就得在编辑上动脑筋"①。换句话说，中外受众也影响着中国媒体国际合作。

第二节　中国媒体国际合作的结构

"情境－模式"媒体国际合作理论认为，合作元素并不能孤立存在，而是要按照一定的原则不断排列组合形成具有整体性的、静态的结构。按照系统论的观点，结构就是一个整体，因此，在国际合作过程中，中国媒体与国外媒体通常因为具体的合作目标而形成一个稳定的整体，而按照合作性质是营利还是非营利，可以将中国媒体国际合作的结构分为营利性联合体、非营利性共同体。在营利性联合体中，双边合作更明显。在非营利性共同体中，多边合作更为明显。但不管是联合体还是共同体，都需要靠一定的规约来维持彼此利益，促进系统运行。

一、营利性联合体

（一）营利性联合体概念解析

无论是竞争还是合作都涉及双方，但不同的是，合作双方是为了一个共同的目标，是为了利益共享。当合作双方形成合作体以后，他们的竞争对手就不是对方，而是合作体以外的力量。合作双方在合作期限与合作领域内，结为一个相对统一的利益主体。② 中国媒体尤其是商业化媒体与国外媒体合作时，总是为了双方共同的利益而形成一个联合体。但是考虑到合作对象体制的不同，其合作动力和目标就不同。就动力而言，中国媒体尤其是商业化媒体在与国外商业化媒体合作时，媒体竞争、市场需求是主导动力。而由于不断地满足市场需求，追逐市场甚至刺激市场，联合体的营利性目标也就体现出来。营利性联合体模型如图 3-3 所示。

---

① 郝荷铭：《来自世界期刊大会的热词——数字化　新媒体　走出去》，载《中国文化报》2007年5月18日第2版。

② 蔡尚伟：《媒体合作：媒体竞争的明智策略》，载《新闻与传播研究》1999年第4期。

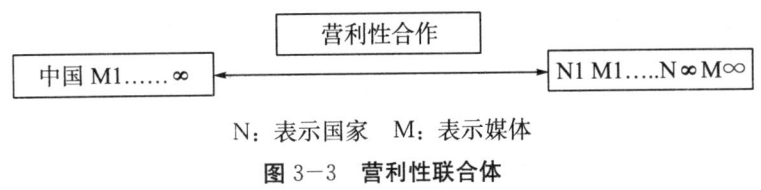

N：表示国家　M：表示媒体

图3-3　营利性联合体

(二) 营利性联合体的突出特点

1. 合作对象：发达媒体，以美国媒体、英国媒体、韩国媒体等为代表

中国媒体国际合作对象既包括发达国家的媒体，又包括欠发达国家的媒体。发达国家的媒体中又分为美国的商业化媒体和英国、德国、法国、日本、韩国等国家的双轨制媒体。美国媒体私有化的运作模式，促进其向全世界进行营利性的文化输出，因此，中国媒体中市场化导向明显的媒体在与美国的商业化媒体形成联合体时呈现出明显的营利性特征。英国私营的商业化体制的媒体依然在全球开展营利性活动，因此，中国市场导向明显的媒体与其合作时营利目标也展现出来。同为双轨制的日本媒体和韩国媒体受政府政策影响更大，在韩国推行"文化立国"和日本推行"知识产权立国"的政策影响下，两个国家在全球进行了大量的文化输出，而在这一输出的过程中，版权交易、模式输出是主导方式，因此，在中韩媒体、中日媒体形成的联合体中也就呈现出明显的营利性特征。

2. 合作领域：主要为电影产业、电视产业、纪录片产业

由于中国政策对外资进入新闻领域的影响，营利性联合体的合作领域主要为媒体产业，尤其是电影产业、电视产业和纪录片产业。就电影产业而言，中国媒体主要是与韩国、美国等国家的媒体合作拍摄电影如中韩合拍片《非常完美》《分手合约》《雪花秘扇》、中美合拍片《金陵十三钗》《长城》等。2015年3月，湖南电广传媒与狮门影业达成了15亿美元的合作协议，双方预计三年内联合拍摄《埃及众神战》《惊天魔盗团2》等50部电影。① 而像阿里影业这样运用互联网思维和技术去改造电影的媒体公司，与美国派拉蒙在电影产业方面的合作更突出了双方的盈利目标。

就电视产业而言，中国媒体与来自韩国、荷兰以及美国等国家的媒体形成了典型的营利性联合体。例如，湖南卫视与韩国MBC电视台联合打造《爸爸

---

① 参见《电广传媒与好莱坞狮门影业共投15亿美元合作》，http://hunan.ifeng.com/news/fghx/detail_2015_01/29/3493183_0.shtml.

去哪儿》；上海卫视与韩国 KBS 台联合打造《妈妈咪呀》；江苏卫视分别与美国中文电视台、韩国中华 TV、文莱 NTV7 以及新加坡 Star Hub 等联合打造《非诚勿扰》当地专场；浙江卫视与韩国 SBS 电视台联合打造《奔跑吧！兄弟》，与韩国 KBS 电视台联合打造《爸爸回来了》，与荷兰 Talpa 公司联合打造《中国好声音》。在这些联合体中，盈利是双方共同的目标。

就纪录片产业而言，中国媒体与英国媒体形成的营利性联合体又比较突出，尤其是央视控股的中视传媒（CTV）与英国广播公司（BBC）形成的营利性联合体较为典型。CTV 作为中国当时最大的高清电视节目制作和技术公司，拥有较先进的高清技术和雄厚的经济实力。而 BBC 希望通过与中国 CTV 合作形成完整 Wild 系列，然后再利用其在全球 100 多个国家和电视网络、产品展示会以打包销售等方式，实现盈利目标。在经过 12 个月的谈判之后，双方最终于 2006 年 10 月 16 日在英国布里斯托尔（Bristol）正式签订了长达 49 页、事无巨细的"美丽中国"合作协议，① 形成了营利性联合体。

3. 合作效果：提升了中国媒体能力但也出现"文化帝国主义"现象

中国媒体在与美国媒体、英国媒体、韩国媒体等形成营利性联合体的过程中，逐渐提升了能力，其中较为典型的是浙江卫视、湖南卫视。二者与韩国媒体合作打造《奔跑吧！兄弟》《爸爸去哪儿》等现象级电视节目，提高了自身的业务能力和营利能力。比如，2016 年，浙江卫视面对《中国好声音》版权之争带来的困难，不仅立即调整了方案，还通过全新打造的《中国新歌声》第一季和第二季分别获得了 4 亿元和 5 亿元的独家冠名费，并连续做了 4 季。但是，在形成营利性联合体的过程中，由于外方是主导，其通过中国媒体输入了大量的影视内容，导致出现了"文化帝国主义"现象。这是中国媒体在未来国际合作道路上需要避免的。

二、非营利性共同体

（一）非营利性共同体概念解析

自卢梭第一次将"Community"这个词用来表示"共同体"以来，德国古典社会学家滕尼斯在其《共同体与社会》中将"共同体"引入社会学，提出了"血缘共同体""地缘共同体""精神共同体"等概念。同时，政治学等学科经常使用"共同体"来表述具有共同利益的集体。在中国，费孝通博士也有相关

---

① 冯欣：《〈美丽中国〉全案研究》，载《中国电视（纪录）》2012 年第 8 期。

阐述。通常情况下，"共同体"会制定比较固定的规则，从而辅助成员通力合作，实现共同的目标；"共同体"表现出同呼吸、共命运的状态。

在中国，外交战略从"一条线、一大片"战略和"三个世界"战略，转为"不结盟"战略和"韬光养晦、有所作为"战略，再转为"大国外交"战略，逐步与世界各国建立了良好的外交关系，并从2012年开始提出打造"中国—东盟命运共同体""周边命运共同体""中非命运共同体""中阿命运共同体""中拉命运共同体""人类命运共同体"等倡议，以便促进共同体成员共同应对变化与挑战。在这一系列转变中，中国对媒体参与多边合作，形成"共同体"的要求也日渐提高。中国媒体在参与国际合作之后，呈现出从单边合作到双边合作到多边合作的轨迹，并在非营利性合作事件上形成了"共同体"，加强了彼此的交流与联系。非营利性共同体模型如图3-4所示。

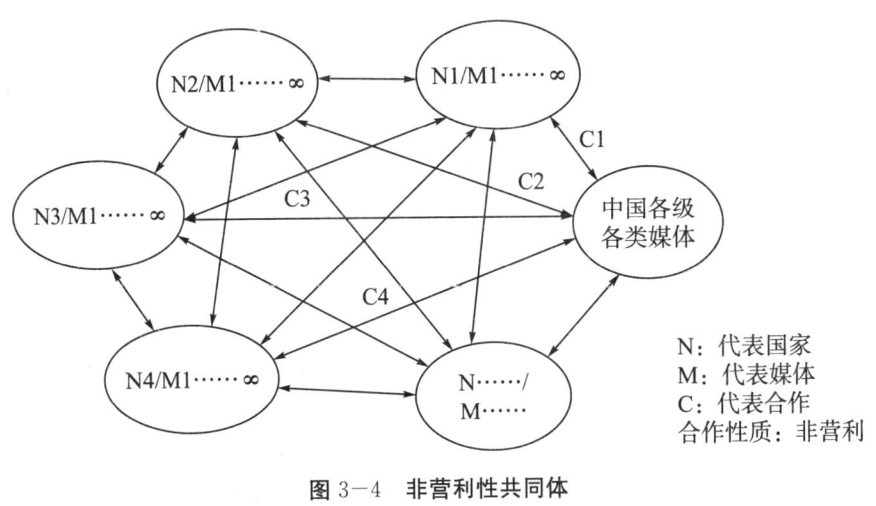

图3-4 非营利性共同体

（二）非营利性共同体的突出特点

1. 合作动力：国家推动

非营利性共同体的合作动力主要源自国家的推动。如中俄媒体合作的动力主要来自中俄两国在外交上建立了新型大国关系，并在经贸、军事、科技等方面开展了多样化合作，而这种合作又推动了双方在文化领域的合作。在这种合作中，中俄双方推动媒体合作的期望也越来越强烈。近年来，两国在文化领域合作制定的各项政策成了双方媒体合作的关键动力，促进了以中央电视台、新华社等为代表的国家级媒体，以黑龙江电视台、山东电视台等为代表的地方级媒体积极与俄罗斯媒体合作。

2. 合作对象：国外媒体，常为多边合作

非营利性共同体中，中国媒体的合作对象既包括发达国家的媒体又包括欠发达国家的媒体。只是在这一共同体中，与发达国家的媒体开展人员交流、交换新闻等形式的合作并非为了盈利，而是想促进彼此了解，加深彼此感情。而与欠发达国家的媒体合作又呈现出明显的帮扶特征，比如，为欠发达国家的媒体提供技术支持、人员培训机会乃至资金资助。

斯科特·巴雷特认为国际合作参与者的数量并不是固定的，而是取决于合作事情的性质。他认为某些事情，三个国家也"太多"了，而有些事情，即使200个国家也是一个"小"数。[1] 中国媒体国际合作对象的数量也基本与此相同，在非营利性共同体中，合作对象数量相对较多，呈现出明显的多边合作情况。多边合作主要表现在中国媒体同时与多个国家的媒体在不同领域进行不同形式的合作。合作主体依然是中国媒体，但是合作对象从单一的、某个国家的媒体增加到多个不同的国家媒体。以中央电视台与各个国家同时合作为例，2002年，在大湄公河次区域五国政策的驱动下，中央电视台联合这五国的国家电视台共同制作了大型系列电视纪录片《同饮一江水》。随着"一带一路"倡议的提出，中国还成立了媒体论坛秘书处，作为论坛常设机构，具体落实双边及多边媒体合作各项事宜。[2]

3. 合作形式：人员交流及联合举办非营利性活动

非营利性共同体的合作形式体现在人员交流和联合举办非营利性活动两方面。在梳理国际合作元素时，本书专门梳理了人员交流形式，即高层互访、媒体从业人员交流与培训以及访问团访问。中国媒体与国外媒体进行人员交流方面的合作，极少体现出营利性，更倾向于交流、学习，相互了解，增进感情。

中国媒体国际合作的形式还包括联合举办活动。虽然所举办的活动中存在部分营利性活动，但是非营利性共同体联合主办的活动则呈现出非营利性的特征，如，由非营利性共同体联合主办的"世界媒体峰会"。2009年10月，新华社承办了由新华社与新闻集团、美联社、路透社、俄塔社、共同社、英国广播公司、美国时代华纳特纳广播集团和谷歌等世界著名媒体机构共同发起的"世界媒体峰会"，全球170多家媒体负责人出席了此次峰会，并参加了系列活

---

[1] Scott Barrett, "A theory of full international cooperation", *Journal of Theoretical Politics*, 1999, Vol. 11 (4), pp. 519-541.

[2] 《人民日报：2016"一带一路"媒体合作论坛六大成果》，载《中国报业》2016年第15期。

动。该峰会第二届和第三届已经分别于2012年7月和2016年3月在莫斯科和多哈举行。此外，非营利性共同体也举行了一些大型直播转播活动。如广西人民广播电台与柬埔寨及泰国的广播电台、越南的广播电台以及新加坡的新传媒电台等联合举办了大型现场直播活动，对第五届中国－东盟博览会进行多语种现场直播。①

本章小结

按照"情境－模式"媒体国际合作理论相关观点，本章重点梳理了中国媒体国际合作的八大元素。这八大元素既是对中国媒体国际合作过去状况的一种总结，也是对未来国际合作的一种指导。

中国媒体国际合作的动力源自国家竞合、国家意愿、受众需求、媒体竞争等外部压力，以及媒体要追逐受众、开拓市场，培训人才、掌握先进技术，加强经营管理、促进自身发展等内部需求。中国媒体国际合作的影响因素主要来自国际关系与国际形势、国际组织与国际法、国际制度与国际条约等各种国际因素，中国与合作媒体所在国的社会稳定情况、文化差异、政策法律等国家因素，以及媒体自身的发达程度、媒体形象以及跨文化传播能力等。

中国媒体国际合作的主体既包括国家级媒体与地方级媒体，又包括行政主导的媒体和市场化的媒体；既包括报社、电台等传统媒体，又包括新媒体，因此，中国媒体国际合作的主体丰富多样。而合作对象既包括以美国为代表的私有制为主体的商业化媒体，也包括以德国、法国、英国、意大利等西欧各国为代表的公私并举的媒体；既包括发达国家的媒体，又包括欠发达国家的媒体。总而言之，中国媒体国际合作的对象并不局限于某一种媒体。

中国媒体国际合作的领域也多样化，并经历着从封闭到开放的发展历程。这些合作领域主要包括有限的媒体创办领域和恰当的媒体产业领域。而合作内容主要包括除新闻等领域之外的电影、电视剧、纪录片、综艺节目、广告等。在这些领域与内容方面的合作，使中国媒体丰富了内容，获得了一定的利润。

中国媒体国际合作的形式主要包括战略合作、人员交流、业务合作、资本合作、品牌合作、版权合作等。其中，战略合作包括媒体与媒体之间的战略合作，媒体与非媒体机构的战略合作；人员交流包括高层互访、媒体从业人员交

---

① 《中国广播电视年鉴》编辑委员会：《中国广播电视年鉴（2009）》，中国广播电视年鉴社，2009年，第512页。

流与培训以及访问团访问等；业务合作包括落地，交换新闻、节目、电影、电视剧、纪录片，交换版面，联合采访、拍摄、制作、举办活动等；资本合作则主要指股权合作。中国媒体国际合作的效果分为正面效果和负面效果。其正面效果包括促进了中国和世界各国的联通，提升了中华文化影响力，提升了中国国家形象，提升了中国媒体国际影响力，促进了中国媒体行业的发展，实现了中国媒体的短期目标，等等；负面效果则包括导致负面言论以及出现"文化帝国主义"等。

随着中国媒体国际合作的元素逐渐呈现，这些元素不断排列组合又形成了各种各样的新的结构。本书重点以其性质是营利还是非营利来总结了营利性联合体和非营利性共同体两种典型结构，这样区分有别于从合作对象数量来决定的双边结构或者多边结构。同时，不管是营利性联合体，还是非营利性共同体，都涉及合作主体和合作对象数量的问题。本书也对营利性联合体的双边合作和非营利性共同体的多边合作做了界定。这样界定中国媒体国际合作的结构明晰了不管合作对象是私营化运作还是公营化运作，在合作中都存在营利或者非营利的问题，从而帮助中国媒体在未来的国际合作过程中有针对性地做好具体的合作事项。

总的来说，本书对元素和结构的梳理，主要是呈现中国媒体国际合作的静态情况，但任何一个结构在被赋予时间和空间属性之后，都会产生运动状态，并体现出一定的程序。这将在第四章重点阐述。

第四章　中国媒体国际合作的程序

"情境-模式"媒体国际合作理论提出,当静态的、稳定的媒体结构被赋予动态的属性之后就会产生一定的程序。遵守程序的核心要义在于"知所先后则精于道也"。中国媒体参与国际合作这一程序主要包括锁定国际合作目标、确定国际合作标准等九个程序。

第一节　锁定目标、确定标准、确认起点

"情境-模式"媒体国际合作理论认为,媒体国际合作需要首先锁定目标,再根据目标确定标准、确认起点。中国媒体作为参与主体,一方面由于自身定位有着特定的目标,另一方面由于合作必定是资源互换,追求共同利益,因此也有着更为高远、宏大的目标。锁定国际合作目标之后,中国媒体又开始确定标准,认清自己所拥有的各种资源以及可以利用的资源,为正式的合作储备力量。

一、锁定国际合作的目标

中国媒体在确定参与国际合作时,会迅速锁定合作对象。在确定了合作对象以后,中国媒体又从自身角色定位以及共同体的角度去锁定合作目标。

（一）根据自身角色锁定国际合作目标

1. 中国媒体作为国家利益代表者锁定完成国家目标

中国媒体必须以国家利益为先。这样,中国的外交目标也就成为媒体国际合作的目标。与以往中国的"革命外交"战略、"和平外交"战略不同,当今中国更强调"中国特色大国外交"理念。围绕这一理念,中国强调"发挥负责任大国作用""合作""共赢",强调"坚定不移地做和平发展的实践者、共同发展的推动者、多边贸易体制的维护者、全球经济治理的参与者"。根据这些

目标,中国做好了外交的顶层设计,充分发挥公共外交的积极作用,"坚持与邻为善、以邻为伴",做好周边外交;坚持"'2+7'合作框架"理念,发展与东盟的关系;提出"积极进取和开拓创新"思想,发展中俄、中美新型大国关系;以"真、实、亲、诚"打造中非合作升级版,以"1+2+3"合作格局深化中阿天然合作伙伴关系,以"1+3+6"合作新框架构建中拉关系五位一体新格局,推动金砖国家形成更紧密、更全面、更牢固的伙伴关系。[1] 2017年的两会上,王毅提出:"中华民族倡导'和为贵',当今中国特色外交,倡导对话而不是对抗、结伴而不结盟,合作共赢,和平发展,共同构建人类命运共同体。"[2] 在外交战略的实施中,中国希望媒体能够通过合作,将这一系列思想传播出去,从而深化与各国的合作。

同时,提高中华文化软实力,提升中华文化影响力是国家的重要目标。与经济、军事、科技等"硬实力"不同,文化影响力属于一个国家的"软实力",是一个国家的文化在世界上所产生的认同的深度和广度。2013年11月15日发布的《关于全面深化改革若干重大问题的决定》指出,要"扩大对外文化交流,加强国际传播能力和对外话语体系建设,推动中华文化走向世界"。2017年1月,国务院发布的《关于实施中华优秀传统文化传承发展工程的意见》再次强调,到2025年"国家文化软实力的根基更为坚实,中华文化的国际影响力明显提升"。在提升中华文化影响力的过程中,中国媒体与国外媒体合作是推动中华文化走向全世界的重要途径。

此外,还重点强调中国媒体要通过传播和合作,提升中国形象。国家形象是一个人对某一个国家及其人民的认知,而且往往认为这种认知是真实的。国家形象会影响一个国家的国际影响力、经济利益和在国际政治舞台上的权力。[3] 而媒体是树立国家形象的关键。因此,无论美国还是加拿大,无论墨西哥还是智利,无论德国还是西班牙,无论哈萨克斯坦还是伊朗、伊拉克,无论韩国还是日本,无论澳大利亚还是新西兰……几乎所有国家都要求媒体能够积极树立国家形象。随着中国崛起,中国媒体也应承担在世界上树立中国形象的任务。

基于此,中国媒体作为国家利益的代表者需要明确传播好中国声音、表达

---

[1] 陈须隆、苏晓军:《十八大以来的中国外交战略新思想》,载《和平与发展》2014年第6期。
[2] 参见《新华两会快评:中国外长的"表情包"透出怎样的"大国范"》,https://www.163.com/news/article/CF41UGTQ000187V5.html。
[3] Dennis F. Kinsey, Myojung Chung, National Image of South Korea: Implications for Public Diplomacy, https://surface.syr.edu/cgi/viewcontent.cgi?article=1031&context=exchange.

好中国思想、提升中华文化影响力、提升中国国家形象等国家目标。或者说，完成国家目标既是中国媒体国际合作的终点，更是起点。纵观这些年，中国媒体在"走出去"与"引进来"合作的过程中，为了实现这些目标，不仅确定了目标的梯次关系，分清了目标的轻重缓急，正逐步实现目标，尤其是像中央电视台、新华社等国家级媒体，更是长期将这些目标作为参与国际合作的基本思路。

2. 中国媒体作为自身利益实践者锁定自身目标

与世界其他体制的媒体一样，中国媒体也具有经济属性，因此，追求商业利益是其参与国际合作的目标之一。这一点，以浙江卫视、湖南卫视、安徽卫视、江苏卫视、东方卫视等为代表的媒体的国际合作尤为明显。对这些媒体而言，当不再以国家补贴作为主要资金来源的时候，广告收入以及相关产业收入就成为核心，因此，这些媒体参与国际合作就将目标锁定在盈利上，并围绕这一目标而与荷兰、韩国、美国等国家的媒体进行版权合作，打造了享誉中国的《中国好声音》《奔跑吧！兄弟》《爸爸去哪儿》《我们的法则》《世界青年说》《中国达人秀》等现象级节目，且通过这些节目带动了其他产业的发展，从而获得较高收益。

从计划经济过渡到市场经济的中国媒体也将目标锁定在提升自身水平上。计划经济时代，中国媒体产业意识淡薄，导致无论是报刊媒体还是广播电视媒体，无论是在媒体技术、内容制作、经营管理方面还是在媒体从业人员采访、拍摄、编辑、排版等业务方面，都相对落后，而随着媒体参与国际合作意识的增强，中国媒体把目标锁定在学习先进媒体技术、掌握先进媒体内容制作方式、提升经营管理能力、提高媒体从业人员业务素质等方面，同时，国际合作的对象主要是发达国家的媒体，且合作形式呈现多样化。这些形式主要包括协拍，参加发达媒体举办的培训班，参加国际媒体交流会议，媒体技术访问团出访，媒体从业人员出国访问、考察、学习，等等。1985年，中国广播电视界就派出2830人次（519项）出国访问、采访、考察或学习。同时，也参加了亚洲－太平洋广播联盟（简称"亚广联"）、国际电信联盟（简称"国际电联"）、国际声频协会、国际电影电视工程师协会、联合国教科文组织、亚洲文化中心、国际电工委员会、国际声音协会和国际儿童少年电影电视中心等九个国际性广播电视组织的活动，[①] 以学习其他国家的广播电视技术和业务等。此外，中国媒体与亚广联、国际电联等国际媒体组织一直保持着长期的合作关

---

① 《中国广播电视年鉴》编辑委员会：《中国广播电视年鉴（1986）》，中国广播电视出版社，1986年，第1043页。

系，从交换人员互访到业务交流，从参赛到评奖等，合作形式十分多元。通过合作，中国媒体逐步实现了提升自身水平的目标。并且，随着中国经济发展越来越快，中国媒体自身水平也不断提高，与欠发达国家的媒体合作时，又将目标锁定在如何提高欠发达国家的媒体水平层面，邀请欠发达国家的媒体到中国访问、学习、培训。

（二）根据共同体的愿望锁定高远的国际合作目标

中国媒体众多，且角色不同、身份不同，诉求、目标也不同，但参与国际合作的共同目标可以归纳为避免冲突与竞争、寻求共同利益。

1. 避免冲突与竞争

中国媒体体制与国外媒体体制的不同，导致中国媒体与国外媒体存在冲突。这一冲突虽不至于导致过激行为，但是使得双方在具体事情上难以达成一致意见。这些冲突表现在文化差异带来的冲突、意识形态差异带来的冲突、语言差异带来的冲突、业务水平差异带来的冲突、新闻道德差异带来的冲突等。当中国媒体确定参与国际合作，与国外媒体形成共同体之后，就将目标锁定在避免冲突而达成合作上。同时，在合作中，各国之间价值选择的差异、办事风格的不同甚至只是语言上的差异，也容易产生冲突。因此，避免冲突是中国媒体不得不锁定的目标。即便是在全球"共同意识"逐渐普及的未来，这一目标也不会随之消失。

除了冲突，中国媒体与国外媒体也常常表现出竞争状态。竞争是争胜的行为，是一种对立的关系。合作则是为了一个共同的目标，形成配合的关系，是统一的关系。竞争是利益的对抗，合作是利益的共享。竞争与合作可以相互渗透、相互转化。竞争可以是合作的障碍，也可以是合作的动机。合作可以消除竞争，也可以是竞争的方式。多年来，中国媒体无论是在国外与当地媒体进行合作，还是在国内与国外媒体合作，都将目标锁定在避免竞争或者尽量减少竞争方面。

2. 寻求共同利益

正如前文所述，合作是利益共享，因此，无论中国媒体体制与国外媒体体制有多大差异，文化冲突有多大，利益竞争有多激烈，中国媒体都将国际合作目标锁定在寻求共同利益方面。文化合作理论认为，具有"共同知识""共同意识"的合作主体更容易合作。中国媒体将共同利益划分得较为详细，不同阶段有不同的共同利益。

以中国媒体与发达国家的媒体合作为例，当中国媒体还比较落后时，在观念、技术等方面都难以跟上发达国家的媒体，加之文化冲突带来的影响，双方难以形成共同意识。这样，中国媒体就将目标锁定在信息互通等共同利益方面。随着中国媒体日渐发展，尤其是在观念上的进步，双方就将目标锁定在获得经济利益上。但近年来，随着新媒体的突飞猛进，双方又将目标锁定在应对挑战上。这一点可以从2009年召开至今的世界媒体峰会看出端倪。该峰会首届主题就是"合作、应对、共赢、发展"。简单来说，就是讨论新闻集团、美联社、汤森路透集团（路透社）、新华社、俄塔社、共同社等世界著名媒体，如何合作应对经济衰退、数字与网络技术的挑战、新媒体带来的影响，如何更好地发展等。该峰会第二届和第三届的主题分别是"世界媒体：21世纪的挑战""新闻和新闻机构的未来"，主要探讨电子媒体和互联网影响下传统媒体的运营方式、媒体与国家的协作模式、媒体与商业的关系、新闻职业道德、未来发展等问题。尽管与会媒体有分歧、有竞争、有冲突，但都将共同目标锁定在与媒体发展息息相关的层面。

再以中国媒体与发展中国家的媒体合作为例，20世纪80年代，中国媒体及其他发展中国家的媒体受到技术的限制，只能通过交换新闻、联合采访等方式去应对美、苏媒体的影响。随着苏联解体，美国独占鳌头，其媒体也在全球铺开网络，并对发展中国家进行负面形象塑造。面对这一现实，中国媒体及其他发展中国家媒体又将目标锁定在建立联合机制，共同应对负面报道方面。而近年来，随着"一带一路"倡议的红利逐渐呈现，发展中国家开始形成"共同意识"，并建立了"丝路电视国际合作共同体"，推动多边合作。

二、确定国际合作的标准

在国际合作过程中，中国媒体要清楚有哪些媒体曾经参与国际合作，有没有什么可以参照学习的地方，尤其是哪些媒体在避免冲突与竞争、追求共同利益方面做得较好。同时，为了尽快实现国际合作目标，中国媒体还量化了具体效益、效率与进度。

（一）寻找已有国际合作参照

1. 将发达国家的媒体参与国际合作的成功经验作为参照

美国、德国、法国、澳大利亚、日本、韩国等世界众多发达国家由于经济发展迅速，在走全球化发展道路的过程中，投入媒体的资金、精力等也相对较多。在全球化过程中，发达国家的媒体迅速铺开了国际合作网络。从20世纪90年代开始，这一现象就更为明显。这其中包括美国的AOL时代华纳、维亚康姆、迪士尼，德国的贝塔斯曼，法国的威旺迪，澳大利亚新闻集团等，即使是发展相对较晚的日本和韩国，其媒体也迅速参与国际合作，抢占全球市场。可以说，这些媒体的体制各不同，但是它们能在合作中避免冲突，找到共同利益，值得中国媒体借鉴。

以新闻集团的STAR电视台在印度与当地媒体合作为例，该台进入印度时收视状况并不佳，默多克认为STAR电视台收视率低的原因并非来自语言隔阂，而在于文化和社会差异。这主要是因为历史文化和社会环境造就了每一个国家或地区不同的审美趣味和价值观念，因此，使用单一文化概念和形式去覆盖具有不同文化特征的地区注定不会受到普遍欢迎。基于这样的原因，默多克抛弃了"泛亚洲概念"，实施了节目制作本土化的经营模式。默多克对STAR电视台信号覆盖地区进行了拆分：向北方传输的节目主要覆盖中国，所有节目都配有中文字幕或中文解说；向南部传输的节目主要覆盖南亚和中东，用英语、印地语和阿拉伯语播出。覆盖南亚地区的STAR电视台主要由印度人经营，从节目编导到主持人几乎全为印度人。[①] 这种国际频道地方化的经营模式虽然与当地媒体存在竞争，但是双方在寻求共同利益的道路上取得了惊人的成就。

各国媒体虽然所有制不同、运作模式不同，但在国际合作过程中都尽量避免冲突、竞争，并拥有自己独特的经验。中国媒体通常也将这些国家的媒体在国际合作中成功的本土化操作、因地制宜、内容为王、拓展平台等经验作为参照系，以便更好地提升国际合作水平。

2. 将发展中国家的媒体参与国际合作的成功经验作为参照

虽然印度、泰国等发展中国家与中国一样发展较晚、较慢，但是这些国家的媒体在国际合作过程中拥有一些成功经验。以泰国为例，20世纪80年代以后，在美国好莱坞电影的冲击下，泰国电影业开始走向衰落，1997年金融危机后跌入谷底，其电影年产量从最高时的120多部降至10部左右，国产电影票房收入的市场份额仅占5%，而好莱坞电影的市场占有率达到了90%以上。[②] 面对这一严峻形势，泰国媒体及其电影公司迅速走出国门学习，掀起了"新浪潮电影"运动，并借助泰国优美的自然风光、廉价的拍摄费用引入世界

[①] 张讴：《印度文化产业》，外语教学与研究出版社，2007年，第117页。
[②] 张胜冰、徐向昱、马树华：《世界文化产业导论》，北京大学出版社，2014年，第253页。

著名的电影制作媒体，打造出了国际影坛的电影后期制作基地。即便是好莱坞大型电影制作公司，在将电影投入亚洲地区时大部分的准备工作也是在泰国进行的。在引入国外媒体制作电影的过程中，泰国媒体及其电影制作公司迅速更新电影制作硬件设备，提升电影制作水平，提高从业人员的素质，最终使得泰国本土电影、电视迅速发展，甚至分布于全球各地。可以说泰国媒体勇敢走出去和果断引进来的勇气是泰国媒体能在国际合作中成功的根本原因。

如前所述，发展中国家的国情与中国相似，其媒体运作模式与政策也基本相似。因此，中国媒体通过派遣媒体从业人员以及研究专家前往泰国、印度、伊朗、哈萨克斯坦等发展中国家访问、调查或者邀请这些国家的媒体从业人员到中国访问交流等，可以将发展中国家的媒体参与国际合作的经验作为参照，以便找到自己国际合作的道路。

（二）将国际合作效益、进度量化

1. 将国际合作效益量化

STAR 电视台在印度本土化的过程中，时任负责人悉达特·莱伊曾说："从一开始，我们就设计了自己的经营策略。我们希望 STAR TV 在印度的电视广告收入份额只占全国广告收入的 3%~5%。"而在这一量化目标的影响下，STAR 电视台逐步靠近并提前实现了这一目标。

在中国，媒体国际合作效益大致可分为社会效益、经济效益、文化效益等。经济效益适合量化。中国媒体在强调完成国家目标的情况下，将经济效益作为衡量国际合作成功与否的一个重要指标。以湖南电广传媒为例，为了与狮门影业尽快实现 15 亿美元的合作目标，其将进度分为一年目标、两年目标，并最终确定了三年所有目标。这种量化方式使媒体在合作中能准确完成阶段性目标，进而早日实现总体目标。

2. 将国际合作进度量化

将进度量化能够防止拖延、推迟等现象，从而早日实现预期目标。中国媒体国际合作也通常会将合作进度量化，即与国外媒体合作，第一阶段要完成何种目标，第二阶段有何种目标，第三阶段又有什么目标……中国媒体在与国外媒体合作时基本遵守这一原则，并围绕这一原则采取具体的合作。比如，21世纪初，中国媒体与福克斯等媒体合作，商量引进好莱坞大片问题时，商定为第一年预计 20 部，第二年预计 30 部，第三年预计 40 部……逐年推进。同时，中国媒体也将向国外媒体推出中国影视的进度量化，还将媒体在海外落地、开设外语语种节目、开设分台等进度量化,从而促进目标的实现。

在海外落地,集中体现在中央电视台与国外媒体的合作方面,而开设外语语种节目,又集中体现在中国国际广播电台与国外媒体合作方面。意识到开设不同语种节目对交换新闻、联合制作节目或者联合拍摄纪录片等方面的作用,中国国际广播电台将开设外语语种节目的数量进度量化,1998年,只有43种语言,但是该台提出五年规划、十年规划,以便增加不同语言的节目。到2013年,中国国际广播电台的外语语种已经达到64种。这种量化方式使得中国国际广播电台在国际合作中占有语言种类的优势。另外,中国国际广播电台也将在海外开设分台量化出来,而且加快开设进度。2013年5月只有90个海外分台,但是到12月就增加到95家。正是这种量化方式,促使合作事宜迅速完成。而在未来,中国媒体国际合作将效益、进度量化的情况也将随着媒体自身水平的提高而更加精细化。

三、确认国际合作的起点

(一)明确自己的定位

1. 明确自己的角色定位

在中国,媒体的特殊属性使得媒体需要明确自己代表谁参加国际合作。中国媒体代表国家参加国际合作,是把国家利益在合作中不受威胁、不受歪曲、不受影响的方式方法等作为首位;中国媒体代表自身参加国际合作,是将利益作为首要任务,如是学习先进媒体技术、内容制作技术、经营管理方法,或只是相互交换新闻、节目增强彼此感情,是从版权合作引进中获得经济利益还是学习其先进模式。明确自己代表谁,明确自己的目标,有助于确定自己在合作中的角色定位。中国媒体在国际合作中是主导角色还是协助角色,关系着自己在合作中是主导还是协助以及确定后续合作的方式方法。同时,明确了自己的角色定位,中国媒体便能准确找到对应目标的资源以及自己可以利用的资源、政策等。未来,在中国媒体的国际合作的过程中,这一思路也不会改变。

2. 明确自己的任务定位

不管媒体是代表谁、代表谁的利益参加国际合作,总是围绕一定的任务开展的,无论这一任务是宣传,是传播,是盈利,还是仅交流。过去多年,中国媒体深知自己需要完成的任务,并迅速确定了合作对象与合作方向,找到了可以合作的领域与内容,从而采取了具体的合作方式与方法,并根据任务定位,确定了合作的目标、进度等。以中央电视台为例，作为国家级电视台，作为行政主导的电视台，始终将国家利益放在首位，因此，围绕如何传播好中国声音、树立好中国形象选择可以参与国际合作的领域、内容、方式、方法。这些年，央视更是以媒体应该扮演的角色，努力完成传播任务。过去多年，中国媒体对任务准确定位，以任务为导向，从而扩大了合作对象，增加了合作形式，丰富了合作内容。

（二）明确自己的资源

中国媒体参与国际合作，最终还是要落实到具体人才、技术、管理等多个方面。因此，无论何种媒体参与国际合作，都是建立在清楚自己拥有哪些资源以及自己能够利用哪些资源之上的。对于中国媒体来说，资源越充足，就越能处理国际合作中的各项事务，并从容应对可能发生的突发状况。

1. 明确自己所拥有的资源

中国媒体内部由人才、技术、资金、管理、品牌、平台等无数的元素构成。多年来，中国媒体通常是在明确了这些元素、资源的具体情况之后，才参与国际合作的。

就人才资源而言，中国媒体与国外媒体联合拍摄影视、纪录片，前提是明确了自己在采访、写作、编辑、制作、灯光、舞美、主持、摄影、摄像、导播、导演、编剧、场务、广电工程等方面所拥有的人才；与国外媒体联合举办活动，前提是明确了自己所拥有的活动策划人才、活动组织人才等；与国外媒体交换版面或者联合开辟版面，前提是明确了自己所拥有的稿件写作、版面编辑、美编等方面的人才；与国外媒体联合创办媒体，前提是明确了自己所拥有的经营管理人才。另外，国际合作毕竟是同世界各国媒体打交道，所以除了明确人才的数量、素质，中国还培养了专门的谈判人才、翻译人才等，保证媒体国际合作的顺利开展。

就技术资源而言，中国媒体与国外媒体在影视、纪录片等视听领域合作，通常是先明确了自己所拥有的摄影摄像技术、编辑技术、制作包装技术、转播技术、导播技术、广电工程技术、卫星传播技术、数字网络技术及其设备等；在平面领域合作，通常是先明确了自己所拥有的排版技术、美编技术、网络传输技术及其设备等；在联合举办活动方面，则是先明确了自己所拥有的现场搭建技术及其设备等。明确这些技术资源以后，中国媒体就与合作对象进行技术方面的交流、学习，或者联合转播、直播、拍摄、制作等。

就资金、管理、品牌与平台资源而言，中国媒体参与国际合作需要足够的资金做支撑。中国媒体先明确了自己所拥有的资金状况，然后才确定开展国际合作的步骤、力度与程度。此处所谓的管理其实更强调后勤保障。这主要是因为无论进行何种形式的合作，通常会涉及食宿、签证、机票、总结、报销等琐碎而具体的事情，所以，后勤保障方面的管理就显得特别重要，而中国媒体在明确了关于这些具体事务的规章制度以及这些规章制度的最新变化之后，才完成了多年的国际合作。此外，中国媒体参与国际合作也是先明确自身的品牌以及平台，因为这两个因素往往决定了合作对象、合作期限以及合作效果等问题。品牌、平台越好，合作期限越长，也越容易取得良好的国际合作效果。

2. 明确自己可利用的资源

中国媒体作为一个系统，常与社会其他系统相互作用。当自身资源不足时，社会其他系统的资源就成为中国媒体可以利用的资源。这些资源包括中国内部的政策资源、法律资源、文化资源、市场资源、资本资源等，以及合作对象所在国的这些资源。

就中国内部的资源而言，中国媒体在国际合作的过程中，常利用国家一定的政策、法律资源。以中国媒体与国外媒体合资为例，2005年到2009年，中国媒体始终守住国家规定"中方占股51%"这一政策，与国外媒体合资创办传媒公司、广告公司、出版公司等。同时，中国媒体参与国际合作还考虑了文化资源与市场资源，主要是因为这两个资源是国外媒体最为看重的资源，在双方资源互换的过程中，中国媒体充分利用这两个资源获得了从技术到内容的便利。此外，资本资源也是中国媒体参与国际合作要考虑的元素。2009年9月发布的《文化产业振兴规划》指出，要积极吸收社会资本和外资进入政策许可的文化产业领域。因此，中国媒体在国际合作的过程中可以充分利用社会资本。

就合作对象所在国的资源而言，中国媒体能够利用的也主要是前述资源。因此，明确这些资源的具体情况就显得非常必要。以中韩媒体合作为例，韩国在振兴包括电影、电视、唱片、广播、广告、网络、游戏、杂志出版、新闻出版、书籍出版、信息服务、游乐场、赌场、运动等在内的"娱乐与媒体产业"的过程中，① 出台了"文化立国"、《韩国文化产业振兴法》等政策、法律。就电影而言，韩国支持"韩中合拍电影、电视"，中国媒体及相关产业就借此机会拍摄了诸如《赏金猎人》《晚秋》等为人所熟知的影片。就政策而言，韩国支持"韩中之间构筑数字网络""构建汉语网站""构筑和运营韩中动画故事

---

① 姜锡一、赵五星：《韩国文化产业》，外语教学与研究出版社，2009年，第1页。

库"等，中国媒体曾利用这些资源与韩国媒体打造了相关文化产业。

第二节　看清弯路、明确捷径、展开行动

"情境－模式"媒体国际合作理论认为，媒体一旦确认了自己的起点，就要迅速看清别人走过的、自己走过的弯路，并明确捷径，展开具体的行动。因此，中国媒体在展开具体的合作之前，需要看清国外媒体走过的弯路、自己曾经走过的弯路，明确国外媒体及自身曾经成功的经验。

一、看清国内外媒体国际合作弯路

常言道："成功只有一种方法，而失败有千万种理由。"无论国外媒体还是国内媒体，在国际合作的道路上总因为各种理由而失败。因此，仔细看清楚国内外媒体国际合作道路上走过的弯路，是中国媒体开展国际合作的必经之路。

（一）反思自身国际合作历程中的失败案例

中国媒体曾在不同时期与国外媒体开展过不同程度的战略合作、人员交流、业务合作、资本合作，但是在这一过程中，也曾因为一些无法克服的外部因素、自身可克服的因素而导致了合作的中断。

1. 反思无法克服因素带来合作失败的案例

中国媒体深受中国政治、外交战略、政策等的影响。就中国政治而言，1966年至1976年"文化大革命"时期，作为党最重要的宣传工具的中国媒体遭受到了前所未有的挫折，中国媒体国际合作也基本停止了。就中国外交战略而言，在中国实施"一边倒"外交战略的时期，中国媒体主要是与苏联和东欧国家的媒体展开合作，但是当中苏关系破裂时，媒体合作也就破裂了。就政策而言，2009年，中国出台《关于废止〈中外合资、合作广播电视节目制作经营企业管理暂行规定〉的决定》，限制中外合资、合作创办媒体，导致中外媒体合资创作媒体也停止了。

面对一些不可克服的因素，中国媒体反思如何换个角度开展合作。近年来，中国媒体提升了技术水平以及人员素质，也发现"走出去"合作似乎成为避免这些无法克服因素的一个重要方式，因此，中国媒体积极走出去合作。另外，中国作为一个负责任的大国，积极与世界各国和平交往、合作。在对外战略方面也体现出了大国风范，因此，在对待媒体国际合作方面也有着全新的态

度。这也为中国媒体参与国际合作提供了新的机遇,但中国媒体还是要反思一些不可克服因素带来的影响,及时转变思路。

2. 反思可克服因素带来合作失败的案例

中国媒体在国际合作中,也曾因自身水平而导致合作失败。以浙江卫视和灿星公司共同打造的《中国好声音》与荷兰 Talpa 公司产生版权争端为例,从 2012 年起浙江卫视和灿星公司就一直与 Talpa 公司合作,引进其"The Voice Of Holland"模式制作中国本土化节目《中国好声音》,但是从 2013 年到 2015 年,荷兰 Talpa 多次以涨版权费为由找灿星公司谈判,修改合约,到了 2016 年年初,Talpa 公司拒绝与灿星公司进行续约谈判,并与唐德影视签订了意向书。浙江卫视与灿星公司在国际合作过程中对国际法、国际惯例不熟悉以及参与谈判的人员经验不足,导致与荷兰 Talpa 公司的合作最终失败,迫使浙江卫视将《中国好声音》从场景布置到节目模式全盘改动。

除了上述失败案例,中国媒体国际合作的过程中,因为自身技术水平不高、人员素质欠佳、管理欠到位等因素导致合作的中断、停止的案例依然较多。通过专题会议、焦点小组讨论等方式反思自身可克服的各种因素,不断提高技术水平、培养谈判人才、熟知国际规则的法律人才等,也就成为一个重要的环节。中国传媒大学开设了对应的专业培养这些方面的人才,就是反思的结果。

(二) 审视国外媒体国际合作的失败案例

1. 审视大型媒体集团的失败案例

20 世纪 90 年代末 21 世纪初,美国、德国、法国、澳大利亚等国家的大型媒体集团分别进入不同国家,开展全球战略。这些大型媒体集团在进入不同国家时,面临着文化冲突、意识形态冲突以及政策法律限制等问题,因此,如何与当地媒体合作成了大型媒体集团必须思考的问题。本土化是解决问题的关键,但并不适用于所有情况,因此,相关的失败案例也较多,德国贝塔斯曼在中国败北就是典型一例。

德国贝塔斯曼进入中国时所采用的本土化策略,曾是大型媒体集团、中国图书连锁商以及当当网等网络书店借鉴的楷模。在中国的人员结构上,时任贝塔斯曼上海信息技术有限公司执行总裁柯子范称:"在中国地域工作的贝塔斯曼员工,外籍人士仅占 1%,属决策层的岗位如总经理、首席代表、销售经理等均由年轻精干的中国人担任。"① 但是，贝塔斯曼与《读者》合作、与大型书店的合作却很快中断了。其原因在于没有明确的品牌定位，未能准确把握中国消费者的阅读偏好、消费心理与模式，忽视网络的价值，未能将"邮购模式"转为符合中国国情的模式，未能充分发挥物流体系及时性的作用，未能打通管理层与经营者的合作障碍，等等。贝塔斯曼的失败，在一定程度上为中国媒体参与国际合作提供了经验与教训。作为后起之秀的中国媒体，仔细审视国外媒体走过的弯路，可以更好地应对国际合作过程中可能遇到的问题。

2. 审视跨国经营中的失败案例

在全球媒体国际合作的过程中，发达国家的媒体陆续进入中国、印度、泰国等发展中国家，同时，发展中国家的媒体也曾试图进入发达国家与当地媒体合作，走出自己的特色之路。但是，遗憾的是，发展中国家的媒体在发达国家境内进行跨国经营的案例中，失败者居多。

以卡塔尔半岛电视台为例，成立于 1996 年的半岛电视台在报道中东军事冲突中具有得天独厚的优势，曾有"全世界都在看 CNN，而 CNN 在看半岛电视台"的说法。半岛电视台于 2006 年成立了英文频道，但在美国只获得了不到 2% 的家庭的落地，所播出信息也无法获得美国民众的支持。为了改善这一状况，2013 年，半岛电视台以 5 亿美元收购并重组了潮流有线电视台，改名为"半岛电视台美国频道"，并于当年 8 月 20 日正式开播。凭借资金优势，该电视台重金挖走多名美国顶级记者，并以纽约为中心，在美国全境开设了12 处分支机构，雇用了 850 多名员工，每天提供 24 小时的整点资讯与 14 个小时的新闻、纪录片与谈话节目。② 三年中，半岛电视台美国频道在美国与当地媒体大张旗鼓地展开竞争，但是由于"坐在纽约看世界"而不是"在卡塔尔看世界"，与美国众多媒体的运营模式的差异和强烈的市场竞争、自身资金不足等表层原因，以及无法克服跨文化传播障碍、卡塔尔内忧外患造成的经济压力以及无法做到客观公正的报道等深层原因，最终于 2016 年 4 月 13 日正式停播。可以说，正是半岛电视台未能与当地媒体进行多方面合作，造成了此次的失败。

半岛电视台在美国的败走，为中国媒体提供了绝佳的案例。时任中央电视

---

① 左登基：《浅谈大型跨国传媒集团建构传播全球化的进路——背景、策略、趋势和影响》，载《文史月刊》2012 年第 8 期。

② 覃思：《半岛电视台败退美国的原因及对发展中国家国际传播的启示》，载《东南传播》2016 年第 9 期。

台海外传播中心主任编辑李宇指出:"国际传播的竞争力是国力的自然投射,换言之,与一国在媒体领域的投入直接相关。西方媒体之所以能赢得全球影响力,与其国家的经济发展和媒体产业规模密切相关。另外,国际传播竞争力与媒体属性定位关系密切,商业媒体在经营方面更加灵活,在应对国际市场竞争和挑战方面也有着更多的自主性和适应能力。"[1]通过组织内部会议、邀请著名媒体从业人员做讲座、组织研究小组、召开论坛等方式审视国外媒体国际合作、国际传播中的失败案例,成为一种比较重要的方法。

(三)结合当下看清未来可能面临的问题

除了从上述国内外媒体失败案例中汲取经验教训,中国媒体一直都根据当下的形势去看清即将面临的问题,从而做好合作预案。

1. 看清在国内进行国际合作面临的问题

随着改革开放逐渐深入,进入中国的媒体日渐增多,中国媒体要与其从竞争转为合作,看清面临的问题极为重要。首先,中国媒体看清了在新闻等意识形态领域合作将面临政策限制的问题,因此,重点选择体育、娱乐、影视等非意识形态领域合作。其次,中国媒体看清了双方合作过程中一旦中方引入过多外方内容,将面临中国传统文化逐步流失的问题,为此,尽量通过本土化改造、向外方平等输入中华文化内容等方式去避免这个问题。最后,中国媒体看清了在合作中还可能存在各种差异带来的冲突、竞争、利益分配不均等问题,采取了应对措施,展开具体的合作。随着中国进一步的改革开放,中国媒体与国外媒体合作的机会不断增多,因此,中国媒体逐步看清了政策限制、资金分配不均、合作失衡等方面的问题。

2. 看清在国外进行国际合作面临的问题

2001年,中国国家广播电影电视总局出台《关于广播影视"走出去工程"的实施细则(试行)》,指出要广开渠道,采取多种方式"走出去"。2006年,中共中央办公厅、国务院办公厅发布《国家"十一五"时期文化发展规划纲要》,提出加快实施广播影视"走出去"工程,概括起来有三大任务:增强广播影视有效覆盖、扩大广播影视产品发行和建立广播影视交流平台。在中国政策的引导与外国媒体的配合下,中国媒体通过长城平台、麒麟平台等在各国落

---

[1] 李宇:《媒体国际传播的可持续发展策略——从半岛电视台美国频道停播说起》,载《电视研究》2016年第6期。

地并与当地媒体开展节目交换、联合采访、联合制作、举办文化周等合作。而在中国媒体"走出去"的过程中，通过访问团访问、考察，组织专家团队评估、参考国外媒体之间的合作案例等方式看清面临的文化冲突、意识形态冲突、国际规则不熟悉、受众偏好不同、运作方式差异等问题，成了一个不错的选择。此外，随着国际媒体对媒体未来的发展有所担忧，中国媒体与其合作时还面临着如何与其共同应对经济衰退带来的媒体发展滞后、如何提高新闻道德、如何坚守媒体伦理等问题。

根据世界货币基金组织2020年6月发布的《世界经济展望》，即便受到2020年新冠肺炎疫情的影响，2021年，中国的经济增长也将达到8.2%，超过世界所有国家。换句话说，未来中国将继续崛起，中国媒体应继续积极参与国际合作。随着中国"一带一路"倡议的深化，中国也将继续进一步对外开放。这样，进入中国的媒体会更多，中国媒体走出去的机会也将更多。中国媒体既要在国内与不断进入的国外媒体合作，又要加快走出去与国外媒体合作的步伐，因此，结合当下形势看清面临的问题非常必要。

二、明确国内外媒体国际合作捷径

（一）明确中国媒体此前合作的成功范例

中国媒体与国外媒体在人员交流、业务合作、资本合作等方面有过众多成功案例。中国媒体在参与国际合作以前，都曾考察过成功范例，从而找到合适的合作方式、方法。而在未来，中国媒体将进一步参与国际合作，也更需要明确成功范例，从而找到合作的捷径。

1. 明确国家级媒体的成功范例

国家级媒体是参与国际合作的主力军，而国家级媒体既要在国内合作，又要在国外合作。在国内合作方面，1995年，作为中国发行量最大、最权威的报纸，《人民日报》与新闻集团合资成立了一家互联网信息技术公司。新闻集团投资约250万美元，合作期限为30年。《人民日报》与新闻集团的合资是中国媒体与国外媒体进行新型合作的一次有益尝试。尽管这次合资是外国媒体进入中国开展资本运作的投石问路，但也为中国媒体的国际合作提供了新的思路，有助于中国媒体拓展国际合作。

在国外合作方面，随着中央电视台和新闻集团达成对等落地协议，在新闻集团于中国广东落地的同时，中央电视台英语频道也通过新闻集团旗下的福克斯网在美国播出。中央电视台英语频道通过福克斯电视网络系统，有史以来首次覆盖了全美卫星电视用户。之后，该频道又通过埃德尔菲亚数字有线电视公司在南加州地区落地，并且通过美国电报电话公司的有线电视网，在包括旧金山和硅谷在内的加州北部地区全天候播放。①

国家级媒体在国内外的成功合作，为中国媒体提供了范例。中央电视台、中央人民广播电台等国家级媒体通常以召开专题会议、组织专门的团队研究等方式去总结自己与国外不同媒体合作的成功经验，甚至汇集成册作为其下次合作的工作手册，地方媒体应积极借鉴国家级媒体的成功案例。

2. 明确地方级媒体的成功范例

除了国家级媒体在国内外的国际合作成功范例，浙江、湖南、江苏、上海、安徽、广西、云南等地区的媒体为中国媒体参与国际合作提供了参考。这些地方级媒体不仅在国内与国外媒体合作成功案例较多，在国外合作也曾有过成功的合作案例。

以上海地区的媒体国际合作的成功案例为例。《新民晚报》在落地工作方面做得最具代表性，20世纪90年代，《新民晚报》决定走向世界，因此与世界各国主要媒体谈判、签约，积极处理好护照、签证、机票等事宜，陆续开展落地合作工作。截至2017年3月，《新民晚报》已经在美国、澳大利亚、加拿大等国家落地了27份《新民晚报（海外版）》。此外，《新民晚报》在韩国主流媒体《京畿日报》上开设了"新民晚报供稿栏"；与意大利双语杂志《世界中国》签署合作协议。作为报刊媒体，《新民晚报》在国外操作得如此成功，自然成为中国其他媒体学习的榜样。

再以云南地区的媒体国际合作成功案例为例，首先，云南日报报业集团国际合作的成功就是典型。经过20年的持续努力，云报集团已与8个国家的主流媒体合作开办了5种文字的13份《中国·云南》新闻专刊，创办了"云快报"英文网站；承办了中国唯一用他国文字出版发行的综合性月刊《吉祥》（缅文）、《湄公河》（泰文）、《占芭》（老文）、《高棉》（柬埔寨）和多语种网站"云桥网"，形成了报、刊、网一体化的对外传播全媒体矩阵，在增强区域性主流媒体的国际话语权和影响力方面取得了突破性进展。② 其次，云南广播电视

---

① 曹书乐：《新闻集团进入中国媒介市场行为研究（上）》，载《北京电影学院学报》2003年第1期。

② 刁毅刚：《区域媒体融合发展的路径与愿景——云南日报报业集团副总编辑、云报集团全媒体指挥中心主任田静专访》，载《中国传媒科技》2017年第2期。

台的国际合作也是典型。其不仅与泰国、老挝、柬埔寨联合举办了大型"跨国春晚"活动，还与老挝国家电视台合作开辟《中国剧场》、与缅甸影视管理局合拍《舞乐传奇》。云南地区的媒体与周边国家开展如此多样的合作，是其他地区的媒体尤其是边疆省区的媒体开展国际合作的榜样。

在过去多年的合作历程中，中国媒体通过考察等方式明确了地方媒体国际合作的成功经验，在不同时期针对不同媒体适当改进合作方式，从而推进了各项工作的顺利开展。

(二) 明确国外媒体国际合作的成功道路

1. 明确发达国家的媒体的成功道路

发达国家的媒体开展国际合作较早，也就有一定的成功经验可循。以全球大型媒体集团进入中国与中国媒体合作为例，1985年3月，默多克试图开辟中国市场，首次访问中国，与姚依林副总理深入探讨交流，并决定旗下的福克斯公司免费向中央电视台提供好莱坞电影。此后，《音乐之声》《巴顿将军》等电影逐渐引入中国，至20世纪90年代后期，美国好莱坞影片在中国各大城市几乎占据60%以上的电影票房。① 除了在电影方面努力推进，1994年10月，默多克带着新闻集团来到中国，与天津广播电视局共同出资成立了合营公司金大陆发展有限公司，资产为2亿元人民币（新闻集团占股60%），提供广告、频道包装、节目整体包装、片头设计等电视节目制作服务。从1999年到2001年，该公司的重点放在国内电视台节目制作上，陆续和其他电视台合作制作了一些文化娱乐方面的节目，如《中国茶文化》《颜色》《文化休闲》等，并在30个省级电视台播放。② 此后，默多克多次深入中国，而新闻集团也与中国媒体陆续开展对等落地、成立公司等合作。

除了澳大利亚新闻集团，美国的迪士尼、维亚康姆，德国的贝塔斯曼等也纷纷以不同的方式进入中国，与中国媒体开展多样化的合作。1994年，迪士尼控股的全球著名体育节目电视媒体——ESPN以低廉的费用与上海有线电视合作。维亚康姆非常重视从娱乐的角度进入中国，1995年，其MTV获得了落地权之后就开始以节目交换的形式与中国各省级电视台交换娱乐新闻、节目等；1999年又与中央电视台联合举办了著名的、一年一度的CCTV-MTV音

---

① 杨瑞明：《传播全球化——西方资本大规模的跨国运动》，载《国际新闻界》2001年第2期。
② 嵇美云：《论跨国媒体进入中国的现状、影响及其对策》，载《中国广播电视学刊》2001年第7期。

乐盛典。贝塔斯曼则发挥其书友会的长处，在中国大兴书友会，吸引了大多数读者成为其会员。

为了在全球发展澳大利亚新闻集团业务，默多克几乎跑遍了全球各国去考察当地媒体的发展情况、政策法律限制、市场基础，不断与各国领导人、媒体管理者以及媒体从业人员广泛接触。这些大型媒体集团在与中国媒体国际合作的过程中，其负责人对中国政策、市场、规则十分了解。在本土化的过程中，找准目标受众，制作满足受众需求的内容也十分关键。基于此，中国媒体也曾通过组团访问这些大型媒体集团、交换媒体从业人员等方式，不断考察、学习这些大型媒体集团的长处、经验。

2. 明确发展中国家的媒体的成功道路

与中国同属发展中国家的印度、泰国，也努力发展媒体。而这些国家的媒体在国际合作过程中也有比较成功的案例。以印度为例，1955 年，印度首任总理尼赫鲁决定禁止外国报纸进入印度，即使到 1994 年，当新闻界都在争论外国媒体进入印度的利弊时，印度政府依然不允许外国报纸在印度出版。[①] 这样的政策，对于想努力进入印度的外国媒体来说具有巨大的障碍，导致印度媒体无法与国外媒体在印度境内合作。但是，2000 年，印度政府出台了较为宽松的传输政策：不管谁拥有电视公司的所有权，不管电视公司的管理人员构成如何，印度政府都允许该电视广播公司在印度本土进行卫星上行线路的连接。印度境内的外国电视广播公司可以直接利用通信卫星向本土直播电视节目。2002 年 6 月，印度政府宣布印度报业可以拥有 26％的外资股份。这些政策的出台，使得外国媒体纷纷涌入印度，从而使得印度媒体与众多外国媒体在印度境内既竞争又合作。其中，印度私营媒体 Zee TV 与 STAR TV 各占 50％的股份，联合组建了今日亚洲有限公司。在双方的合作过程中，Zee TV 名列印度媒体广告收入之首。同时，Zee TV 还走出国门与美国米高梅电影公司联合经营电影频道 Zee MGM，并布局全球，每天制作 Zee UK、Zee US 和 Zee Africa 电视新闻节目。此外，在印度媒体与国外媒体合作的过程中，"宝莱坞"也发展起来，并与全球媒体产业合作推动其音乐与唱片产业、演艺业等走向全球。

在印度媒体国际合作的历程上，政策的推动作用、外资媒体的进入、私营媒体的发展等都是其成功因素。中国媒体也曾通过深入考察、研究、学习等方式去了解印度的成功经验。近年来，印度媒体也加大了与中国媒体在影视领域的合作，这势必会为中国媒体参与国际合作提供新的机遇。

---

① 张讴：《印度文化产业》，外语教学与研究出版社，2007 年，第 24 页。

三、展开具体的国际合作行动

国际关系学新现实主义的"权力合作论"认为,国际合作在一定程度上是为了增强权力。中国媒体参与国际合作并非为了权力,而是在合作中提高某种能力。与权力的不同之处就在于,能力强调变化通过自身作用而产生,而不是以压倒他者来实现。中国媒体通过国际合作实现提高能力的目标,在这一过程中,为了保证合作双方都获益,双方要做好谈判、签约①、合作、匹配和协调资源应对突发状况等。

(一)谈判

国际合作理论认为,合作可以在明确的讨价还价过程中谈判。② 除了在非常正式的场合下谈判,一切协商、磋商、交涉、商量等都可以看作非正式的谈判。中国媒体开展国际合作,除了正式谈判,也存在非正式的谈判,因此,本书把关于确定合作领域、合作内容、合作形式、合作方法等的协商、磋商、交涉、商量等都统一称为谈判。双方谈判成功之后,还要就谈判内容签约。但是,谈判并不是一次就能成功的,而是双方要在争取各自利益过程中不断地协调、博弈,最终找到一个利益平衡点。

1. 就合作事项谈判

随着媒体对外合作的自主性增强,中央电视台、新华社等国家级媒体,湖南卫视、浙江卫视等省级媒体都主动同国外媒体展开谈判,寻求合作之路。例如,1981年,中国国际广播电台和德国之声电台就工作人员交换的问题而谈判;1986年,中国广播电影电视部和德国外交部就中国中央电视台开办德语电视教学节目而谈判。20世纪90年代至今,国家级媒体依然加紧同世界各国媒体谈判,以求增加合作对象,扩大合作范围。

为了谈判以及具体合作的顺利,媒体控股公司也参与其中。以央视控股的中视传媒股份(CTV)与英国广播公司(BBC)合拍《美丽中国》谈判为例,2005年前后,已经在印度尼西亚、非洲、南美洲、欧洲、加勒比地区拍摄了"野性(Wild)"系列的BBC为了开拓中国市场,试图与中国媒体合作拍摄

---

① 为了表达的统一性,本书将签订合作协定、协议、计划、备忘录、议定书、意向书等统称为签约。

② Helen Milner, "Review Article, International Theories of Cooperation among Nations: Strengths and Weaknesses", *World Politics*, 1992, Vol. 44, No. 3, pp. 466–496.

Wild China（称作"野性中国"），而此时，加入 WTO 以及申奥成功需要向世界宣传中国任务的中央电视台也急需寻找合作伙伴，CTV 作为央视重要力量迅速联系 BBC 亚洲区副总裁、大中华地区的总经理 Pierre Chueng 等，并就 *Wild China* 片名翻译为"野性中国"还是"美丽中国"，就 CTV 是协助 BBC 拍摄还是二者合拍，就中方对纪录片的脚本是否有修订权，就纪录片在全球以及在中国地区的销售和版权，就影片中标识的摆放位置，就双方在发行收益的分成等问题，展开了长达 12 个月之久的谈判。

另外，20 世纪 90 年代之后，中国各省级媒体经营意识增强，为了刺激并吸引受众，增加收入，寻求国外先进模式的需求越来越强烈，也加入了与国外媒体谈判寻求合作的队伍，其中典型媒体包括湖南卫视、浙江卫视、青海卫视、江苏卫视、安徽卫视等。而进入 21 世纪之后，随着网络与新媒体迅猛发展，腾讯、爱奇艺、优酷、搜狐、芒果 TV 等也成为与国外媒体谈判，获取内容资源的主力军。总的来说，即使在今天，中国媒体就具体的合作事项与相关合作对象谈判也是必要环节。

2. 就新的情况再谈判

20 世纪 90 年代中期以前，中国媒体国际合作主要是传统媒体与国外媒体合作，随着微信、微博、抖音、今日头条、bilibili 等新媒体的出现，合作的主体逐渐增加，合作的领域也随之扩大，因此，在这种新的传媒环境下开展新的合作，就需要合作双方就新的情况再谈判。

以中国媒体与俄罗斯媒体合作为例。苏联解体以后，中俄两国于 1992 年 12 月 18 日在北京签订了两国政府《文化合作协定》。围绕这一协定，双方在政治、经贸、军事、科技等各个方面展开了良好的合作，尤其是在媒体合作方面，"双方鼓励两国有关部门、新闻媒介和记者组织按照协议和合作计划开展直接合作"，"双方鼓励两国广播、电视部门交换广播、电视节目；协助对方广播、电视记者在本国境内进行采访；合拍电视片；互派广播、电视代表团和工作人员"。[①] 随着中俄两国报社、电台、通讯社逐渐建立网络与新媒体平台，加之网络与新媒体如雨后春笋般迅猛发展，仅是传统媒体的合作已无法满足双方的利益需求，因此，双方又就如何在网络与新媒体开展合作进行多次会谈与磋商，并确定了中俄网络与新媒体交流与合作的问题。其中较为典型的是，2015 年中国网络电视台与俄罗斯 SPBTV 公司就中国电视内容在独联体发布的问题，进行了多次会谈与磋商。

---

① 《中华人民共和国政府和俄罗斯联邦政府文化合作协定》第四条、第七条。

(二) 就共同利益签约

按照科特·巴雷特的国际合作理论,合作只能通过一项国际条约来维持①,同理,要保证媒体国际合作能够按照谈判时确认的事项顺利开展,适当的协议、协定、议定书、意向书等就十分必要了。

于不同时期,在不同的合作领域,新华社、人民日报社、中国国际广播电台、中央电视台等媒体与国外媒体就具体的事项谈判之后,签订了满足双方共同利益的合作协议。如新华社与美联社、路透社、埃及中东社、俄罗斯新闻社等国际主要通讯社签订了交换新闻等方面的合作协议。人民日报社同俄罗斯新闻社签订了互换新闻及合作协定。近年来,随着"一带一路"建设的深化,人民日报社已与沿线 23 个国家的 33 家主流媒体签署了《双边合作谅解备忘录》,建立稿件互换机制,加大内容推送力度。这些宣言、协议、备忘录等均为媒体合作提供了基本保障。② 中国国际广播电台不仅与埃及广播电台签订了节目交换、人员交流与培训、互转短波节目等方面的合作协议,还努力同世界各国媒体签订拍摄影视作品的协议。近年来,这样的协议就更多了。2016 年,中国国际广播电台影视译制中心与阿尔巴尼亚国家电视台摄制组签署了联合拍摄纪录片"一带一路"的协议。在中国媒体国际合作的道路上,中央电视台与世界主要通讯社,CNN、BBC 等电视媒体,还有一些媒体运营公司、技术服务公司、通信公司等,都签订了有利于彼此新闻传播、技术发展等的协议。随着"一带一路"建设的深化,中央电视台又同沿线国家内部的媒体签订了比较具体的协议,比如,2016 年 10 月 1 日,中央电视台副总编辑张宁与蒙古国 TV5 电视台台长班兹拉格查在蒙古首都乌兰巴托签署了《中国中央电视台与蒙古国 TV5 电视台合作协议》。根据协议,中央电视台与 TV5 电视台将在新闻交换、举办《电视中国剧场》及人员培训等方面开展交流合作。中国媒体与国外媒体签订了具体的协议,使得双方能够准确围绕协议,做好具体的合作工作。

除了上述情况,中国媒体还同国外媒体就举办各类活动签订了合作协议。以由新华社联合世界各大媒体举办的"世界媒体峰会"为例,媒体峰会既涉及通讯社也涉及电视台,既涉及美洲地区的媒体又涉及亚洲、非洲地区的媒体,既涉及大型媒体集团也涉及具体的媒体,这些媒体不仅体制不同,运营模式也

---

① Scott Barrett, A Theory of International Cooperation, http://www.kaynakindir.com/wp-content/uploads/2015/01/A-theory-of-cooperation-in-international-business.pdf.

② 赵鑫洋:《"一带一路"媒体合作的重要意义——2016 "一带一路"媒体合作论坛嘉宾观点摘编》,载《国家治理》2016 年第 28 期。

十分多样。为此,以新华社为代表的媒体在分析这些媒体的共性基础上,签署了关于全球媒体共同应对变革、勇于创新、积极履行社会责任和公益使命等有利于全球媒体共同利益的协议。

(三)进行人员交流,开展具体的战略合作、业务合作、资本合作等

中国各级各类媒体围绕国家签订的、相关部门签订的、媒体与媒体之间签订的各种各样的协议、议定书、备忘录、执行计划等,进行人员交流,执行具体的战略合作、业务合作、资本合作、版权合作等具体事项。

1. 进行人员交流

人员交流是中国媒体国际合作最常见的一种方式。国家与国家签订的文化协议、媒体合作协议以及媒体与媒体之间签订的协议都会特别强调人员交流的问题。这些人员交流既包括高层互访、访问团访问,也包括媒体从业人员交流与培训等。人员交流主要有以下流程(如图4-1所示):

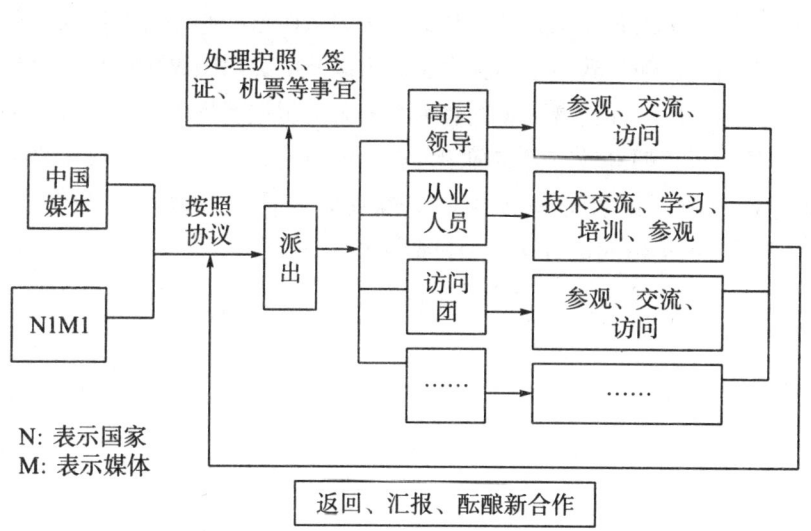

图4-1 中外媒体人员交流流程

中国与世界各国签订的各项合作协议日渐增多,无论是中国媒体还是国外媒体,都需要按照签订的协议督促媒体人员在规定时间内完成各项交流活动。而不管是哪种情况的人员交流,在进行具体的学习、参观、访问、交流之前都涉及办理护照、签证、机票等事宜。因此,做好这些琐事也很重要。以中央电

视台为例，为了适应电视"走出去"工程的大发展，加强新形势下的外事工作，促进外事工作的规范化、服务的一体化，中央电视台理顺了外事部门机构设置，形成了欧美、亚非拉等区域划分，在护照、签证、机票等方面实现"一条龙"服务。2007年，中央电视台根据国务院、外交部有关外事管理规定，制定了《中央电视台外事工作管理办法》，特别是在护照管理上建立了一套完整的归档方式和注册登记制度，使护照签证等外事管理工作步入正轨。同时，实现了将护照、外事管理规章等信息通过计算机网络，面向全台提供有关信息查询服务，大大提高了外事管理、服务的水平。[①] 另外，需要指出的是，按照"情境-模式"媒体国际合作理论所指出的，"单次的合作容易出现背叛的风险，而多次的合作却大大增加了合作的可能"，因此，中国媒体从业人员与国外媒体交流之后，需要回到各自媒体，思考如何开展后续合作。

此外，中外媒体进行人员交流是一项非常具体的、长期的工作，需要双方就人员交流商量好具体交流的人数、时间、地点、主题、内容、形式等。以中美媒体从业人员交流为例，自20世纪70年代中美建交以来，双方人员就一直保持这种合作，进入21世纪以后，这样的合作就更多了。其中，比较典型的要属中国记协、中国香港明天更好基金、美国东西方中心联合组织的中美新闻记者交流项目。该项目致力于加深中美两国以及中美两国媒体的相互理解，并提供六至七名中国新闻记者到美国和六至七名美国记者到中国的机会。中国记者在美国访问华盛顿等城市，美国记者在中国访问北京、香港等城市之后，所有美国记者和中国记者分享经验，交换双方媒体报道如何改进的意见。[②] 2010—2018年中美新闻记者交流项目情况见表4-1：

---

① 赵化勇：《中央电视台发展史（1998—2008）》，中国广播电视出版社，2008年，第403页。
② China-United States Journalists Exchange, East-West Center, http://www.eastwestcenter.org/seminars-and-journalism-fellowships/journalism-fellowships/china-us-journalists.

表 4−1　2010—2018 年中美新闻记者交流项目简况①

时间			内容
2010 年中美记者交流 (2010.09.11— 2010.09.25)	[主题] 加深中美两国以及中美两国媒体的相互理解 [访问城市] 中国：北京、成都、香港；美国：华盛顿、洛杉矶		
	新闻记者名单	中方	Zhu Shouchen，中国记协；常法武，河南日报业集团；Guo Yueling，新疆电视台 11 频道；李文海，邯郸日报；Shi Quangen，上海解放日报报业集团；宗春启，北京日报报业集团；方新建，中国记协
		美方	Jeffrey Chu，Fast Company；Michael Freedman，*Newsweek*；Erica Grieder，*The Economist*；Pia Lopez，*Sacramento Bee*；Doyle McManus，*Los Angeles Time*；Leslie Norton，*Barron's Magazine*；John Schoen，msnbc.com
2011 年中美记者交流 (2011.09.17— 2011.09.29)	[主题] 中国"十二个五年计划"对美国意味着什么 [访问城市] 中国：宁波、北京、香港；美国：旧金山、纽约、华盛顿		
	新闻记者名单	中方	曹焕荣，《人民日报》；陈中华，《大众日报》；王海咏，青海人民广播电台；徐长安，中新社西藏分社；Yu Jiayou，浙江日报业集团；Zeng Qi，中国网；郑雪君，《温州晚报》
		美方	Rob Ballenger，National Public Radio；Patrice Hill，*Washington Times*；Joe Schatz，*Congressional Quarterly*；Kopin Tan，*Barron's Magazine*；David Whiting，*The Orange County Register*；Roya Wolverson，*Time Magazine*；Holly Yeager，*The Washington Post*
2012 年中美记者交流 (2012.11.24— 2012.12.07)	[主题] 美方：新领导下的中国与中美关系；中方：选举后的中美关系 [访问城市] 中国：北京、云南、香港；美国：华盛顿、纽约、芝加哥		
	新闻记者名单	中方	达瓦次仁，《西藏日报》；Gao Fuyuan，《中国改革报》；胡晓丽，上海传媒集团；李雪梅，北京日报集团；孙林，《农民日报》；王世斌，《解放军报》；Zhang Zhixin，河北日报业集团
		美方	Nathan Bomey，*Detroit Free Press*；Autumn Brewington，*The Washington Post*；Janet Cho，*The Plain Dealer*；Juliet Lapidos，*The New York Times*；Tom Waseleski，*Pittsburgh Post-Gazette*

---

① 资料总结自 China−United States Journalists Exchange, The Better Hong Kong Foundation, http：//www.betterhongkong.org/pastevent_detail.php?lang=EN&article_id=136&maincat=2&subcat=2&year=2010；East-West Center, http：//www.eastwestcenter.org/seminars−and−journalism−fellowships/journalism−fellowships/china−us−journalists。中方新闻记者名单中，有部分人名无法查阅到准确中文名字，故翻译时沿用拼音形式。

续表4-1

2013年中美记者交流 (2013.10.26—2013.11.09)	[主题] 新中美关系 [访问城市] 中国：北京、南昌、香港；美国：华盛顿、纽约、西雅图		
	新闻记者名单	中方	陈倩，湖北广播电视台；戴振华，《春城晚报》；段文斌，黑龙江日报报业集团；冯春萍，《中国航天报》；Shang Deqi，《甘肃日报》；Tang Zhengyu，福建传媒集团城市生活广播电台；周迅，光明日报报业集团
		美方	Saeed Ahmed, CNN Digital; Kevin Beesley, National Public Radio; Joshua Keating, *Slate Magazine*; Valerie Volcovici, Reuters; Brian Wingfield, Bloomberg News; Alan Wirzbicki, *The Boston Globe*
2014年中美记者交流 (2014.09.14—2014.09.27)	[主题] 搭建中美沟通的桥梁 [访问城市] 中国：北京、宁夏、香港；美国：费城、宾夕法尼亚、华盛顿		
	新闻记者名单	中方	杜飞进，《人民日报》；伊丽娜，中央人民广播电台；战丽萍，中央电视台；万玛加，青海广播电视台记者；高晓虹，中国传媒大学
		美方	Diane Bartz, Reuters News Agency; Rebecca Davis, NBC News; Marc Stewart, KMGH-TV ABC 7 News; Stephen Stromberg, *The Washington Post*; Alexander Travelli, *The Economist*
2015年中美记者交流 (2015.09.05—2015.09.18)	[主题] 搭建中美沟通的桥梁 [访问城市] 中国：北京、西安、香港；美国：纽约、华盛顿		
	新闻记者名单	中方	赵承，新华社辽宁分社；齐东向，经济日报社；郭惠婷，新疆兵团广播电视台；易博文，湖南日报社；曲歌，江西广播电视台
		美方	Daniel Beekman, *Seattle Times*; Andy Curliss, *The News & Observer*; Carrie Halperin, CNN; Lomi Kriel, *The Houston Chronicle*; Robert Little, National Public Radio (NPR); Sandra Ward, *Barron's Magazine*
2016年中美记者交流 (2016.09.17—2016.09.30)	[主题] 搭建中美沟通的桥梁 [访问城市] 中国：北京、郑州、香港；美国：休斯敦、华盛顿		
	新闻记者名单	中方	吴绮敏，人民日报社；孙晓慧，中国日报社；李艳清，黑龙江广播电视台；王冠芝，陕西广播电视台；黄葆华，武汉广播电视台。
		美方	Jesus Ayala, ABC News; Jake Heller, NBC News; Liz Jones, KUOW Public Radio; Don Lee, *Los Angeles Times*; Elizabeth Ralph, *Politico Magazine*; Jessica Schulberg, *Huffington Post*
2017年中美记者交流 (2017.09.02—2017.09.15)	[主题] 弥合中美之间的理解差距 [访问城市] 中国：北京、西安、香港；美国：底特律、得克萨斯、华盛顿		
	新闻记者名单	中方	吴湘韩，《中国青年报》；梅雪，吉林电视台；Xu Meifang，安徽电视台；Shi Kun，甘肃广电；Liu Fang，湖北传媒集团；Peng yu，《重庆日报》；刘冉冉，《广州日报》
		美方	Karin Caifa, CNN; Robert Chaney, *Missoulian Newspaper*; Evelyn Cheng, CNBC; Oren Dorell, *USA Today*; Alexander Kingsbury, *The Boston Globe*; Michael Stratford, POLITICO

续表 4—1

2018 年中美记者交流 (2018.09.08—2018.09.21)	[主题] 商业与贸易：机遇与挑战		
	[访问城市] 中国：北京、广州、珠海、东莞、深圳、香港；美国：纽约、华盛顿		
	新闻记者名单	中方	刘成安，四川广播电视台；于佳欣，新华社；徐猛，《解放日报》
		美方	Benjamin Bartenstein, Bloomberg News; Adam Behsudi, POLITICO; Mary Childs, *Barron's Magazine*; Alexander Kaufman, *Huffington Post*; William Luckie, KLTV; Mariana Keller, NBC News

从表 4—1 可以看到，中美两国的报刊媒体、广电媒体从业人员的交流，是一种有组织、有目标的行为。双方通过人员交流，促进彼此了解，增进彼此感情，也让这一合作方式维持了数年。此外，媒体与媒体之间点对点的从业人员交流现象很突出。比如，中国《人民日报》与越南《人民报》，新华社与路透社等之间经常进行人员交流，并逐步建立起相关交流机制。

2. 开展战略合作

一方面，中国媒体的战略合作先从公司主动参与战略合作转移到了媒体领域。20 世纪 90 年代，中国京文唱片有限公司与美国著名的环球电影公司、华纳唱片、国家地理杂志等进行长期战略合作。进入 21 世纪之后，这种战略合作也较为盛行，并逐渐转向专业的媒体。2005 年，央视风云与韩国 KBS 电视台签订了战略合作协议，此后便陆续在主持人交流、电视剧合拍、频道合作等方面开展深入交流。中国网络媒体在 2010 年之后，出现了并购及跨行业合作的情况。网络媒体行业迅速整合，为优酷、新浪、腾讯、字节跳动等中国网络媒体参与国际合作提供了机遇。这些网络媒体已与国外媒体形成了战略合作关系。

另一方面，中国媒体也通过"借船出海"的形式进行战略合作。中国大力扶植一些有实力的民营企业，尤其是网媒企业进行全球传播力的提升和打造。东方嘉禾就是其中之一。自 2012 年成立以来，东方嘉禾已与国内上百家视频内容机构签署了海外独家合作协议。东方嘉禾在影视内容的海外推广中，采用"借船出海"的方法，即借助亚马逊、YouTube、Facebook、Twitter、Dailymotion 等影响力巨大且被各个国家高度重视的国际主流新媒体平台走出国门。东方嘉禾同这些知名互联网企业签署战略合作协议，是这些企业在亚太地区的第一家乃至唯一的合作伙伴。① 自加入 WTO 以来,中国媒体与国外媒体或非媒体的战略合作代表见表 4-2。

表 4-2　加入 WTO 以来,中国媒体与国外媒体或非媒体的战略合作(部分)

时间	中方	外方
2002	湖南广播影视集团	星空传媒
2003	上海文广传媒新闻集团	CNBC 亚太
2005	央视风云	韩国 KBS 电视台
2006	东方宽频	美国在线、MSN 中文网
2007	土豆	环球音乐集团
2008	搜狐视频	韩国电讯公司 SKT
	土豆	SonyBMG
2009	浙江卫视	松下电器(中国)有限公司
	上海文广新闻集团	日本软银集团(Softbank)
	搜狐视频	华纳、迪士尼、BBC、FOX、狮门影业、索尼、米拉麦克斯
	芒果 TV	华语卫视(TOM 集团占 60%、时代华纳占 40%)
2010	新浪视频	NBA
	CNTV	三星
	安徽卫视	KBS
2011	优酷	梦工厂、派拉蒙、迪士尼
	爱奇艺	微软
	广西人民广播台	越南广宁电视台
2012	湖南卫视	三星
	爱奇艺	宝洁
	酷 6	YouTube
	CNTV	LG
2013	南方报业传媒集团	《星暹日报》有限公司
2014	安徽卫视	MBC 电视台

---

① 席明月:《整合国际新媒体平台　推动国内视频"走出去"——东方嘉禾的创新实践与发展战略》,载《中国广播电视学刊》2016 年第 2 期。

续表4-2

时间	中方	外方
2015	湖南卫视	狮门影业
	芒果TV	BBC
	中央人民广播电台	韩国SBS
2016	爱奇艺	索尼影业
	芒果TV	美国CAA
2017	TikTok	日本HORIPRO事务所
2018	今日头条	美国BUZZFEED
	TikTok	迪拜伊玛尔EMAAR集团
	芒果TV	中阿卫视
	中央广播电视总台	俄罗斯"今日俄罗斯"
2019	湖南卫视	美国Vainglorious、中东广播中心
	中国国际卫视总台	老挝经济特区
	凤凰卫视	联合国教科文组织
	爱奇艺	马来西亚Astro

从表4-2来看，加入WTO以后，中国更加开放，中国媒体从报刊媒体到网络与新媒体，从单个媒体到媒体集团，都与国外媒体、非媒体机构形成了一定的战略合作关系。这种战略合作有助于双方互派人员、开展具体的业务合作乃至资本合作。另外，中国媒体的战略合作对象多样，有利于中国媒体丰富合作内容、增加合作形式、提高合作水平。

3. 开展多样化的业务合作

前文已述，媒体与媒体的业务合作主要包括落地，交换新闻、节目、电影、电视剧、纪录片，交换版面，联合采访、拍摄、制作、举办活动等形式。虽然合作形式众多，但其主要的合作流程具有一定的共性，中外媒体业务合作流程见图4-2。

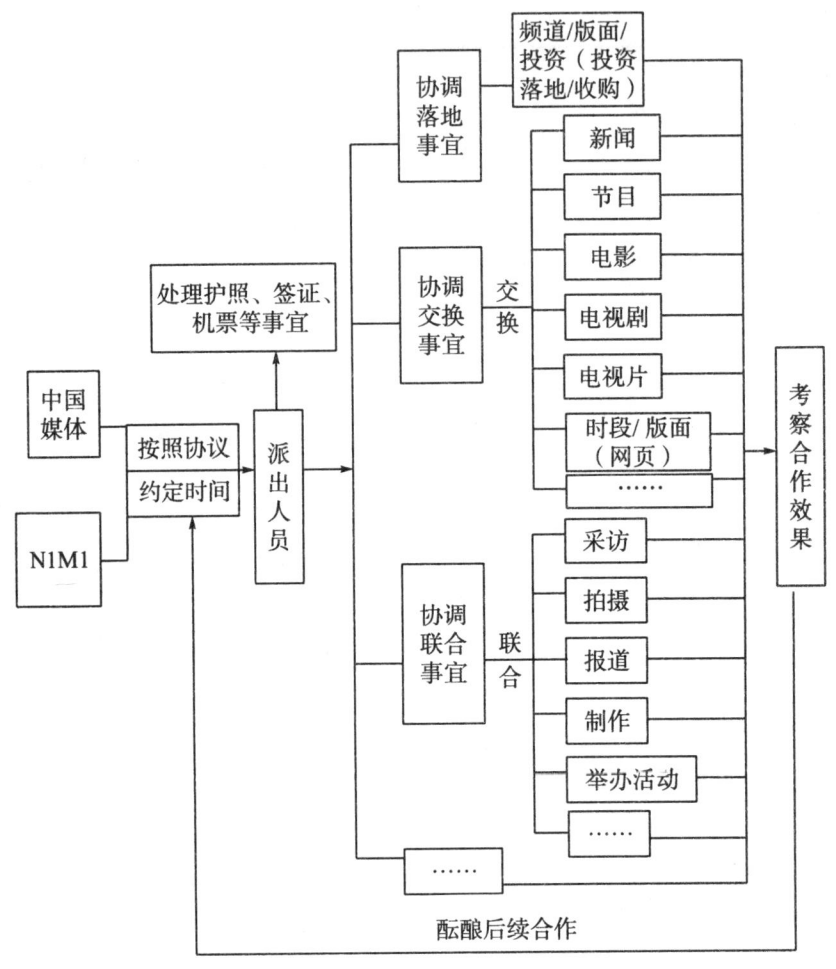

N：表示国家　　M：表示媒体

图4-2　中外媒体业务合作流程图

（1）电视、报刊、网络与新媒体采用不同方式落地。

中国电视频道到国外落地可以采用交换落地的方式，如2002年3月，中国首个境外全新频道——默多克新闻集团旗下的星空传媒，通过广东有线电视系统在广东落地，作为交换，中央电视台英语频道则通过新闻集团的福克斯网在美国播出。另外，落地还可以采用境外代理，即寻求境外合作伙伴，运用商业化运作模式，购买国家城市电台时段播出中国电台节目。事实证明，代理制已成为中国电台尤其是国际台落地工作的有效方式之一。

报刊落地涉及两种情况，一种是纸质版的落地，主要采取与当地媒体合作的方式，如《中国日报》到俄罗斯落地就是与《俄罗斯报》携手共同出版摄影画册。另一种是数字报刊的落地,通常采用代理制,如温州日报报业集团选择欧华时报社作为其"数字报纸"的欧洲代理。

网络与新媒体落地采用三种方法。一是传统媒体设立的网络与新媒体平台采用公司化方式落地,如人民网、央视网、国际在线、新华网、芒果TV/金鹰网、蓝天下等通常采用公司化的形式落地;二是新兴网络与新媒体采用国际化产品落地,如腾讯、搜狐、今日头条(字节跳动)等通常以支持iPhone、Android等多种平台以及多语种切换的国际化产品落地,其中,腾讯的Wechat,字节跳动的TikTok,今日头条的TopBuzz等在海外为大众所熟知;三是直接投资/收购当地媒体及相关产业,如字节跳动2016年10月直接投资印度最大的内容聚合平台Dailyhunt,2016年12月控股印尼新闻推荐阅读平台BABE,2017年11月收购全球移动新闻服务运营商News Republic、Muscial.ly。

(2)报刊交换版面、创办专刊,广播电视媒体交换新闻、节目、电影、电视剧、纪录片和联合采访、拍摄、制作。

报刊媒体常与国外媒体交换版面。这一点在地方报刊体现得较为突出,以《华西都市报》为例,2016年3月21日,该报与韩国第二大报《东亚日报》正式签订合作协议,约定双方在各自的报纸版面和官网每月交换一次新闻稿件、互换4个版面。4月1日,《华西都市报》的"韩国版"创刊号已经正式登陆韩国。① 报刊媒体也通常与国外媒体合办专刊,其典型就是云南日报报业集团与泰国、缅甸、柬埔寨、老挝等八个国家的主流媒体以当地文字合办了《中国·云南》新闻专刊。

中国广播电视媒体常与国外媒体交换新闻、节目、电影、电视剧、纪录片。这种方式是从20世纪50年代开始的。1950年,中央人民广播电台与苏联等国家的广播同行交换了文艺广播节目,这是中国广电媒体合作的开始。直到现在,这种方式依然是中国广播电视媒体国际合作的主要方式。中外双方主要是围绕着签订的具体合作协议在限定的时间期限内将自己具有代表性的新闻、节目、电影、电视剧、纪录片提供给对方。

中国广播电视媒体还与国外媒体进行联合采访、拍摄、制作等。以中俄两国为例,近年来双方经常开展联合采访。2006年,开展了"中俄友谊之旅"大型跨境采访报道活动;2014年,举办了龙江行——中俄主流媒体大型联合采访活动;2016年,启动了以"俄中边界——和平与合作的边界"为主题的

---

① 根据笔者2016年12月31日对华西都市报社工作人员的采访整理。

联合采访活动。

就联合拍摄而言，中外合拍电视剧大致分为两大类：第一类是外方投入资金，中外双方都投入创作力量共同商讨拍摄计划、拍摄统一素材，后期根据统一素材编辑各自所需的节目播出。中央电视台（也是中国电视史上）第一部大型电视系列片《丝绸之路》就属于这种。此后，中日合拍的《话说长江》(1983年)、《黄河》(1988)、《望长城》(1988)，中美合拍的大型卫星传送节目《变化中的中国》和儿童片《大鸟在中国》，中德合拍的《北京——波恩之夜》大型综艺晚会等，都属于这类。第二类是外方提出拍摄要求、投入资金，中方负责提供联络、接待、翻译等服务，即协拍。中央电视台及其控股公司长期与国外媒体合拍影视片。如与奥地利国家电视台合拍了纪录片《天河》《丝路上的秘密》，与澳大利亚野熊公司合拍了《改变世界的战争》《外国人眼中的长征》，与英国狮子公司合拍了《孔子》，与美国PBS、韩国KBS合拍了《地球宝藏》，等等。参与中外合拍的除了中央电视台，中国国际广播电台以及浙江卫视、湖南卫视、江苏卫视、四川卫视等省级媒体在20世纪90年代和21世纪初均有各自的表现。以中国国际广播电台为例，其语言种类繁多、部门齐全，曾与国外媒体合作拍摄了电视剧、纪录片等。在联合拍摄纪录片方面，近年，中国国际广播电台波斯语部与伊朗声像合作组织国家电视台连续拍摄了四集电视纪录片《重走丝绸之路》，希伯来语部与以色列电视台合拍了五集系列纪录片《创新中国》。

就联合制作而言，最为典型的是1990年中央电视台开始同泰国正大集团联合制作了《正大综艺》节目。随着中国广电技术的发展，中外联合制作纪录片、娱乐节目等增多。在纪录片方面，2008年4月，中央电视台控股的中视传媒与英国BBC环球公司联合制作了高清晰电视纪录片《美丽中国》。2015年，中国媒体与美国、新西兰、新加坡、德国等国家的媒体联合制作了纪录片《鸟瞰中国》。在联合制作娱乐节目方面，中国和韩国合作特别多，如《奔跑吧！兄弟》。

(3) 联合举办活动。

联合举办电视周、电影周、音乐盛典、媒体峰会、媒体论坛等活动也是中外媒体合作的常见形式。这些活动可以分为线下活动和线上活动。线下活动开展得较早，以联合举办电视周为例，中央电视台与西班牙国家电视台联合举办了电视周，中央电视台与希腊国家广播电视公司在两国分别举办了中国电视周和希腊电视周。以联合举办盛典活动为例，最典型的是中央电视台与MTV合作举办了音乐盛典。近年来，随着中国媒体的崛起，以中国为主导的媒体活动也开展得较为频繁。如从2009年开始，新华社联合美联社、路透社等世界著名媒体，以各国媒体关注的"合作、应对、共赢、发展"等为话题，召开了世界媒体峰会；人民日报联合"一带一路"国家的主要媒体，以"命运共同体、合作新格局"等为话题举办了"一带一路"媒体合作论坛。线上活动是随着互联网的盛行而发展起来的。以TikTok为例，2018年11月，TikTok与美国著名主持人吉米·法伦（Jimmy Fallon）合作，发起话题"♯Tumbleweed Challenge"，参与人数超过1 040万。①

4. 开展资本合作

中外媒体的资本合作主要体现在双方各自创办媒体公司、广告公司，联合制作电影、电视剧、纪录片、网络视频等方面。在国外，中国媒体与当地媒体及相关企业通过资本合作来创办媒体。除了双方出资，还有一种情况就是出于国家政策限制、经济实力不足、规避风险等原因，需要引入第三方出资或经营。中外媒体资本合作流程如图4-3所示。

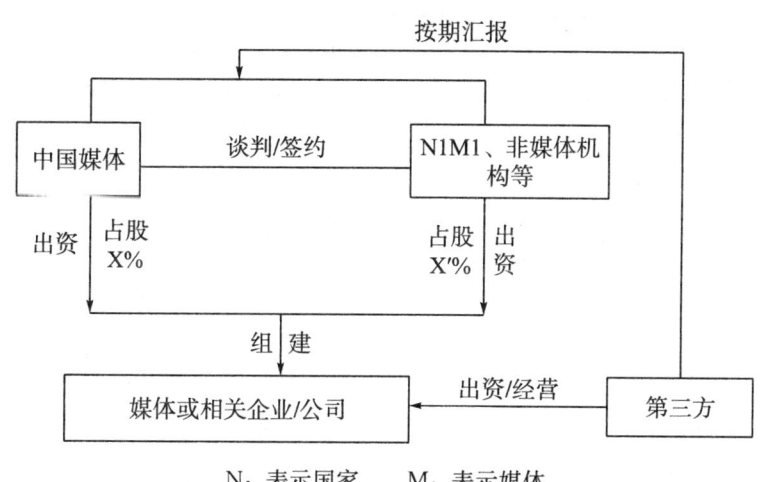

图4-3 中外媒体资本合作示意图

图4-3主要揭示了中国媒体与国外媒体资本合作（股权合作）的大致流程，包括双方为确定各自所占股份而谈判、签约，各自出资组建媒体或相关企业或公司等，以及第三方出资或者聘用先进的人才、采用先进经营管理模式经营并按期汇报工作进展等流程。

---

① 参见《揭秘：TikTok全球化为何"势不可挡"?》，https://new.qq.com/omn/20200803/20200803A045M100.html?pc.

由于各个国家对外资进入本国媒体具有不同的限制,因此,资本合作并非在任何国家都可以开展。中外媒体资本合作一直保持着中方控股51%的底线。中国媒体与国外媒体进行资本合作,常采用控股公司间接合作或引入市场主导企业、公司作为第三方参与合作的形式,合作的领域主要是在非意识形态的产业领域,如联合制作音乐、科技、体育、娱乐等节目。采用第三方参与经营、管理等方式,要求第三方定期向中国媒体与外资方汇报情况,以便调整合作策略。在对外资限制较严厉的第三世界国家,情况也基本如此。

在前述合作过程中,中国媒体呈现出主动与被动合作、先发出招、被动应对以及再次后发主导的特点,但无论主动与被动,先发出招还是后发应对,中国媒体与国外媒体都曾就共同利益选择恰当的合作领域、确定适合的合作内容、找到可行的合作方式,从而开展具体的合作。而在合作中,由于中国媒体与国外媒体在体制上的差异,从业人员思维方式、业务观念的差异,容易产生冲突,导致出现突发状况,因此,中国媒体要预先做好应急预案。

(四) 匹配和协调资源应对突发状况

中国媒体与国外媒体为避免冲突,寻求共同利益而开展多样化的合作。但有时会由于文化差异、观念差异等因素导致出现冲突或者小摩擦,因此,中国媒体积极匹配、协调资源,以应对突发状况。

1. 匹配、协调资源应对在国内合作时产生的突发状况

正如默多克强调文化差异是合作双方必定要面临的问题一样,中国媒体参与国际合作时,无论是人员交流、业务合作还是资本合作,实际操作都是由具体的人员去完成的。而中国媒体人员在文化、观念上与国外媒体人员存在着巨大差异,这种差异容易导致双方的冲突、竞争、摩擦。在国内,中国媒体作为东道主,面对突发状况,通常通过早已做好的应急预案,迅速匹配、协调人力、物力、财力等资源处理、完善。

2. 匹配、协调资源应对在国外合作时产生的突发状况

中国媒体在国外合作时,面临的突发状况与在国内有一定的区别,主要体现在以下三方面。一是中国媒体"走出去"涉及众多媒体从业人员走出去的问题。面对陌生的情境,这些人员对当地语言、风俗、习惯、法律、政策乃至衣食住行方面的不适应,都有可能导致合作中产生突发状况。二是在国外文化背景下,国外媒体对中国媒体的一知半解,国外民众对中国媒体的认知差异等也容易导致合作冲突。三是在具体合作中,物力、财力的匹配度不够,也容易导

致合作中产生突发状况。与在国内合作不同,中国媒体对"走出去"合作更强调预见、评估可能发生的突发状况,始终利用高校新闻传播专家、专门的研究智库、技术团队等分析前述因素引发的突发状况以及其他突发状况,从而匹配、协调人才、技术、资金等资源应对这些突发状况。

第三节　总结、传播并酝酿下一步的合作

"情境－模式"媒体国际合作理论认为无论何种媒体以何种方式参与国际合作,对于合作过程中的经验与教训都要进行总结,并汇报相关情况、传播国际合作过程中的成果。此外,媒体参与国际合作并不是一次就结束了,还需要对下一步的发展做出预判,以便酝酿下一步的合作。中国媒体国际合作的程序亦是如此。

一、总结国际合作的经验

中国媒体参与国际合作,总有一些得失。对这些得失进行反思,并总结经验,为下一次的合作提供一定的模板、范式,十分重要。

（一）检查国际合作结果是否符合标准

中国各级各类媒体参与国际合作,有成功,有失败。中国媒体参与国际合作以来,每次都锁定合作的总体目标、具体目标,而每次合作结束时,中国媒体都能及时去检查合作结果,并对这一结果进行科学评估,看结果是否符合既定目标,是否合乎既定标准。若符合既定目标,有关工作人员就重点将这些合作过程中的具体程序、规范、标准、资源等汇集成册,作为下一次合作的蓝本;若不符合既定目标,中国媒体管理人员、科研人员、实际参与合作事务的具体工作人员则会从国际环境、国内环境、自身水平以及对方要求等方面去考察不符合的原因,并根据这些原因迅速给出改进方案,以便下次合作时不再产生同样的问题。可以说,检查国际合作结果的方式方法,每个媒体都有独特的技巧,但目标都一样,都是为了更加接近国际合作目标,不管这一目标是完成国家目标,还是完成媒体提升自身水平或者获得经济利益等目标。中国媒体在国际合作的未来道路上,需要继续检查国际合作结果是否符合标准,只是在未来检查的标准和方法会发生一定的变化。就方法而言,大数据、算法等现有量化的方式方法以及未来更加先进的手段都将进一步量化具体的人、物、事。

(二) 总结国际合作过程中的经验教训

以会议的形式去检查每次合作过程中存在的问题,并对解决问题的方法做出一定的归纳总结,得出有益的经验教训,对成功的事例做出详细的总结,是一种比较好的方法。无论是吸取教训还是总结成功经验,都是为了更好地进行下一次的合作。这些总结除了以内部资料的方式呈现,还以年鉴、历史著作以及官方网站的方式呈现出来。这方面做得较好的主要是国家级媒体。以中央电视台为例,中央电视台不仅有自己的内部经验资料,还向外部发布了《中央电视台年鉴》《中央电视台发展史》等材料。这些材料对其他媒体起到十分重要的启示作用。另外,中央电视台官网也开辟了专门的"交流与合作"版块,对过去的经验教训做出较为详细的归纳总结。除中央电视台以外,中国国际广播电台、字节跳动等在这方面也做得比较好。

二、传播国际合作的成果

中国媒体参与国际合作,无论存在什么问题、有什么经验、取得什么成果,都及时向有关部门汇报了相关情况,并将这些情况尤其是合作的成果及时告知相关媒体及民众,以争取相关媒体和民众的支持,从而促进下一次合作的顺利开展。

(一) 通过新闻传播的形式及时传播国际合作成果

以新闻传播的形式传播国际合作成果,是最为普遍的一种方法。一是从媒体的特性来讲,媒体所具有的天生的传播功能,自然要将自身的情况及时告知民众,以满足民众的知情权。这一点,国家级媒体都做得比较好,曾以短消息、专题、微信公众号推送、手机锁屏新闻等形式传播了相关合作成果。二是从中国媒体国际合作的对象来讲,也是给对方一种反馈。这对传播信息的语言、方式都有一定的要求,这一点,香港的媒体做得比较好,内地的媒体也正在加强。三是从历史发展的角度讲,今天的新闻就是明天的历史,中国媒体的国际合作以新闻传播的方式传播出去,等到合适的时候去对这些新闻进行总结,自然会形成一部中国媒体国际合作的历史。而这不仅反映了媒体性质的变化、媒体功能的变化、媒体水平的提升、媒体国际合作能力的增强等媒体自身发展变化,更重要的是记录了中国发展进程。

（二）通过展览、展播、文献等形式长期传播国际合作成果

通过展览、展播、书籍等形式长期传播国际合作成果，也是一种重要的方法。首先是通过展览的形式传播。中国媒体与国外媒体合作，涉及高层互访、从业人员交流与培训等人员合作形式，而这些形式都会有一些图片、视频记载，中国媒体相关人员就以展览的形式呈现了这些合作成果。在中国媒体接下来的国际合作道路上，除了实体的展览形式，网络媒体、移动媒体等在线展览形式也逐步发展起来。其次是通过展播的形式传播。中国媒体国际合作还涉及联合拍摄电影、电视剧、纪录片、网络视频等，这些形式在当时就被合作双方或者第三方传播，同时也以电影周、电视周等方式展播。再者是以期刊、书籍、报告等文献形式传播。文献作为长期传播的重要载体，对于长期保持合作成果具有保值、增值的作用。在中国媒体传播国际合作成果的历程中，除了中国国际广播电台利用书籍传播做得十分到位，"一带一路"媒体合作论坛本身作为合作成果，也十分重视成果的传播。2018年论坛结束之后，该论坛就推出了《丝路华章："一带一路"传播及建设成就报告》（中英双语版）。该报告分为《布局谋篇》《寰宇外交》《传播矩阵》《共建共享》4册，其中包含2014年至2017年"一带一路"媒体合作论坛回顾等内容。[①]

三、酝酿下一步的合作

纵观中国媒体国际合作的历史会发现，改革开放后尤其是20世纪90年代末期到现在，中国媒体与任何一个媒体的合作基本保持连贯性，而酝酿下一步的相关合作是保持连贯性的一个基本策略。

（一）酝酿超越此前合作的方式方法

中国媒体与发达国家的媒体的合作，经历了一个从主动学习到被动卷入再到后发主导的过程。在这一过程中，中国媒体常酝酿下一次合作时具体采用什么先进的方式方法。以中美媒体合作为例，中国媒体在20世纪七八十年代主要抱着学习的态度与美国ABC、NBC、CBS、美联社等媒体进行交流，学习其先进制作技术、传播技术、采访报道技术等，而此时，中国有关方面也在思考除了学习，还能进行什么合作。在这一背景下，1972年7月，新华社、中

---

① 《一带一路媒体合作论坛六大成果　故事传开去共识聚起来》，人民网，2018年10月31日，http://media.people.com.cn/n1/2018/1031/c40606-30372371.html。

国新闻图片社与美联社签订了新闻和图片交换协议。这是新中国成立以来中美两国签订的第一份媒体之间的合作协议。这种交换方式的合作又是对以前只是学习经验的一种超越。而20世纪90年代，在美国媒体纷纷涌入中国，与中国媒体开展落地乃至资本合作时，中国媒体逐渐采取"走出去"对等落地或创办媒体的方式合作。进入21世纪，中国媒体采取了积极的态度去酝酿下一步的合作，如中央电视台与新闻集团、维亚康姆集团以及安徽卫视与韩国三大媒体的合作；中国与俄罗斯、法国等国家在举办"中俄文化年""中法文化年"时，中国媒体与这两个国家的媒体从业人员交流、合作举办媒体论坛并开展相关活动。

（二）酝酿超越本次合作的相关方案

中国媒体在酝酿下一步参与国际合作的具体方案中，采用了每年一届、两年一届、三年一届、每年一次、两年一次、三年一次或者五年规划、十年规划等时间概念，同时增加了"国际化""全球化""共同""应对"等全球媒体的共识性概念，以辅助下一次的合作能够做得比本次更好。这一点在中国与国外签订的《文化合作协议》以及执行计划中有所体现，在具体的合作事务中也有体现。以世界媒体峰会为例，2009年，世界媒体峰会在北京举行，新华社李从军社长及相关人员积极思考这个峰会如何保持连续性，如何通过举办相关活动产生更多社会效益。他们特别根据世界媒体的习惯选择了"三年一届"的时间概念，选择了北京、莫斯科、多哈等具有国际化的峰会地点，选择了关于新媒体挑战、关于新闻职业道德等"共识性"主题，选择了举办"全球新闻奖""全球媒体儿童日"等国际性公益活动等系列活动，长期举办该峰会。由于以新华社为代表的中国媒体对时间、地点和主题的准确把握，对后续相关工作的准确预判，世界媒体峰会主席团以及与会媒体数量越来越多。而近年，以人民日报社主导召开的"一带一路"媒体合作论坛也体现出中国媒体能够做好关联行为的具体方案的特点。随着中国对媒体逐渐增加投入，以及中国媒体自身实力的增强，中国媒体在酝酿下一步关联行为方面也将逐渐增强，从而有利于开展好未来的国际合作。

本章小结

"情境-模式"媒体国际合作理论认为，当媒体合作结构形成之后，往往呈现出静态的状态，但是一旦被赋予时间属性和动态属性后，就又呈现出运动状态，而只要运动就会呈现出一定的程序。"情境－模式"媒体国际合作理论将这一程序总结为确定目标、确定标准、明确起点、看清弯路、明确捷径、展开行动、总结、汇报与传播、思考酝酿下一步关联行为。中国媒体国际合作的程序也基本如此。

一是锁定国际合作的目标。中国媒体会根据自身的角色定位来锁定目标。这一角色主要取决于媒体是代表国家利益还是代表自身。代表前者，中国媒体会把目标锁定在传播中国、提升中华文化影响力、提升中国形象等方面；而代表自身，中国媒体则会把目标锁定在追求经济利益、提升自身水平等方面。中国媒体也从媒体结构出发考虑联合体和共同体的"共同利益"。中国媒体国际合作的整体目标，可以说是合作的终点，在围绕这些目标合作的过程中，中国媒体也将这些目标聚焦、细化为更加细分的阶段性目标。

二是确定国际合作的标准。与物理、化学实验或者体育比赛有具体的量化标准不同，中国媒体的国际合作并没有固定的标准，但是可以以发达国家的媒体国际合作的成功经验、发展中国家的优秀媒体国际合作的成功经验作为参照系，并将国际合作的效益、效率、进度等量化，避免出现国际合作中无标准、拖沓等现象。

三是确认国际合作的起点。中国媒体首先明确了自己的准确定位，即既要代表国家利益又要代表自身利益参与国际合作；其次明确了自己的任务定位，即参与国际合作既要代表国家进行传播、宣传，也要逐步实现盈利。在确定任务以后，中国媒体才能以任务为导向去明确资源。这些资源既包括自身的人才、物力、财力、管理、品牌等，也包括中国和合作媒体所在国家内部的政策资源、法律资源、文化资源、市场资源、资本资源等。中国媒体明确定位、明确自己拥有的资源，从而促进了自己根据定位、根据资源去寻找、匹配、协调资源，做好国际合作工作。

四是看清国内外媒体国际合作过程中走过的弯路。中国媒体看清弯路可以减少自己走弯路的机会。中国媒体在国际合作的过程中通常会去反思自己在多年合作历程中的失败案例并审视国外大型媒体集团失败案例、发展中国家媒体跨国经营的失败案例，并习惯结合当下的国际形势、媒体发展形势看清在国内和国外合作即将面临的问题。看清弯路，实际上是为了更好地避免弯路，更快接近目标。

五是明确国内外媒体国际合作的捷径。与发达国家的媒体相比，中国媒体发展相对较晚，因此，发达国家媒体国际合作的成功经验值得借鉴。中国媒体通常会明确诸如新闻集团、迪士尼、维亚康姆等大型媒体集团走过的捷径。同时，中国媒体也会去学习同属发展中国家的印度、泰国等国家的媒体国际合作的成功案例以及中国国家级媒体、地方级媒体比较成功的案例，从而找到适合自己的道路。明确国内外媒体合作成功的经验，有利于中国媒体在新的国际合作事件中，根据需要找到捷径。

六是展开具体的国际合作行动。当中国媒体明确合作对象、明确目标之后，就迅速围绕目标展开了具体的行动。合作并不是立即就能实施的，还要经历多轮的谈判，并就双方达成的共同利益签订保障双方利益的、具有约束力的各种协议、协定书等。中国与其他国家之间签订的各种文化协议、媒体合作协议，以及媒体与媒体之间签订的各种协议，都对中国媒体产生了巨大的约束力。一直以来，中国媒体围绕着这些协议展开了具体的合作，主动参与或者被动卷入具体合作事宜。但是在开展国际合作的过程中，由于差异、冲突，中国媒体与国外媒体容易产生一定的突发状况，因此，中国媒体及时匹配、协调了资源，应对在国内、国外合作时产生的突发状况，从而保证合作的正常开展。

七是总结国际合作经验。国际合作结束以后，中国媒体通常对合作中的成败得失进行总结，检查合作结果是否符合目标、标准，合作中还存在什么问题等。这种长期开展的总结工作，使中国媒体能够更好地应对下一次的合作。

八是传播国际合作的成果。中国媒体通常以新闻传播的形式及时传播国际合作成果，也以展览、展播、书籍等形式长期传播国际合作成果。传播国际合作效果，一方面是为了满足各部门和民众的知情权，另一方面是从历史的角度去记录，以对未来的国际合作产生某种启示作用。

九是酝酿下一步的国际合作或相关行为。在中国媒体国际合作的历程中，中国媒体通常是在开展某次具体的合作时就酝酿了下一次的合作。中国媒体与亚广联、欧广联等国际媒体组织的长期合作就是典型。正是中国媒体自身水平的提高以及国家对中国媒体的推动，中国媒体每一次的合作才有了后续的合作，而不至于失去联系。这也彰显了中国作为一个负责任大国的风范。

总的来说，这九个程序使得中国媒体的国际合作成功较多，最为关键的是使得国际合作呈现出从无到有、从单边到多边、从学习到主导、从被动到主动的特点。而这一过程自然也就呈现出中国媒体国际合作的一些特定模式。

第五章　中国媒体国际合作的模式

"情境-模式"媒体国际合作理论认为，当合作主体与对象及相关元素按照一定的规则形成结构，并按照一定的程序运动，就会呈现出一个比较固定的模式。该理论还认为媒体在不同情境下，角色有所不同，而角色不同，国际合作的模式也就不同。中国媒体国际合作的过程呈现出明显的动力模式、程序模式、周期模式。动力模式源自国家推动、市场需求以及媒体自身的需求。程序模式则源自媒体所处的情境，包括主动先发模式、被动应招模式以及后发主导模式。另外，纵观中国媒体国际合作的历程，由于合作元素质量的上升与下降，又呈现磨合期、蜜月期、平淡期、断裂期等周期模式。

第一节　中国媒体国际合作的动力模式

"情境-模式"媒体国际合作理论认为，合作动力作为基本元素，在推动媒体国际合作过程中起到了十分关键的作用。纵观中国媒体国际合作的历程，无论是与完全商业化运作的媒体合作还是与有限商业化运作的媒体合作，抑或是与双轨制运作的媒体合作，基本上呈现出国家推动型模式、市场导向型模式和媒体自主型模式。中国媒体国际合作动力模式如图5-1所示。

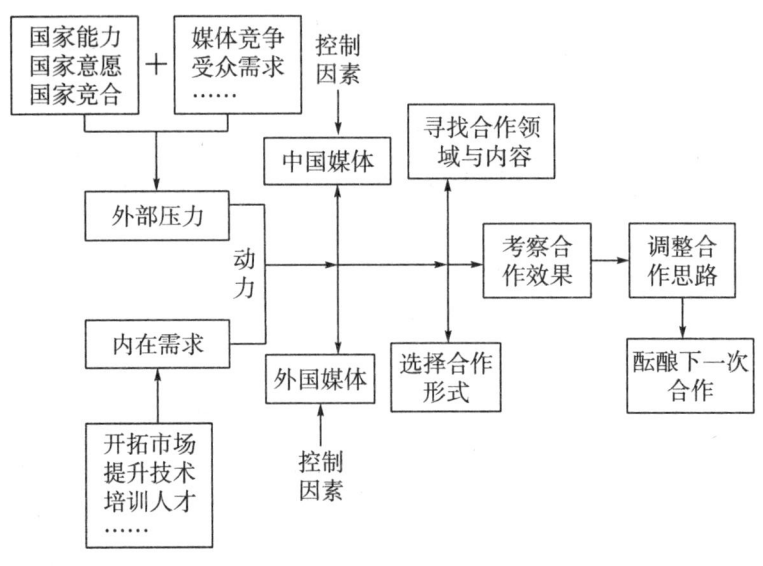

图 5-1　中国媒体国际合作动力模式图

一、国家推动型

国家推动型模式体现出国家因素的影响。西方国际合作理论认为，在国际互动中，国家是一个基本活动主体。国家作为主体，总会根据自身的利益、诉求能动地决定在国际关系中互动的方式、方法。同理，在中国，媒体作为国家向世界传播的重要途径，是否参与国际合作、与谁合作、哪些方面能合作等本质上是深受国家影响的。因此，国家在提升国家能力、在与世界各国竞争与合作的过程中表现出的国家意愿对媒体参与国际合作具有指导性的作用。具体来说，国家推动型模式具有以下特征。

（一）合作动力来自国家意愿

中国在追求军事实力、经济实力等硬实力提升以及文化软实力提升的过程中，对媒体参与国际合作的压力也逐渐增强。中国追求国家能力提升的愿望越强烈，表现出的国家意愿也越明显。除了中国在媒体国际合作中表现出了国家意愿，其他国家对媒体也表现出了强烈的意愿，通过政策鼓励等方式促进其媒体与中国媒体的合作。即使是美国这种媒体完全私有化、商业化的国家，也适时通过宏观调控、政策鼓励等手段促进其媒体与中国媒体的合作。

中国与世界各国在政治、经济、文化、军事等方面的竞争与合作，也表现出了促进媒体参与国际合作的国家意愿。这主要是因为在政治、经贸、文化、旅游、科技、教育、卫生等方面进行合作谈判时，中国与各国将媒体作为谈判的一部分，当中国与相关国家就共同利益谈判成功之后，就会以协议的形式敦促媒体参与合作。一直以来，中国都强调"媒体是拉近中国与世界各国联系的重要纽带，加强媒体合作能够继承和发展中国人民与世界人民友谊"。

中国促进媒体参与国际合作的国家意愿通常通过合作会议、合作协议、政策、文件等形式表现出来。就利用协议推动合作而言，一方面，中国利用政府与美国、俄罗斯、德国、法国、英国、日本、韩国等全球近150个国家签订的文化合作协议等，推动中国媒体与这些国家的媒体在报刊、广播电视等方面开展多样化的合作。另一方面，中国利用政府与一些国家签订的诸如《有关广播电视会谈备忘录》《新闻合作协议》等专门的媒体合作协议，促进中国媒体在广播电视、新闻出版领域进行人员交流、业务合作乃至资本合作。此外，中国也通过专门的媒体管理机构同国外媒体管理机构以及具体媒体签订的媒体合作协定等，敦促中国媒体与这些媒体进行连续的合作。就政策而言，中国着手制定了《关于文化领域引进外资的若干意见》等政策，敦促中国媒体在恰当的媒体产业领域开展适当的资本合作。

中国与各国的互动随着全球战略的变化而变化，而这种变化也成为国家推动媒体国际合作的重要动力。自"一带一路"倡议提出以来，中国与沿线国家的互动在经贸、军事、科技、旅游等领域积极开展，在文化领域的互动也日渐加深。这种互动成为中国媒体与沿线国家合作的重要推动力。为了推动与沿线国家的媒体合作，中国鼓励召开各类媒体合作论坛，搭建交流与合作的平台，促进媒体之间的合作；建立"一带一路"纪录片全媒体国际传播平台，促进沿线国家媒体行业共享纪录片资源、互换节目、开展业务合作。同时，中国也十分重视国际合作的均衡性，推进中国媒体同世界各国媒体开展友好合作。

（二）合作形式受限制

无论中国还是世界其他国家，媒体合作领域并不是在所有的领域都能开展起来的。这主要是由于政策限制。国情不同，对媒体的政策也不同。中国限制外资进入媒体创办领域；印度尼西亚、越南、马来西亚、柬埔寨、朝鲜等国家也限制外资进入媒体创办领域。由于合作领域受到限制，中国媒体国际合作的形式也受到了限制。以20世纪90年代以来，中国广播电视媒体与越南媒体的合作极少涉及资本合作（见表5-1）。

表5-1　20世纪90年代以来，中国与越南在广播电视媒体领域的典型合作

序号	时间	合作双方	具体事项
1	1992	中央电视台、广东电视台、广西电视台与越南电视台	越方来访，双方签订《中国与越南广播电视合作协定》
2	1994	北京电视台、越南河内电视台	越方来访，双方达成北京电视台帮助河内电视台培训记者、编辑人员和技术员，并向其提供"世界看中国"电视节目等协议[①]
3	1997	中央电视台、越南中央电视台	中方访问越方媒体并就业务合作进行交流
4	2001	云南电视台、越南河内广播电台	双方签订合作协议
5	2002	中央电视台、越南电视台	中方访问越方，双方签署《越南有线电视台全频道转播CCTV-4和CCTV-9的合作协议》等[②]
6	2003	云南电视台、越南河内广播电视台	双方合拍大型文献纪录片《两国将军》
7	2004	北京电视台、越南河内广播电视台	中方访问越方
8	2005	云南电视台、越南河内广播电视台有线网	云南卫视的电视节目正式在越南河内广播电视台有线网开播
9	2006	云南电视台、越南河内广播电视台	越方来访，并就业务合作、媒体技术发展、广告等沟通
10	2006	南方卫视、越南西贡有线电视网	南方卫视落地越南西贡有线电视网
11	2007	云南电视台与越南河内广播电视台、越南河内视听公司	三方签署合作协议
12	2008	广西电视台、越南广宁电视台	双方在越南广宁联合举办"中国广西展播周"
13	2008	广西人民广播电台、越南之声广播电台	双方就代表团访问、共同采制节目、交换文化艺术和音乐方面的节目签署合作协议
14	2009	广西电视台、越南胡志明市电视台	越方来访，双方签订合作协议
15	2009	广西电视台、越南数字技术电视台	双方签署电视节目交流协议等

[①] 阮青进：《邦交正常化以来中越两国文化交流研究（1991—2014）》，湖南师范大学博士学位论文，2015年。

[②] 阮青进：《邦交正常化以来中越两国文化交流研究（1991—2014）》，湖南师范大学博士学位论文，2015年。

续表 5-1

序号	时间	合作双方	具体事项
16	2010	广西广播电视台、越南国家数字电视台	中方访问越方
17	2010	中国国际广播电台、广西人民广播电台等中国媒体，越南国家数字电视台等	联合举办"同唱友谊歌"中越歌曲演唱大赛
18	2011	中央电视台中文国际频道、广西电视台、北京电视台、上海电视台等八家电视台，越南广宁广播电视台、河内广播电视台等七家电视台	联合举办"2011聚焦广西—中越友好行"国际电视采访活动
19	2011	广西人民广播电台、越南广宁电视台	双方签署了战略合作协议
20	2011	广西电视台、越南电视台	联合举办"中国越南电视桥友谊之约"晚会
21	2012	广西电视台、越南电视台	越方来访，并签订了合作意向书
22	2012	广西电台与越南广播、越南广宁广播电视台	合办中越双语杂志《荷花》
23	2013	中国国际广播电台、越南之声电台	越方来访
24	2016	广西电视台、越南国家电视台	双方达成联合举办直播晚会、联合制作纪录片等合作共识

　　从表 5-1 的梳理来看，虽然中国国际广播电台、中央电视台等国家级媒体和广西人民广播电台、广西电视台等地方媒体都曾与越南广播电视媒体有过广泛接触，但是，双方的合作主要停留在人员交流、业务合作方面，极少涉及资本合作，也就是说，国家推动的媒体国际合作的合作形式受到一定的限制。

　　另外，国家推动型模式的合作周期阶段性突出。这主要是因为中国媒体的国际合作一方面深受国家关系的影响，另一方面深受合作事件本身的影响。当中国同某个国家关系较好时，媒体合作也随之紧密。这种国家关系的主导与变化，使得双方媒体合作呈现出阶段性特征。同时，合作事件本身的复杂性，使得双方需要根据利益需求而调整合作内容，这样，媒体合作也就呈现出阶段性特征。总的来说，国家推动型模式适用于媒体受国家控制的国家。

二、市场导向型

　　市场导向型模式与国家推动型模式的不同之处就在于媒体的经济属性决定了媒体总会主动参与或者被动卷入竞争，而竞争的目标就是获得更多的市场及经济效益。因此，市场的需求在哪，媒体的国际合作也就在哪。按照西方"受众=市场"的逻辑，受众需求就比较重要了。在市场的导向下，中国市场化程度相对较高的媒体，其主体性就凸显出来，且资本的影响也更大了。

(一) 媒体竞争与受众需求影响更突出

中国媒体与国外媒体的竞争体现在两个方面。一方面，国外媒体进入中国广泛开展媒体活动，导致双方在中国境内竞争。这种竞争虽然很难涉及意识形态领域，但在产业领域的竞争加速推进了中国媒体与国外媒体在中国境内的合作。这正如20世纪90年代，新闻集团下属的星空频道在广东落地不久便实行70%内容本土化，对中国媒体形成强大的竞争压力，因此，中国媒体决定采用集团化方式来抵御这些竞争。这样，中外媒体在中国境内形成了强大的竞争关系。但是，竞争不是主要目的，在竞争中求合作才是关键。因此，从20世纪90年代末至今，中国媒体在中国境内的合作历程中，可以清晰地看到中央电视台、湖南卫视、浙江卫视等媒体与诸如新闻集团、时代华纳等大型媒体集团合作的身影。另一方面，中国媒体尤其是新华社、中央电视台等国家级媒体加快了"走出去"的步伐，导致中国媒体在国外新闻信息的采集乃至产业领域的涉猎对各国媒体形成一定的竞争，也就加速推进了中国媒体与当地媒体的合作。新华社欧洲总分社与当地媒体在新媒体领域的合作就是一例。同时，中央电视台非洲分台与当地媒体在新闻采集方面的合作也是一例。

受众需求推动了中国媒体与国外媒体的合作。首先，受众的信息需求促进了中国媒体与国外媒体的合作。在中国境内的外国受众除了需要了解自己国家的信息，还要了解中国的政治、经济、文化、旅游、教育、科技、医疗、卫生等方面的信息，而在中国境内的中国受众又急切地想要了解世界各国的信息，因此，中外媒体在中国境内开展各项合作常围绕这些需求调整交换新闻的内容。同时，这种需求也促进中国媒体与国外媒体联合拍摄反映各国情况的电影、电视剧、纪录片，或者共同打造节目、版面等。在中国境外的外国受众则更希望了解中国的文化、风景、城市等，[1] 而在境外的中国受众则希望了解中国最新的大政方针、最新动态、娱乐信息，以及如何快速融入所在国社会。[2] 这种需求就促使中国媒体迅速与国外媒体在国外合作或者通过网络与新媒体的

---

[1] 通过笔者对 Intuit 公司 Mark、加州大学圣地亚哥分校 David、Alex 等的采访整理。

[2] 通过笔者对在美国居住的中国公民以及在美国、英国、法国、德国、西班牙、日本、澳大利亚等地的中国留学生的在线访谈总结。前者更希望了解中国的新情况，而后者更喜欢娱乐信息。

形式合作。

其次，受众的信息获取方式需求也促进了中国媒体与国外媒体合作时调整合作方式。长期以来，受众获取信息主要是从传统媒介上，但是智能手机、平板等移动终端出来之后，原子化"受众"逐渐转变为链接式"用户"并习惯于随时随地获得信息，甚至通过彼此的连接和互动参与媒介内容的生产与传播，因此，中国媒体的国际合作也就更倾向于从传统合作方式调整为传统媒体、网络与新媒体合作共存的方式。以中国媒体同美国媒体合作为例，自中美双方在1979年1月31日签订文化合作协定以来，双方在报刊媒体、广播电视媒体方面一直保持着时松时紧的合作。随着移动终端不断更新，加之Facebook、Twitter等社交媒体分别上线，受众就希望从新的传播途径上获取信息。随着受众需求的变化，中国媒体便逐渐调整与美国媒体的合作思路，如中央电视台、湖南卫视、浙江卫视等媒体就积极与Facebook、Twitter合作开通了官方账号，满足受众需求。而用户对短视频的需求又促进字节跳动等媒体与国外媒体及相关品牌合作，传播其所需短视频新闻、短视频搞笑节目、短视频教学节目等。

(二) 市场导向性更强

理解市场导向型模式，首先要了解传媒市场在中国的发展。中国传媒市场的发展与中国特色社会主义市场经济的发展同步。在这一过程中，中国媒体经历了从无经营行为到可以经营再到市场需求直接推动媒体传播满足市场需求的内容、产品等。同时，以传播中国形象为主要任务的中国媒体在国际合作的道路上依然呈现出以市场为导向的特点。这主要是因为，资本的逐利性敦促媒体产业向能够盈利的一面靠近。就广播电视媒体的国内市场和国际市场而言，二者最大的需求依然是电影、电视剧、纪录片。这就导致中国媒体与国外媒体合作时依然是以此为主要方向的。

以纪录片的市场需求带来纪录片产业的发展再推动中外媒体在纪录片方面合作为例，虽然与电影、电视剧的需求相比，纪录片的市场需求相对较少，但是近年来，随着BBC的《地球脉动》《人生七年》、国家地理频道的《子宫日记》、中央电视台的《舌尖上的中国》等现象级纪录片的走红，市场对纪录片的需求日渐提高，纪录片产业的收入也日渐增长。根据《中国纪录片发展研究报告（2019）》，2018年中国纪录片生产总投入为46.02亿元，同比增长16.4%；生产总值为64.45亿元，同比增长接近7%。纪录片的市场需求使中国媒体逐渐意识到纪录片产业的巨大潜力，纷纷寻找国际合作伙伴，其中，与

1997年在英国首播的美国国家地理频道的合作较为成功。除了合资创办节目制作公司，中央电视台纪录片频道、中国教育电视台3台、福建电视台都市频道等31个频道都与美国国家地理频道进行合作，开辟了"寰宇地理"纪录片栏目。中国媒体与国家地理频道除了合作开办纪录片栏目，还联合拍摄了纪录片，前面所说《鸟瞰中国》就是典型。

（三）中国市场化媒体的主体性更突出

虽然从总体上看，中国媒体是以行政为主导的，但是改革开放40多年来，市场化媒体的主体性越来越突出。这主要是因为中国实施了经济体制改革和文化体制改革。

1992年中共中央和国务院发布《关于加快发展第三产业的决定》，将文化娱乐、广播影视、图书出版归属第三产业。2001年中共中央又批转了中宣部、广电总局、新闻出版总署《关于深化新闻出版广播影视业改革的若干意见》，强调要加强党对新闻出版、广播影视业改革的领导，着重在宏观管理体制、微观运行机制、政策法律体系、市场环境、开放格局等五个方面积极探索创新。在这一过程中，中国媒体的所有制形式发生了变化，从单一的国家包办转变为多种所有制形式，媒体的经济属性得以确立。在这样的背景下，盈利就成为媒体尤其是中国市场化媒体的重要目标，而与国外媒体合作引进先进的盈利模式可以实现这一目标。因此，中国媒体国际合作过程中，市场化媒体的主体性也就体现出来。

首先是市场化的传统媒体的主体性体现出来。在报刊领域，《华西都市报》的市场化程度相对较高。一直以来，《华西都市报》都以积极进取的姿态在中国媒体中享有一定的声誉，而其作为地方媒体、市场化的媒体，参与国际合作的思路也日渐清晰，不仅在成都本地与国外媒体在产业领域合作，还积极"走出去"与韩国《东亚日报》开展合作。尤其是2016年开始与《东亚日报》交换新闻、交换版面，使得其在第一个月就增加了可观的广告收入。在广播电视领域，浙江卫视、湖南卫视、江苏卫视、东方卫视、安徽卫视、深圳卫视等媒体的主体性更加明显。这些媒体不仅与美国媒体、英国媒体、韩国媒体，还与泰国媒体等积极开展合作。比如，自2005年以来，湖南卫视与英国广播公司、英国独立电视台、欧洲最大的广播电视公司RTLGroup旗下的子公司FrementleMedia等电视机构展开深度合作，通过购买节目版权和学习节目模式，先后制作播出了《名声大震》《舞动奇迹》《足球小子》《快乐2008》等综艺娱乐节目，掀起了全民狂欢的娱乐浪潮。① 湖南卫视与韩国三大媒体开展多样化的合作，也是成绩斐然。此外，湖南卫视通过与新加坡 StarHub 联合制作的综艺节目《歌手》在中国和新加坡均产生了重要的影响。

其次是市场化网络与新媒体的主体性体现出来。与传统媒体相比，网络与新媒体的市场化更明显。在"二次销售原理"的指导下，追求利润成为其目标，而国际合作就成为一种方式。在中国的网络与新媒体中，搜狐、百度、腾讯微信、新浪微博、阿里影视、爱奇艺、芒果 TV、TikTok 等逐渐开展国际合作。其中，我们可以从 TikTok 的国际合作道路看出端倪（见表 5-2）。

表 5-2　TikTok 国际合作典型案例②

时间	合作方	合作事宜
2018	国际米兰	国际米兰入驻 TikTok，借力全球短视频平台扩大粉丝群。国际米兰在 TikTok 发布足球技术与技巧、比赛集锦、存档录像、幕后花絮、进球庆祝瞬间、球迷精彩视频以及球星特别消息等独家内容
	美国 NBC 电视台知名脱口秀节目《吉米今夜秀》	《吉米今夜秀》入驻 TikTok，扩大影响力。主持人吉米·法伦（Jimmy Fallon）随即在 TikTok 发起名为"tumble weeding challenge（翻滚吧草垛）"的在线挑战，吸引了众多用户参与
	日本最大唱片公司 Avex	形成版权合作，向亚洲用户开放 2.5 万首曲目
2019	环球音乐、索尼音乐、华纳音乐、Avex、TuneCore Japan、153 Joombas Music Group、Amoeba Culture、C-JES Entertainment 等日韩 21 家唱片公司和词曲版权公司	"TikTok Spotlight"音乐人计划，通过 TikTok 平台评选和扶持优秀的独立音乐人，并助力其未来音乐事业的发展
	"电音王子"Alan Walker	在全球 48 个国家和地区发起环保主题的在线挑战活动，呼吁用户关注气候变化，以举手之劳保护地球家园
	印尼旅游部	用短视频呈现"精彩印尼"，主要是通过推出"TikTok Travel"计划，展现印尼的美丽景点
	越南岘港	助力打造全球旅游形象，主要是通过 TikTok 平台推广当地的旅游景点，激发游客创作短视频的热情
	纽约大都会博物馆	用短视频推广文明经典，主要是通过"#Salute To Classics"和"#Met Gala Style"挑战，用短视频的方式重现人类文明艺术经典

---

① 董媛媛：《境外资本进入中国广播电视领域的可行性》，载《青年记者》2010 年第 12 期。
② 字节跳动，https://www.bytedance.com/zh/news.

从表5-2的梳理来看，相比传统媒体，TikTok作为合作主体，其合作对象多样，合作形式丰富。经过一系列国际化道路及具体国际合作，TikTok成绩斐然。到2019年，TikTok已经覆盖全球150多个国家和地区，涉及75个语种。TikTok在日本、美国、泰国、印尼、印度、德国、法国和俄罗斯等地，多次登上当地App Store或Google Play总榜的首位。在苹果公司"2018年度精选榜单（Best of 2018）"的评选中，TikTok位居日本App Store年度热门免费应用榜单的第一名；在Google Play 2018年度大奖评选中，TikTok获得印尼年度"最佳应用"奖项。①

（四）资本合作更多

与国家推动合作相比，在市场导向合作的过程中，资本合作更多。虽然中国对外资进入媒体创办领域有所限制，但是在媒体产业领域的合作过程中，外资的痕迹还是比较明显的。在创办媒体产业公司方面，首先是从非媒体开始的，1980年，国际数据集团（IDG）和电子技术信息研究所分别以49%和51%的出资比例成立了计算机世界传播服务公司，经营《计算机世界》周报，成为国内第一家经国家批准的合资出版公司。② 随着国家政策的允许，中国媒体也逐渐开展资本合作，呈现出多个企业联合与国外媒体合作的情况，部分典型合资情况如下（见表5-3）。

表5-3　21世纪以来典型的中外合资案例③

时间	公司名称	资本构成
2004	中影华纳横店	中影集团、华纳和横店集团占股分别为4∶3∶3
2011	传奇东方	华谊兄弟、美国传奇影业分别持股9.9%和40.1%
2013	东方梦工厂	上海东方传媒集团有限公司（SMG）、华人文化产业投资基金（CMC）、上海联和投资有限公司（SAIL）联合控股55%，梦工厂控股45%

需要指出的是，中外媒体的资本合作主要体现在电影、电视、娱乐等非意识形态领域，且在资本合作过程中，通常为联合投资、利益分成的形式。

---

① 字节跳动，https://www.bytedance.com/zh/news。
② 闻学、肖海林：《境外资本进入中国传媒市场行为、影响与政策》，北京大学出版社，2014年，第15页。
③ 闻学、肖海林：《境外资本进入中国传媒市场行为、影响与政策》，北京大学出版社，2014年，第126页。

三、媒体自主型

与国家推动型模式和市场导向型模式相比，媒体自主型模式强调媒体在参与国际合作过程中的自主性。这种自主性来自媒体自身所拥有的资源及其强烈的需求。

（一）媒体内在需求与拥有资源推动合作

中国媒体内在需求比西方媒体内在需求呈现的时间相对较晚。在计划经济时代，中国媒体收支完全由国家统管统办，产业意识淡薄，无须考虑市场，也没有开拓市场的需求，当时的国际合作在很大程度上是一种政治任务。随着改革开放的日渐深入，中国媒体日渐体现出市场需求，同时，改善技术、提升内容制作能力、加强经营管理等需求也逐渐体现出来，这种动力就推动中国媒体寻求与发达国家的媒体合作。

只有需求，没有资源，便无力实现合作目标。社会学的社会交换理论认为，资源的互换可以促进双方需求的满足，从而获得共同利益。中国媒体所拥有的五千年文化资源以及十几亿人口的市场资源是发达国家媒体的强烈需求，而发达国家的媒体所拥有的先进技术、内容制作模式、经营管理模式、强大的资本规模、著名的品牌资产、优秀的人才资源等又是中国媒体所需要的。这样，双方资源互换，满足各自需求，成为其合作的最大动力。这种现象集中体现在 20 世纪 90 年代至今，包括中央电视台在内的中国各级各类媒体纷纷前往美国、德国、英国等先进国家寻求诸如华盛顿邮报、纽约时报、ABC、NBC 等媒体的合作，同时，这些国家的媒体也陆续涌入中国，与中国媒体开展多样化的合作。而随着 21 世纪全球文化科技以及中国经济迅猛发展，中国媒体也存在完成国家政治目标需求、掌握高端技术需求、培养高端人才需求、发展媒体经济需求等，并且这些需求日渐增强。这也推动着中国媒体加强国际合作。

另外，当中国媒体迅速发展起来时，其拥有的资源又成为欠发达国家的媒体的需求，从而又推动中国媒体主动与欠发达国家的媒体合作。在资源与需求互换之间，中国媒体与世界各国媒体的合作就形成了一个比较稳定的结构，长期开展合作。

（二）合作形式更多样

从中国媒体提升水平等内在需求来讲，中国媒体在参与国际合作的过程中，与发达国家的媒体进行从业人员交流与培训较多。比如，2009 年江苏省广播电视总台组织52名中高层管理人员和业务骨干参加美国哥伦比亚大学举行的为期12天的媒体管理高端培训。2010年，以市县级广播电视业务管理人员为代表的浙江广播电视业务管理培训团一行18人赴密苏里大学培训。其间，培训团一行主要听取了美国电视媒体概况介绍，听取了电视产业媒体融合与新媒体发展战略、传媒整合营销与品牌管理、娱乐节目对电视的影响、广告销售与市场、KOMU电视台的运营和管理等5个专题讲座，实地考察了KOMU电视台、ABC电视台"早安美国"早间新闻栏目、CBS电视台新闻秀节目制作等主流媒体，并与之进行了广播电视业务交流。除了走出国门参加培训，在国内也有这样的交流机会。2010年8月，来自美国CNN、ABC等媒体以及密苏里新闻学院的四位资深专家来到江苏省广播电视总台，为其员工进行培训。参训人员约120人，主题为"挑战、变革与创新"。[①]

从中国媒体拥有的资源来讲，一方面，随着中国媒体逐渐成长，其在媒体技术方面、内容生产与制作水平方面逐渐具有优势，因此，中国媒体常与欠发达国家的媒体合作，向他们提供帮助。比如，2004年8月，举办了第一期非洲国家政府官员新闻研修班；2007年5月，举办了广电新闻采编研修班。除了培训班，中国媒体也通过人员交流活动帮助欠发达国家的媒体人员提升业务水平。另一方面，中国媒体所拥有的文化资源、历史资源、市场资源又促进了自己与发达国家的媒体开展版权合作，如联合拍摄电影、电视剧、纪录片以及资本合作。总的来说，中国媒体自主合作型的合作形式十分多样化。

（三）合作成果更明显

媒体自主合作形式多样，每一种合作形式都有一定的合作成果。就中国媒体提升自身水平而言，中国媒体无论是在媒体技术与设备方面还是在媒体内容制作水平方面，无论是在创意层面还是在经营管理层面，都得到了提升。以电视媒体为例，浙江卫视凭借与韩国媒体合作的《奔跑吧！兄弟》《爸爸回来了》等节目跻身中国媒体收视率前列。而湖南卫视凭借与美国媒体、英国媒体、韩国媒体等媒体的合作提升了自己的创新能力，近年来，推出的《一年级》《旋风孝子》《歌手》《乘风破浪的姐姐》等节目，深受观众欢迎。另外，以人民日报社为主导的"一带一路"媒体合作论坛也形成了多项成果，仅2018年就形成了诸如"看丝路、跨境联动、筹备'5年看丝路'联合采访""奖传播、面

---

① 《中国广播电视年鉴》编辑委员会：《中国广播电视年鉴（2011）》，中国广播电视年鉴社，2011年，第152页。

向全球、拟评国际传播'丝路'奖""推研修、高端培训、筹办国外媒体高管研修班""设基金、培养人才、将设一带一路媒体留学基金""建智库、中外联动、成立国际问题研究中方专委会""编文献、凝聚共识、推出《丝路华章》中英双语版"六个方面的成果，这些成果对人民日报社以及中国媒体都有一定的推动作用，促进后续合作。[1]

就促进中外媒体相互交流而言，一方面，中国媒体"走出去"逐渐增多，如中国国际广播电台、中央电视台等国家级广电媒体在国外的分社、分站、记者站以及相关机构日渐增多，浙江卫视、江苏卫视、湖南卫视、华西都市报社等省级媒体在国外的合作也增多。另一方面，国外媒体也获得了明显的成果，如在与中国媒体合作过程中，发达国家的媒体提高了在中国的知名度。以ESPN在中国与中国媒体合作为例，自1994年上海有线电视台与ESPN合作以来，开始注重受众需求、关注收视率、关注广告收入的20多家有线台与ESPN展开合作。双方最初采取的合作方式为地方有线台用跟片广告时段与节目提供商交换节目。比如60分钟的节目，若按照10%的广告比例，则有6分钟的跟片广告时间，那么，在地方台播出ESPN的节目时，地方台会将其中的3分钟分配给节目提供者ESPN，让他们通过卖广告获取收益。因为提供的节目数量较大，ESPN与有线台的合作采取了年使用费加跟片广告的交易方式。[2] 通过这种合作，地方有线台扩大或维持了自身体育频道的节目，而ESPN在中国国内体育受众心目中的影响则日益扩大，且其品牌形象在中国得到了极大的提升。此外，BBC与中央电视台和CTV的首次合作也打开了其在中国区工作的新局面，不仅在中国成功进入了北京电视节，还陆续与搜狐等互联网公司签署了在中国的首份数字内容协议。而欠发达国家的媒体在与中国媒体合作的过程中，也逐渐丰富了媒体传播内容，更新了媒体的硬件技术，提升了软件实力。

第二节　中国媒体国际合作的程序模式

囚徒困境理论认为合作势必存在一方首先行动，另一方根据其行动做出反应并紧随其后，双方如此不断循环。"情境－模式"媒体国际合作理论认为媒

---

[1]《一带一路媒体合作论坛六大成果　故事传开去共识聚起来》，人民网，2018年10月3日，http://media.people.com.cn/n1/2018/1031/c40606-30372371.html.

[2] 谭康：《ESPN何以败走中国——ESPN淡出中国媒介市场的原因分析》，载《电影评介》2007年第17期。

体国际合作也是如此,势必存在一方出于需求、目标等因素主动出击,而另一方被动迎战的问题。中国媒体的国际合作也大抵如此。中外媒体能调整自身适应对方媒体的实际或预期偏好,从而参与具体合作实践,核心动力实际上是由需求与资源决定的。当合作一方需求十分旺盛时,其行为也就相对主动,反之亦然。中国媒体开展国际合作的过程中,在不同的时期,面对不同的合作对象,针对不同的合作事项,由于不同的需求推动,呈现出主动先发模式、被动应招模式以及后发主导模式。

一、主动先发模式

主动先发模式指的是中国媒体面对一定的合作对象,针对一定的合作事项,更主动地去寻求合作。这一主动先发的状态主要取决于媒体内在的需求,需求越强则越主动。具体来说,主动先发模式具有以下特点。

(一)中国媒体需求导向明显

中国媒体参与国际合作大抵因为媒体提升能力需求、完成国家战略发展需求而采取主动先发的模式。与发达国家的媒体相比,在新兴技术没有发展起来以前,中国媒体在媒体技术、内容制作、经营管理等方面都相对落后,因此,中国媒体向发达国家的媒体学习提升媒体技术、制作水平、经营管理能力的需求逐渐增长,需求增长就促使中国媒体围绕签订的协议主动出击,推动合作顺利开展。以中美媒体合作为例,自中美两国政府签订文化协定以来,双方围绕这个协定又签订了相关的年度执行计划以及专门的新闻合作协议。围绕这些协定、计划、协议等,一方面,中国的新闻出版媒体、广播电视媒体、网络与新媒体等主动从团队中选拔优秀人才前往美国《华盛顿邮报》和《纽约时报》等报刊媒体及其网络与新媒体平台,CNN、PBS、FOX等电视媒体及其网络与新媒体平台,哥伦比亚大学新闻学院、密苏里大学新闻学院等美国著名新闻院校学习、考察、培训,学习其先进技术、理念,提升自身媒体水平。另一方面,中国媒体主动与美国媒体商量对等落地策略,实现媒体落地。除了主动与美国媒体合作,中国媒体也主动同英国媒体、德国媒体、法国媒体、日本媒体、韩国媒体开展合作。

随着中国经济崛起,中国媒体的实力也在增强,但是,面对西方国家媒体构建的强劲全球传播系统,中国媒体总难以即时向世界传播真实的自己,因此,中国媒体向世界传播中国、完成国家战略发展的需求也逐渐强烈,继而主动与西方国家的媒体合作,提升自身国际传播水平,树立好中国形象。另外,在中国崛起的过程中，周边国家与中国有时会存在摩擦。面对这样的情况，中国强调"要本着互惠互利的原则同周边国家开展合作，编织更加紧密的共同利益网络，把双方利益融合提升到更高水平，让周边国家得益于我国发展，使我国也从周边国家共同发展中获得裨益和助力"。同时，近年来，中国在推动对外传播"走出去"工程的过程中，在战略部署和实际操作层面过度关注欧美中心的目标市场和受众，忽视了与我国具有特殊地缘政治意义的一些周边国家和发展中国家进行有效的沟通和互动。① 基于此，中国媒体主动出击，与周边国家开展多样化的合作。除了中央电视台、中国国际广播电台等国家级媒体，广西人民广播电台、广西电视台、南宁电视台、云南电视台、云南日报报业集团等地方媒体也充分发挥主体性，主动与周边国家媒体寻求合作。另外，随着"一带一路"建设的深化，中国媒体也主动出击与沿线国家的媒体进行人员交流，开展业务合作乃至资本合作。

（二）非营利性合作突出

在中国媒体主动出击进行的合作中，非营利性的合作更突出。这主要表现在两方面。一方面，中国媒体与发达国家的媒体进行访问团互访、人员技术交流、从业人员业务培训等，较少涉及营利活动。另一方面，中国媒体向周边欠发达国家的媒体提供技术援助、设备维护，与周边国家媒体联合举办电视周、电影展等非营利性的活动，与周边国家媒体联合举办跨国春晚，与周边国家媒体联合直播等。此外，中国媒体开设媒体技术培训班、内容制作培训班、经营管理培训班等，与周边国家媒体加强交流学习。这些合作方式也较少涉及营利。

二、被动应招模式

被动应招模式指的是在国外媒体主动出击的过程中，中国媒体被动地与其合作。一方面，发达国家的媒体的全球化战略来势汹汹，主动出击，导致中国媒体被动卷入。另一方面，欠发达国家的媒体提升能力需求旺盛，主动出击，导致中国媒体被动卷入。中国媒体被动应招并不是说中国媒体就落后，只是说在合作过程中，由于合作对象主动出招，中国媒体在程序或角色上处于相对被动的状态。

---

① 史安斌：《论我国对外传播事业的"短板"与国际新闻传播人才培养模式的创新》，载《新闻界》2012年第14期。

（一）发达国家媒体主动出击而中国媒体被动应招

美国、英国、德国、日本、韩国等国家的媒体相对较发达，面对国内逐渐饱和的传媒市场，其进军全球市场的需求日渐增长，因此，这些国家的媒体多次主动前往中国、印度、泰国等国家探寻合作之路。而其中，中国所拥有的巨大文化市场几乎吸引了所有发达国家的媒体。因此，发达国家的媒体一旦与中国达成各种合作协议，就十分主动地推进合作。其中，比较典型的要数国际大型媒体集团，他们不仅主动在中国设立办事处，还迅速组建熟知中国市场的媒体人员队伍，推进与中国媒体的合作。比如，迪士尼早在20世纪80年代就主动与中央电视台合作，向中央电视台提供每晚30分钟的《米老鼠与唐老鸭》，90年代又以世界著名的体育比赛内容与中国30多家电视台合作。2002年，迪士尼又与香港电视广播公司联合制作《周六迪士尼》节目。近年来，迪士尼又在中国上海大展拳脚。

国外媒体来势汹汹，使得中国媒体在一定程度上被动卷入。发达国家的媒体提出在中国落地，中国媒体被动选择恰当的对等落地方式。发达国家的媒体提出交换节目、影视、版面、时段，以及联合采访、拍摄、制作、举办活动等，中国媒体就被动地选择合适的合作形式。在这一过程中，国外媒体借助中国媒体平台大肆输出其影视、娱乐、动漫、游戏等，而中国媒体的内容对外传播却欠佳。这样，中外文化的交流就出现了不平衡现象，甚至中国传统文化受到一定的侵袭。流行于中国的美国文化、英国文化、日本文化、韩国文化等在一定程度上导致了中国文化接受的流失，形成了"文化霸权""文化帝国主义"。

（二）欠发达国家媒体主动出击而中国媒体被动应招

欠发达国家的媒体希望尽快通过人员交流、举办培训班、联合制作等形式提升自身水平，从而主动出击。诸如老挝、柬埔寨、越南、吉尔吉斯斯坦、土库曼斯坦、塔吉克斯坦、格鲁吉亚、巴基斯坦等众多国家的媒体一心想获得技术支援，提升自己各方面的能力，因此，在与中国媒体达成合作协议之后，这些国家的媒体通过代表团访问、参与中国举办的人员培训和技术培训研修班、与中国联合拍摄等方式主动推进合作。面对这样的情况，中国媒体也就相对被动地参与具体合作事项。以越南为例，自中越双方1992年首次签订文化协定以来，越南就主动派出越南记协代表团访问中国，加强交流与沟通，其中，仅在1993年到2000年之间，越南《人民报》与中国《人民日报》之间人员的互访就达数十次。而越南媒体为了提高技术水平，更多次主动提出希望中国举办媒体培训班，参与培训。面对如此情况，中国媒体开设了广电人才培训班、经营管理人才培训班等，辅助其媒体的发展。近年来，东盟国家在新媒体技术方面的需求日渐旺盛，希望与中国媒体加强合作，基于此，中国媒体举办了"2016新媒体与广播电视技术高级人才培训班"等。

在欠发达国家的媒体主动出击而中国媒体被动卷入合作的过程中，中国媒体也在反思自己存在的问题，逐渐调整合作方式和方法，提升国际合作水平。如广西媒体和云南媒体同样是与周边国家合作，但是广西媒体在针对周边国家合作过程中更强调掌握周边国家语言对合作的重要性，因此，其对外语言传播能力也就在一定程度上提高了。

三、后发主导模式

后发主导模式指的是随着中国媒体不断发展，集聚了一定的经济实力与媒体技术，在国际合作中逐渐占有主导地位。这与中国媒体的经济属性、媒体技术不断增强有着密不可分的关系。具体表现如下：

（一）在媒体产业合作中占主导

中国媒体厚积薄发，与国外媒体在产业方面的合作中主导性更强。这与全球文化产业大发展有极大的关系。进入21世纪，经济全球化、文化全球化已成大势。全球发展文化产业的国家更多，文化产业门类更多样，文化产品既有戏剧、电影、电视剧、报刊、动漫、游戏，又有体育产品等。全球文化产业的发展也迅速席卷了中国。中国陆续制定了《关于加强文化产品进口管理的办法》《关于文化领域引进外资的若干意见》《关于非公有资本进入文化产业的若干决定》《关于深化文化体制改革的若干意见》《中共中央关于深化文化体制改革 推动社会主义文化大发展大繁荣若干重大问题的决定》等若干政策，促进文化产业的发展，而文化产业的核心——媒体产业也迅速发展起来。

中国媒体产业迅速发展的过程中，资本的逐利性使得媒体努力开拓市场。这一市场包括国内市场和国外市场。在开拓国内市场方面，中国媒体尤其是省级电视媒体大力进行体制机制改革，充分与国外媒体在电视产业合作，并且逐渐体现出主导性。以浙江卫视为例，近年来，该台为了在综艺节目领域开拓市场，一直与韩国媒体有着版权引进、人员交流等方面的合作，并随着自身逐渐壮大，开始突破传统的合作模式。浙江卫视在与韩国KBS电视台及KOEN MDDIA制作公司合作《爸爸回来了》时，虽然邀请了韩方人员参与创意、设计,但不管是资金还是技术,不管是前期摄像还是后期剪辑,浙江卫视节目中心都占据着主导位置。在开拓国外市场方面,中国媒体与国外媒体合作更具有竞争力。以央视控股的 CTV 为例,其在与 BBC 合作《美丽中国》的过程中,将投入资金确定为联合投资,并负责所有拍摄许可证明、前期调研、与英方沟通确定拍摄计划和脚本,负责国内拍摄的陪同和服务、中国版的改编,负责中国区的销售和播映等工作。[1] 这一次的合作,改变了中国媒体多年来与国外媒体合作时总是协拍的地位,中国媒体真正成为主导。除了在影视产业、纪录片产业领域,中国媒体与国外媒体尤其是欠发达国家的媒体在出版产业领域的合作中也常常占据主导地位。

(二) 在非营利性合作中占主导

在梳理中国媒体国际合作的结构时,本书就指出,中国媒体与国外媒体在合作过程中形成了非营利性共同体。非营利性共同体开展合作时,中方通常占主导地位,这与中国媒体的"大国意识"密不可分。以"一带一路"媒体合作论坛为例,该论坛由人民日报社主办,以"命运共同体,合作新格局"等为主题,联合"一带一路"哈萨克斯坦、巴基斯坦、俄罗斯等沿线众多国家的媒体以及相关企业商讨媒体合作、经济发展、区域合作等问题。人民日报社已经主办该论坛四届。其中,2016 届主要商讨"一带一路"倡议下的区域定位与产业布局、新媒体对传统媒体的传承与创新、新媒体技术对新媒体发展的动力与张力等问题,起到了重要的承前启后作用。在这四次论坛中,人民日报社的主导地位得到了充分体现,不仅为沿线国家的媒体合作搭建桥梁,还为沿线国家的企业开展合作提供平台。另外,为了解决沿线国家媒体合作中的语言差异问题,人民日报社自主研发了智能语言翻译系统。由此可见,人民日报社在非营利性合作中占据了主导地位,并站在了一个负责任的大国媒体的层面,为全球媒体事业做贡献。

(三) 在"走出去"合作中占主导

随着中国媒体技术水平的提高以及产业领域营利能力的增强,中国媒体的能动性也逐渐增强。这与中国崛起需要建立全球传播体系有着密不可分的关系。中国媒体借着国家"走出去"与"引进来"的政策变得十分主动,而近年来,中国媒体在"走出去"过程中也逐渐体现出了主导地位。以新华社为例,

---

[1] 冯欣:《〈美丽中国〉全案研究》,载《中国电视(纪录)》2012 年第 8 期。

自 20 世纪 50 年代中央领导决定将新华社建设为世界性通讯社开始，新华社就陆续向世界进军，至今，新华社已在世界各国建立了 107 个分社。为了主动与当地媒体合作，新华社加快自身建设速度，研发了"新华社发布"和"新华欧洲"客户端、"新华欧洲"屏媒等，为世界各地的媒体提供即时有效的新闻产品。这种新型的信息提供方式，得到了比利时、英国、法国、德国、奥地利、希腊、西班牙、意大利、芬兰、拉脱维亚等众多国家媒体的支持与合作。① 在其与英国部分媒体、意大利部分媒体合作中，中国媒体也占有一定的主导地位。除了国家级媒体，云南日报报业集团、广西电视台等地方媒体在"走出去"合作中也占主导地位。此外，中国媒体由于在技术、内容制作、经营管理等方面都占一定优势，在与欠发达国家的媒体进行人员交流、业务合作以及资本合作时，也体现出了主导性。

第三节　中国媒体国际合作的周期模式

"情境-模式"媒体国际合作理论指出，合作元素质量的上升与下降导致国际合作系统存在周期。在中国媒体国际合作的过程中，随着合作动力、合作主体、合作对象、合作形式等元素的质量不断提高，媒体间的合作呈上升状态，因而合作周期就呈现出从磨合期到蜜月期的状态，而这些元素质量不断下降，媒体间的合作就又呈下降状态，进入平淡期。当这种下降突破临界点时，中国媒体的国际合作就进入断裂期。

一、磨合期

磨合期原指机械内部各个零部件运行初期相互接触、摩擦、咬合的过程。如今，磨合期通常用来表述事物或组织内部各要素运作时，相互熟悉、调适的情况。基于此，磨合期模式也就指中国媒体与国外媒体在合作初期，处在相互磨合的状态。其特点表现如下：

（一）双方差异明显

从中国媒体国际合作的整体来看，当中外双方决定合作时，双方政策的磨合使得进度较慢。而从具体的合作事项来看，中国媒体一旦与国外具体的媒体

---

① 张云龙、帅蓉：《外宣媒体海外融合之路初探——以新华社欧洲总分社为例》，载《对外传播》2015 年第 9 期。

决定合作，形成联合体或者共同体，双方就会派出事先约定的人员从事具体的合作工作。但是，中国媒体从业人员与国外媒体从业人员存在着明显的语言差异、业务素质差异以及理念差异等。在合作初期，这种差异明显，处理不好会使双方产生冲突。一旦产生冲突，合作进行下去就比较难了。因此，在合作初期，双方为避免由于差异带来的冲突，慢慢磨合、缩小差异，从而完成合作事项。

（二）合作进度缓慢

从整体而言，中国媒体与国外媒体约定的合作由于政策磨合、体制机制磨合、人员磨合等因素，各种合作事项进度较慢。比如，广西作为唯一与东盟各国海陆连接的省份，早已与各国开展多方面的合作，但是，双方政策磨合时间长导致了广西与东盟媒体合作的形式还比较单一，大多停留在业务交流和资源交换上，还没有完全进入资本合作、资源与利益共享的层面。从联合体、共同体具体的合作事项来说，一方面，约定好的人员交流、业务合作、资本合作等由于双方政策不到位、技术不到位、人员不到位，而合作进度减慢；另一方面，业务合作过程中，政策、技术、人员都到位，但是具体工作人员由于语言障碍、沟通障碍、业务观念差异等不断磨合，导致合作进程较慢。

中外媒体呈现出的差异导致了合作进度缓慢，但是无论是中国媒体还是国外媒体，都试图通过政策驱动、开设奖项等方式促进彼此消除差异、障碍，从而按时完成合作事项。在这一过程中，各元素质量也就呈现出不断上升的趋势，从而进入蜜月期。

二、蜜月期

蜜月期模式从整体上讲主要指由于国家与国家之间、政府与政府之间关系密切从而制定政策，提供资金、技术、人才等推动双方合作；就具体的合作事项而言则主要指中国媒体与国外媒体解决了语言、思想、文化差异问题之后，相互理解意图，高效完成合作事项的情况。具体表现如下：

（一）国家关系影响较大

国家关系作为推动中国媒体国际合作的动力，对中外媒体进入合作的蜜月期起着关键作用。最为典型的就是中苏媒体的合作。早年，中苏关系密切时，中苏双方从中央到地方都积极推动媒体合作，因此，中苏媒体从业人员交往密切，新闻、节目、版面交换频繁。仅在广播电视方面，1954年，中国第一个大型广播代表团前往苏联访问。第二年年底,苏联广播工作者回访。1961 年,苏联广播电视代表团又访问了中国。这在当时来说,还是比较罕见的。此外,中美关系时而密切时而敌对,中美正式建交后,双方各自制定了有利于双方进行媒体合作的政策,媒体合作也就逐渐开展起来。随着中国正式加入 WTO,中美媒体合作也进入蜜月期,仅在广播电视领域,中美媒体的合作就超过了中国媒体与其他国家媒体的所有合作。而近年来,在"构建新型大国关系"的引导下,中美在各方面的交流合作更多。在 2011 年网络媒体合作盈利的前五十强中,共计 110 项,而美国的资本就占到了 83 项。处在蜜月期的中美媒体的经济收入也获得了井喷式的发展。

近年来,中越关系时有摩擦,但是整体而言,双方还是趋于平稳,因此,中越两国的媒体合作也较为紧密。其中,既包括国家级媒体,如中央电视台与越南中央电视台的合作、中国国际广播电台与越南之声广播电台的合作、新华社与越南国家通讯社的合作、《人民日报》与越南《人民报》的合作,又包括地方媒体,如南方卫视与越南西贡旅游有线电视公司的合作。此外,同样是在"构建新型大国关系"的引导下,中俄在各方面切实合作,使得中俄媒体进入合作蜜月期。

(二)各元素全面运转

与磨合期各元素相互适应不同,蜜月期的各元素全面运转。从中国媒体国际合作的整体而言,一是合作动力元素全面运转,其中,国家意愿表现得特别明显。二是合作主体元素全面运转,既有国家级媒体也有地方媒体,既包括行政主导的媒体也包括市场主导的媒体。三是合作对象全面运转,既包括发达国家的媒体也包括欠发达国家的媒体。四是合作领域全面运转,除在中国创办媒体难以实现以外,其他领域都有涉及。五是合作内容全面运转,既包括电影、电视、纪录片,也包括版面等。六是合作形式全面运转,既包括战略合作、人员交流、业务合作,也包括资本合作。七是合作效果逐渐呈现,既有国家层面的效果,也有媒体层面的效果。

(三)合作效果较好

就中外两个具体的媒体合作而言,处在蜜月期的双方,各元素全面运转会促使产生良好的合作效果。以浙江卫视与荷兰 Talpa 公司合作为例,当二者处在蜜月期时,无论是作为主体的浙江卫视还是作为合作对象的荷兰 Talpa 公司都积极为对方出谋划策,二者围绕《中国好声音》曾多次交流。处于蜜月期的双方，从2012年到2015年连续开展了四次紧密合作，且首次合作就让浙江卫视获得了10亿元的广告收入。再以网络与新媒体方面的案例为例，当中美两国关系较好时，TikTok和美国的媒体、主持人等合作都较好，其应用程序下载量居高不下，并且单月活跃用户能达到1亿人次。《纽约时报》2019年5月撰文称，"在移动互联网融入日常生活的时代，TikTok已经成为了解美国'三百六十行'职业的窗口"，"TikTok是现存唯一令人愉悦的社交网络"。[①]由此可见，处在合作蜜月期的双方都比较满意。

三、平淡期

平淡期模式指的是由于中国媒体国际合作各元素质量开始逐渐下降，国际合作呈现平稳发展的状态。平淡期模式主要强调两种情况：一是中国与各国关系正常开展，其媒体合作也就开展得比较平稳。二是中国媒体与合作媒体由于国家推动未能增强或者减弱以及从业人员的沟通已经相当熟练，按部就班地继续开展常规合作。前者集中体现在多年来，中国与发展中国家保持着互帮互助的良好关系，其媒体合作也按部就班地进行着。后者集中体现在建立了长期合作关系的联合体方面。自20世纪90年代开始，山东广播电视台就与欧洲影响较大的德语媒体——德国巴伐利亚州广播电视台建立了合作关系，而今，双方已保持了近20年的合作和友谊。在双方合作期间，由于各种元素没有变化，所以，双方就一直保持着互派记者访问、学习、交流，联合制作系列片（如《中华美食》），联合举办电视周等活动。平淡期中，联合体或者共同体的各元素都比较平稳，但是这种平稳常常酝酿风暴，会导致合作双方关系进入断裂期。

四、断裂期

断裂期模式指的是由于中国媒体国际合作各元素质量下降至临界点或者突破临界点，而导致原有的合作停止。具体表现如下：

（一）动力元素影响较大

中国媒体的国际合作深受国家元素的影响。一方面是国家与国家关系的影响。双方由于利益冲突巨大，无法交往，导致关系破裂，从而使得媒体合作完

---

① 字节跳动，https://www.bytedance.com/zh/news.

全停止。正如中苏关系 20 世纪 60 年代初期破裂，中苏媒体也就停止合作了，并且，直到中苏关系逐渐恢复之前，中苏媒体之间都没有任何合作。这就是典型的断裂期。历史上，中日关系、中韩关系、中美关系等都曾经历了比较"冷"的时候，这导致媒体领域的相关合作也随之中止了。另一方面是国家政策、法律、制度等要求禁止合作时，合作也就中止了。又如 2020 年中美关系、中英关系遇到一定障碍，导致中国 TikTok、中国国际电视台与当地媒体合作断裂。

中国媒体的国际合作也深受媒体内在需求的影响。内在需求不强，合作也会断裂。这正如浙江卫视与荷兰 Talpa 公司的合作从蜜月期进入平淡期最后进入断裂期一样。荷兰 Talpa 公司作为合作对象，与浙江卫视合作获得巨大营利的内在需求得不到满足，使得其转而寻求其他合作伙伴，导致原有的合作断裂。当下，市场化媒体对盈利的需求日渐提高，因此，一旦原有的合作难以满足其需求，就容易导致合作断裂。

此外，中国媒体的国际合作也受媒体自身技术发展的影响，也就是说，媒体传播信息的载体发生变化，也容易导致合作断裂。这主要是因为当下与未来很长一段时间之内，媒体传播信息的载体将发生巨大的变化。以报纸为例，随着新媒体的冲击、受众阅读习惯的转变以及经营模式的单一，报纸的确逐渐走上消亡之路，并且近年来，中国的《新闻晚报》《今日早报》《东方早报》《京华时报》、美国的《西雅图邮报》等报刊停刊，更加速了纸质报纸的"消亡"。若纸质报纸消亡，诸如交换版面等原有的一些合作也就断裂。另外，2016 年，瑞典决定关停调频 FM 广播，同时亚视也停播了。这也代表着继报纸关停之后，广播电视也可能走上消亡之路。这样，中国媒体国际合作也可能因为媒体形式这一元素的变化而出现新的断裂。

（二）合作事项停止与元素重组

不管是国家、媒体需求，还是媒体技术，一旦这些元素质量不断下降，到达临界点，甚至突破临界点，就会对中国媒体的国际合作造成严重影响。下降时，合作只是减少，但是突破临界点，原有的合作就会全面停止。不过，随着时代的发展，需求总会发生变化，从而使得中国媒体的国际合作元素重组，形成新的联合体或共同体，开展新的合作。届时，也许合作主体与对象会更加多元，合作领域、合作内容、合作形式、合作效果也会呈现新的变化。这正如2020 年受新冠肺炎疫情的影响，各种"在地型"合作元素断裂，相关合作事项停止，但是合作主体、合作对象、合作形式等元素的重组，又产生了新的

"在线型"合作。

本章小结

"情境-模式"媒体国际合作理论认为，媒体国际合作按照程序操作会形成一套固定的模式。纵观中国媒体国际合作的历程，也呈现出了明显的模式。这些模式集中体现为动力模式、程序模式和周期模式。

从推动中国媒体国际合作的动力出发，按照外部推动到内部需求的逻辑，动力模式呈现出国家推动型、市场导向型、媒体自主型三种模式。国家推动型模式重点强调媒体深受国家的影响，国家的推动作用较为突出。中国作为处理国际事务的主体，通常会因为国家能力的提升、国家之间的竞争与合作等因素表现出推动媒体参与国际合作的强烈意愿，而这种意愿往往通过国家会议、政策、文件、协议等方式呈现出来。市场导向型模式重点强调媒体系统作为市场主体，要参与媒体竞争，满足市场需求，因此，市场需求也就成为推动媒体国际合作的动力。市场导向型模式指出市场需求在哪，媒体国际合作也就在哪。媒体自主型模式重点强调媒体系统作为一个自组织系统，内部由无数的子系统构成。这些系统相互作用，就表现出了内在需求，而这些内在需求也就决定了其国际合作的对象、合作的领域、合作的内容、合作的形式等。

从中国媒体参与国际合作表现出的程序出发，按照作为合作主体的主体性与对象性思路，程序模式主要表现为主动先发、被动应招、后发主导三种模式。主动先发模式指中国媒体在内在需求的引导下，针对不同的合作对象、不同的合作事项等主动出击的情况。其内在需求集中体现在提升能力的需求、完成国家战略目标的需求两个方面。这些需求指导着中国媒体对不同国家的媒体采取不同的合作方式，但是总体来看，非营利性的合作比较突出。被动应招模式指出国外媒体主动要求、中国媒体被动应招的情况。其中，早期发达国家的媒体主动进入中国，而中国媒体无论是在经济实力方面还是在媒体技术方面都没有准备好，也就被动卷入其中。当中国媒体逐渐强大时，欠发达国家的媒体出于提升需要，主动要求与中国媒体合作时，具有大国媒体意识的中国媒体也就被动地卷入合作。后发主导模式指出中国媒体日渐发展，具有经济实力和技术实力，加之体制改革，主动寻求国际国内市场，也就在具体合作事项中占主导作用。

从中国媒体参与国际合作的整体情况和具体合作事项出发，周期模式呈现磨合期、蜜月期、平淡期以及断裂期四种模式。磨合期模式指出从整体情况来看由于中外媒体体制差异、文化差异、意识形态差异等，中外媒体在合作中不断磨合；从具体合作事项来看，媒体从业人员的语言差异、业务素质差异、理解对方意图的差异以及合作双方的业务理念差异等，使得双方不断磨合。而由于磨合，合作进度就比较慢。蜜月期模式从整体上讲主要指的是由于国家与国家之间、政府与政府之间关系密切从而制定政策，提供资金、技术、人才等推动双方合作；从具体的合作事项而言则主要指中国媒体与国外媒体解决了语言、思想、文化差异问题之后，相互理解对方意图，高效完成合作事项的情况。在蜜月期，中国媒体国际合作的各项元素都在全面运转。平淡期模式则指中外双方按部就班的合作。断裂期模式指的是中国媒体国际合作各元素质量下降，到达甚至突破临界点，导致原有的合作停止。但是这种停止会因为新的需求而重组，从而形成新的联合体或共同体。

  从前面的梳理来看，中国媒体由于与国外媒体的冲突与竞争而合作，也由于需求等因素而参与国际合作，但是在这一过程中，也由于差异甚至冲突而停止合作。同时，在与发达国家的媒体合作时，由于合作失衡，美国文化、日本文化、韩国文化等大量涌入，因此，如何保护中华文化，如何解决这些差异，寻求共同利益，正是中国媒体未来需要去面对的问题。

第六章　中国媒体国际合作的现实路径

世界主义推崇"世界意识与无国界意识""世界具有多样性",认为"国家若要继续生存,就必须合作"。中国媒体作为中国向世界传播的重要工具,要持续与其他国家的媒体开展多样化的合作,树立好中国形象。当下,按照"情境-模式"媒体国际合作理论的观点,中国媒体需要厘清合作情境,选择合作模式,再分级别、分区域、分类型地有序合作,打造国际合作的升级版。

第一节　厘清情境

在过去多年的国际合作过程中,中国媒体成功克服了各种政治因素限制、语言文化差异、意识形态差异、社会不稳定等困难,逐渐总结出了一定的经验。但是,面对未来复杂多变的国际局势,中国媒体还要继续厘清国际合作情境,分清不同情境下中国媒体可能遇到的困难、具有的优势等。由于合作对象、时间与空间等因素的不同,合作情境也就不同,而且种类众多,本书重点关涉"在地"与"在线"情境、"主场"与"客场"情境、"营利"与"非营利"情境,以帮助中国媒体处理各种差异,应对各种挑战,重新布局中国媒体国际合作的新蓝图。

一、厘清"在地"情境与"在线"情境

在充分吸收与延伸哈罗德·亚当斯·英尼斯(Harold Adams Innis)的媒介偏向理论、马歇尔·麦克卢汉(Marshall Mcluhan)的媒介即信息理论、尔文·戈夫曼(Erving Goffman)的社会情境理论之后,约书亚·梅罗维茨(Joshua Meyrowitz)提出了著名的媒介情境理论。他认为"情境"主要指的是物理环境,也含有语境的意思。本书提出的"情境-模式"媒体国际合作理论中的"情境"二字主要涉及"物理环境"和"语境",但更多指物理环境,同时,考虑到中国媒体国际合作通常会突破地理限制而开展网络合作,就将情

境分为"在地"情境与"在线"情境。

(一)"在地"情境

中国媒体的国际合作尤其是传统媒体合作多为"在地"的合作,而"在地"的合作也是在不同的"在地"情境中进行的。"在地"情境主要涉及物理环境。中国媒体国际合作的"在地"情境至少可以分为在中国境内的"在地"情境、在合作媒体所在国的"在地"情境、在第三方的"在地"情境。"在地"情境离不开一个国家的社会制度、社会传统以及诸如疫情、灾难、战争等的影响。就中国的"在地"情境而言,深受中国政治制度、经济制度、文化制度、教育制度等的影响,深受中华风俗、习惯等的影响,中国媒体在进行国际合作时必须考虑这些因素。就合作媒体所在国的"在地"情境而言,中国媒体进入他国,一方面深受中国制度与传统的影响,另一方面对当地"在地"情境不一定熟悉,或者即便十分熟悉,也势必要以遵守当地制度和传统以及应对当地随时可能发生的种种变化为首要任务。就第三方的"在地"情境而言,中国媒体与合作媒体同时进入第三方,双方皆对当地"在地"情境不熟悉,合作时处于相对平衡状态,从而有利于双方平等相待。"在地"情境不同,影响着中国媒体在国际合作过程中的角色,而角色不同,直接导致选择的模式也不同。另外,面对瞬息万变的国际局势,中国媒体利用已经组建的诸如新华社"瞭望智库"等媒体智库,复旦大学中国经济研究中心、北京大学国际政治研究中心等高校智库,睿渊学堂、诸葛创意书院等民间智库以及中国国际问题研究所、中国现代国际关系研究所、上海国际问题研究所等智库,厘清"在地"情境及其影响因素,从而采取针对性的合作模式。

(二)"在线"情境

早年,梅罗维茨就说过,电子媒介造成了情境的消失。20世纪90年代以来,互联网的普及更加剧了这一现象。近年来,中国媒体与国外媒体的"在线"合作持续开展着,深受"在线"情境的影响。"在线"情境与"在地"情境相对,偏向虚拟环境。"在线"情境中的人们身份各异、目的不同、素质参差不齐,其内容具有广泛、多样、个性化、碎片化、易复制、易存储、易传播等特征。"在线"情境受到国际关系、国际互联网条约等的影响。同时,"在线"情境受到大型财阀、集团、公司的控制,而这些财阀、集团、公司在现实世界依然受到社会制度、社会传统的影响。换句话说,"在线"情境也受到社会制度与传统的影响,但与"在地"情境不同的是,这种影响相对隐蔽。另外,相比于"在地"情境,"在线"情境无疆域且受用户个性影响严重等特点十分明显,因此,中国媒体尤其是新媒体在"在线"情境中进行国际合作,更需要考虑合作成果的表达形式、接受度、影响面乃至盈利能力。在"在线"情境中,"网络原住民"涉猎广泛而又个性突出,对中国态度相对友好。这就对中国媒体在"在线"国际合作中准确抓住他们的需求提出了新的要求。中国媒体要充分利用大数据工具以及诸如"企鹅智库""Quest Mobile"之类的网络与新媒体智库,厘清"在线"情境的特点及其影响因素,尤其是"网络原住民"的需求,从而针对这些特点与需求采取不同的模式。

二、厘清"主场"情境与"客场"情境

中国媒体国际合作按照空间来划分,可以分为"主场"情境与"客场"情境。"主场"情境主要针对中国境内,"客场"情境则主要针对合作媒体所在国以及第三国的情况。在两种情境中,中国媒体的具体合作程序、方式等都有一定的区别,因此,也就影响了合作模式的选择。

(一)"主场"情境

"主场"情境中,中国媒体深受中国政策的影响。第一,在合作创办媒体方面,中国政策有所限制。就整体而言,国家发布的《中外合资经营企业法实施条例》《外资企业法实施细则》等对外资有限定。从整个文化领域来看,《关于文化领域引进外资的若干意见》规定禁止外商投资设立和经营新闻机构、广播电台(站)、电视台(站)广播电视传输覆盖网、广播电视节目制作及播放公司,禁止其利用信息网络开展视听服务等。从不同媒体领域来看,在报刊领域,《关于禁止在我境内与外资合办报纸、期刊和出版社的通知》指出:"原则上禁止创办中外合资的报纸、期刊和出版社等传媒机构。"在广播电视领域,《广播电视管理条例》第十条规定:"国家禁止设立外资经营、中外合资经营和中外合作经营的广播电台、电视台。"正是这些政策的限制,中国媒体在"主场"情境与国外媒体合作时,不能涉及合作创办广播电视媒体这种形式。在未来,也难以合作。第二,在媒体产业方面,中国出台多项政策鼓励中外合作,《中外合作制作电视剧管理规定》就是典型。该规定鼓励中外合作电视剧,因此,在中国境内,中国媒体控股的媒体公司与国外媒体在影视产业方面的合作就比较多。由此可见,中国媒体在"主场"情境中,可充分借助熟知中国媒体法律方面的专家、学者、研究团队弄清国家政策的情况,厘清在"主场"情境中的优势、劣势,从而选择合适的模式与国外媒体合作。

（二）"客场"情境

"客场"情境中，一方面，当地法律、政策对中国媒体的合作有影响。如在媒体创办领域，越南的《新闻法》对媒体创办、权限等进行了非常详细的规定，马来西亚《投资法》禁止外资进入广播电视，印度尼西亚《广播法》禁止设立外国广播电台。这些政策使中国媒体要与国外媒体合作创办媒体存在一定的障碍。另一方面，在"客场"情境中，中国媒体对当地社会制度、风俗习惯、语言、意识形态、民众喜好等不熟悉，相对被动，合作进度或者说合作周期就会受到影响，而这些又可能导致合作效果欠佳等。不过，在某些"客场"情境中，中国媒体也能做好国际合作，即与当地媒体形成共同体。当中国与非洲国家都遭遇英语世界国家媒体的歪曲报道时，就形成了共同体。中国已经为非洲国家媒体提供了先进的媒体技术。通过中非媒体合作，中国媒体已经在非洲国家大量出现，并广受欢迎。以津巴布韦为例，新华社全部采用津巴布韦记者，中国国际广播电台已经用上了非洲电波并同时派出了至少2名新闻记者到津巴布韦，央视已经能在非洲大多数国家收看并且建立了分站、采用了自由记者，中国最大的英文报纸《中国日报》已经在非洲建立了叫作《非洲周刊》的非洲版本。在来自44个非洲国家300名代表的中非媒体合作论坛上，Mushohwe部长曾说"我们应该开始看到更多的非洲媒体在中国向非洲民众讲述中国故事……这种发展将让非洲民众更好地理解中华文化以及在非洲大陆上陆续新建和运行企业的职业道德"，也是中国和非洲审慎思考反击西方宣传的有效方式。① 在"客场"合作，中国媒体要充分利用熟知国际法律的专家、熟知当地文化与制度的专门人才、熟知当地行业规律的媒体，厘清"客场"情境的政策、法律，并重点考虑照顾媒体与民众的感受，选择恰当的合作模式。

三、厘清"营利"情境与"非营利"情境

在中国媒体与国外媒体形成的合作结构中，主要有营利性联合体和非营利性共同体。营利性联合体主要在媒体产业领域开展合作，长期合作就形成了"营利"情境。非营利性共同体主要在交换新闻、节目、版面以及非营利性活动方面开展合作，长期合作也就形成了"非营利"情境。

---

① Boosting Sino-Africa media cooperation，*The Herald*，2016年6月30日，http：//www.herald.co.zw/boosting-sino-africa-media-cooperation/.

(一)"营利"情境

"营利"情境主要涉及联合拍摄电影、电视剧、纪录片,联合创办期刊、杂志,联合发布报告,联合创办媒体公司、企业、机构,联合举办营利性活动,联合开展广告合作、投融资合作等。这些合作深受盈利目标的影响,而是否营利与中国媒体自身水平、合作媒体的水平、中国媒体对盈利模式的判断、联合体对市场的判断与预知能力、联合体的紧密与松散程度等有着密切的联系。中国媒体自身水平与合作媒体的水平涉及双方从业人员的业务素质、更新换代设备的速度、采用新技术与模式的能力、经营管理的水平、资金运用的能力等。双方媒体水平相当与否,影响了双方在合作中的角色,从而决定了中国媒体采取的合作模式。中国媒体对盈利模式的判断也很重要,即需要充分判断是通过合作成果的版权买卖盈利、票房分账式盈利、二次销售盈利、会员收费模式盈利、金融市场盈利,还是融合所有盈利方式。联合体对市场的判断与预知能力受制于联合体的共商共议机制、分析能力等。联合体的紧密与松散程度受制于联合体内部各成员的水平、沟通能力,同时,也受制于合作事件的紧急性、重要性、长期性等。"营利"情境涉及如此众多因素,对中国媒体而言,可充分利用市场评估系统、市场化媒体的数据库与调查专家,厘清"营利"情境中的各种因素,以便采用适当的合作模式。

(二)"非营利"情境

"非营利"情境与"营利"情境相比,深受共享、公益、责任等目标的影响,主要体现为为全球媒体技术发展、提高职业道德、鼓励创新创意、颁发新闻奖、探讨媒体应对困难、寻找合作共赢机遇等召开各种专题讨论会,并举办相关非营利性的活动;为全球企业发展出谋划策,召开媒体讨论会,并举办相关媒体活动。在"非营利"情境中,中国媒体与国外媒体均以共享、公益、责任的目标为己任,形成共同体,共商共议,向世界各国媒体坦露自身经验、向诸多企业介绍成功方法、向广大民众介绍传播信息。尤其是在针对媒体的未来发展方面,在"非营利"情境中,中国媒体与国外媒体的目标几乎一致,集中关注传统媒体的出路、新媒体的融合、新媒体的技术发展、媒体的创新创意、媒体的责任、媒体从业人员的职业道德等方面。中国媒体与国外媒体在"非营利"情境中的合作,对促进全球媒体面对挑战、利用机遇为全球媒体事业永续发展和全球民众的健康进步有着极大的帮助。此外,即便是营利性联合体也会处在"非营利"情境中,即中国媒体与国外媒体将自己获得的部分营利资金用于联合举办非营利性活动,回馈社会。中国媒体要充分利用中国建立的世界媒体峰会、"一带一路"媒体合作论坛、"一带一路"国际合作高峰论坛等非营利性联合体,厘清"非营利"情境,以便针对性地选择合作模式。

除了前述六种情境,中国媒体的国际合作还存在着人际传播情境。这主要是因为在合作过程中,中国媒体与国外媒体建立的人员交流机制,无论是技术人员交流与培训,还是高层领导互访,基本上都属于人际传播范畴,长期开展就形成了人际传播情境。在人际传播情境中,中国媒体选择的国际合作模式也有所不同。

第二节 选择模式

"情境-模式"媒体国际合作理论指出,情境不同,国际合作的模式也就不同。本章第一节已经归纳出六种主要的情境,中国媒体在这六种情境中与国外媒体合作,可以选择不同的模式。

一、选择动力模式

前文已述,动力模式描述的是推动中国媒体参与国际合作的动力因素,主要涵盖国家推动型模式、市场导向型模式以及媒体自主型模式。在某些特定的情境中,中国媒体要选择恰当的动力模式。

(一)选择国家推动型模式

国家推动型模式不仅强调中国作为行为主体在媒体国际合作中的作用,还强调世界其他国家作为国际事务的主体在媒体国际合作中的作用。在中国与各国关系平稳发展的今天,各国都对媒体的合作做出了相应的指导。因此,中国媒体要善用国家推动型模式,充分利用中国与各国签订的各种协议以及合作对象所在国家制定的各项政策开展合作。尤其是在"非营利"情境中,选择国家推动型模式,能够充分利用国家制定的各项政策、提供的资金、配备的人员、搭建的平台,从而推进合作的顺利开展。此外,近年来,"一带一路"倡议沿线各国展开如火如荼的合作,这些合作多数在"非营利"情境中开展。在这种情境中,中国媒体可以大力采用国家推动型模式,从而充分利用国家与国家之间、部门与部门之间签订的文化合作协议、文化合作协定、文化合作年度执行计划举办电影周、电视周、文化周、辩论赛、文化论坛等形式的活动,同时,可充分利用专门的新闻合作协议、媒体合作协议等交换新闻、节目、电影、电视剧、纪录片、版面，联合拍摄和联合制作电影、电视剧、广电节目、纪录片、网络视频等，并开展互派媒体代表团和工作人员等方面的合作。

（二）选择市场导向型模式

市场导向型模式重点强调媒体作为市场主体，要参与媒体竞争，满足市场需求，因此，市场需求在哪，媒体国际合作也就在哪。就中国媒体而言，市场化的媒体逐渐增多，既有传统媒体公司，又有网络与新媒体企业；就中国媒体国际合作的对象而言，既有市场化、商业化程度极高的美国的媒体，又有即使受国家政策影响较大但在向全球推行文化的过程中自主性强的市场化的日本媒体和韩国媒体。中国媒体与这些国家的媒体合作主要体现在媒体产业方面，即通常会在"营利"情境中开展合作，因此，中国媒体就需要根据"营利"的特点，充分选择市场导向型模式，努力寻找市场，开辟蓝海市场，做好合作工作，打造中外媒体产业合作著名品牌，为中外媒体产业发展做贡献。但是选择这种模式，必须要在谈判时切实遵守"以我为主、为我所用、合作共赢"的原则，充分考虑双方文化传播的均衡性，避免西方文化侵蚀中华文化。

（三）选择媒体自主型模式

媒体自主型模式从媒体内在需求与所拥有的资源出发，探讨中外媒体资源互换的情况。这个需求主要是更新媒体技术设备、提升内容生产与制作能力、提高经营管理水平等。而资源则是中国媒体文化资源、市场资源。近年来，一方面，大数据、智媒等技术发展迅速；另一方面，在国家推进传统媒体与新兴媒体融合政策的推动下，中国媒体已逐渐出现信源融合、渠道融合和接收终端融合等媒介技术的融合，业务形态融合、技能融合、战术融合、战略融合等媒体业务的融合，规制法律融合、规制机构融合、规制行为融合等政府规制的融合。[①] 而在促进新媒体的运用方面世界各国媒体并无多大差异，其需求与资源也无较大区别，因此，中国媒体与其他国家媒体的合作也在"在线"情境中开展。而在"在线"情境中合作，既涉及交换新闻、节目、页面、链接又涉及音视频的联合播放，既涉及联合转播又涉及现场直播，既涉及营利性合作又涉及非营利性合作，因此，中国媒体可以选择媒体自主型模式，充分发挥中国媒体与国外媒体的能动作用，展现中国风采。

---

① 刘颖悟、汪丽：《媒介融合的概念界定与内涵解析》，载《传媒》2012年第1期。

二、选择程序模式

前文已述,程序模式包含主动先发模式、被动应招模式以及后发主导模式。由于参与国际合作的中国媒体众多,又面对不同的合作对象,因此,在不同情境下,中国媒体的角色也就不同,而角色不同采取的合作程序模式也就不同。

(一)选择主动先发模式

主动先发模式指出了媒体自身发展需求和完成国家战略发展需求的重要推动作用。就媒体自身而言,无论是从提升媒体技术水平角度还是从发展经济的角度看,中国媒体都需要继续与国外媒体合作。而在中国媒体国际合作的对象中,发达国家的媒体相对具有优势,因此,中国媒体就要在"客场"情境中充分选择主动先发模式,主动与发达国家的媒体进行技术交流。从完成国家战略发展需求来说,中国既遇到发达国家的媒体强劲的全球传播系统在中国事务上歪曲传播的问题,也遇到中华文化的认知障碍问题,而积极面对这些问题,逐步树立良好的中国形象、提升中华文化影响力是国家的重要目标,因此,中国媒体要在"客场"情境中选择主动先发模式,继续与发达国家的媒体在交换新闻、联合举办互动等方面全面合作,加深彼此了解,促进其公平、公正、客观地传播中国。同时,也要在"客场"情境中充分利用主动先发模式,主动与当地媒体联合制作满足当地受众需求的中华文化内容,尽量打破受众的认知障碍。在"客场"情境中,"一带一路"沿线国家是一个重要的"客场"情境。在这一情境中,中国媒体可充分运用主动先发模式与沿线国家的媒体积极合作,实现各种目标。

(二)选择被动应招模式

被动应招模式指中国媒体在技术欠佳、经济欠发达等情况下,被动卷入与发达国家的媒体合作,导致合作不均衡、中华文化受侵蚀等情况;指在中国媒体实力较强时,欠发达国家的媒体需求旺盛,导致中国媒体被动卷入的情况。就前者而言,中国媒体可借助中国经济腾飞这一良好的发展机遇,努力提升自己的水平,从而保证在与发达国家的媒体被动合作时,处于平等互利的状态,积极扩大中华文化的影响力。就后者而言,纵观欠发达国家的媒体,多数处在经济欠发达的国家,尤其是中国的周边国家,而中国与周边国家的关系决定了当这些欠发达国家的媒体提出合作要求时,中国媒体要配合。这两种情况通常发生在"在地"情境以及"主场"情境中。在这两种情境中，选择被动应招模式有利于展现中国的大国意识、合作意识、互惠互利意识。但需要注意的是，选择被动应招并不是说中国媒体始终处在被动状态，而只是描述国外媒体刚进入中国时中国媒体的反应情况。随着合作的深入，中国媒体适时调整自身角色、选择后发主导模式，也是必要的。

（三）选择后发主导模式

后发主导模式指出近年来，由于中国媒体实力增强，在影视、纪录片、新闻出版、网络与新媒体等产业的后发主导性，在非营利性合作中的主导性和"走出去"合作中逐渐占有主导性的情况。在未来的国际合作道路上，在"营利"情境或"非营利"情境中，中国媒体可选择后发主导模式，主动发起合作。在媒体产业领域，即"营利"情境中，国家级媒体的控股文化企业和地方强劲的影视媒体、报刊媒体以及网络与新媒体占有一定优势，可继续坚持后发主导的作用，在产业领域利用优秀的中华文化资源与国外媒体合作，在传播中华文化的同时通过产业资本的运转获得经济利益。在"非营利"情境的合作中，中国媒体可选择后发主导模式，站在"人类命运共同体"的高度，通过合作树立中国形象，并切实促进联合体、共同体的发展，为全球媒体事业以及全球文化与经济发展做贡献。在"客场"情境中，人民日报社、中央电视台、中国国际广播电台、新华社等国家级媒体，浙江卫视、湖南卫视、江苏卫视等有实力的地方媒体以及 TikTok、今日头条等网络与新媒体，可继续选择"后发主导模式"，促进当地媒体以及自身的发展，完成自身发展目标和国家战略发展目标。

三、选择周期模式

前文已述，周期模式主要表述的是中国媒体与国外媒体合作的时间问题，涵盖了磨合期模式、蜜月期模式、平淡期模式以及断裂期模式。纵观中国媒体国际合作漫长的历史长河，当中国媒体与不同媒体合作时，总要经历这四种模式，即使是中国媒体与具体的某一个媒体合作时也要经历这四种模式。中国媒体与国外媒体合作时，无论是在何种情境中合作，最重要的是要避免断裂期。除了不可控因素，中国媒体要尽量避免由于自身或合作对象需求得不到满足而导致合作断裂的情况。一方面，无论是中国媒体还是国外媒体，其需求都会不断地呈现变化、升级，如何看清自己的需求，如何掌握对方的需求，如何寻求彼此需求与利益的平衡点，都是中国媒体作为合作主体要着力解决的问题。另外,就媒体技术转型升级导致合作出现断裂而言,中国媒体要着力做好预案,提出技术转型升级后,在新技术领域的重新合作,从而保证原有的联合体或共同体正常运转。当联合体或共同体进入蜜月期时,中国媒体作为合作主体要积极思考在蜜月期传播中华文化、提高自身实力的方法,促进合作成果的显现。

第三节　有序合作

中国媒体的国际合作基本已遍及全球,但是面对新的国际形势,无论是在何种情境中,中国媒体依然要统筹、有序地重新规划合作主体、合作对象、合作方式等。其中,国家级媒体利用国际传播资源与能力,强化"走出去"合作的步伐,而地方媒体则要强化"引进来"的步伐。边疆省区媒体可利用特殊的地缘政治地位与周边国家的媒体长期合作,沿海与港澳台地区媒体可利用海洋资源优势与不同国家的媒体深化合作,内陆地区媒体可利用深厚的文化资源做好前述地区媒体的坚强后盾,并搭好其顺风车。报刊媒体要重视克服媒介形式变化带来的断裂期,积极开展新形式的合作。视听媒体可利用产业方面的优势,拓展合作渠道。新媒体可充分利用"智媒"的发展,开展有针对性的、个性化的合作。

一、强化"走出去"与"引进来"

国家级媒体和地方级媒体,在角色上存在着差异,承担的任务也就不同。国家级媒体更重要的是"走出去"在"客场"情境中传播中国声音,传播中华文化;而地方级媒体则主要针对进入中国的外国民众,在"主场"情境中与国外媒体合作,做好传播工作。

(一)国家级媒体继续加快"走出去"步伐

国家级媒体拥有从技术到人才的天然优势,加之受到国家政策的鼓励与支持,因此自开展国际合作以来,便是中国媒体航母"走出去"的关键角色。而在当下,作为媒体国际合作的排头兵,国家级媒体首先要利用自身在制作内容与传送信息等方面的技术优势,继续"走出去"与当地媒体加强技术交流与合作;其次,可利用内容制作人才、翻译人才、经营管理人才、调研人才等人才优势,排查"客场"情境中可能出现的各种问题,继续"走出去"与当地媒体、非媒体机构或组织加强人才交流与合作;再者,可充分利用原有国际合作基础,深化国际合作力度。比如,中央电视台可继续利用其海外平台与当地媒体深化合作；充分围绕框架合作协议、新闻交换协议加快"走出去"步伐，扩大合作范围；特别运用多语种服务优势加强与这些语种的媒体在联合制作电影、电视剧、纪录片、网络视频等方面的合作，并继续探讨如何使用国际通用语言以及个别特殊语种深入浅出地讲述中国传统文化与历史等问题；还可继续发挥新媒体优势，加强与国外社交媒体合作力度，利用短小精悍的微视频以及中长视频传播真实的中国。[①] 另外，从国家级媒体所具有的政治属性来讲，既可以从宏观上掌握整个中国情况，又可以分别掌握中国各地的情况，也就可以在强化"走出去"过程中面对"客场"情境，尤其是面对"一带一路"沿线的"客场"情境，充分利用"一带一路"新闻合作联盟的优势，调动边疆省区媒体的信息资源、沿海地区媒体的技术资源、内陆地区媒体的内容资源，分期、分批与国外媒体在多方面开展合作。

（二）地方级媒体继续加强"引进来"力度

中国地方级别媒体众多，抓好在"主场"情境中的国际合作就十分必要。早些年，浙江卫视、湖南卫视等的相关人员为了提升自身水平，主动前往美国、德国、法国、日本、韩国等国家向当地媒体取经，引进或模仿了《美国偶像》等模式。经过多年的努力，一些地方级媒体具有在"主场"情境中作战的优势。"一带一路"倡议形成的开放大格局使前往中国的外国人与日俱增，并已分布于全国各地。长期居住在中国的外国人需要尽快了解全方位的中国资讯；因商务、旅游、探亲等前往中国的外国人也日渐增多，需要了解中国的天气、交通、住宿、景点等信息。加之各地中国民众对国外信息的需求增强，对地方媒体提出了新的要求。地方媒体可充分调集各类语言人才，深入调查了解这些外国人的需求，从而针对性地引进国外媒体，在开展技术交流、人员培训等合作基础上，联合制作满足受众需求的内容，开展满足受众需求的活动。国内民众对韩国信息需求较大，一些地方媒体可以此为基础，引进韩国综艺节目。如《华西都市报》以传播韩国衣食住行的信息为主，江苏卫视在深入调研民众需求的基础上与韩国 JTBC《非首脑会谈》进行版权合作，制作大型谈话类节目。地方媒体增强"引进来"力度，除了有利于满足在华外国人的需求，

---

① 根据在笔者 2016 年 12 月 23 日在美国加州圣地亚哥对 Intuit 计算机工程师 Mark 的访谈整理。在访谈中，Mark 表示，他曾多次因公事前往中国，发现中国与他通过 CNN、BBC 以及 FOX 等媒体了解的信息完全不一样，因此，他回国后往往通过网络途径搜寻有关中国历史、文化、教育等方面的信息，但是又发现渠道较少、信息单一。Mark 表示，电影、电视节目以及纪录片是了解中国最好的方式，希望中国加强这方面的译制工作。

也能拓展媒体内容，从而获得一定的市场等。不过，为了获得差异化的市场，地方媒体还是要权衡自身优势，重视深入调查沿线国家的情况，联合当地媒体做好国际合作。地方媒体加强"引进来"力度，需要在充分把握和利用国家政策的基础上，认真权衡自身地理位置，以及所拥有和可利用的文化资源、政策资源、资金资源、技术资源、人才资源等。

二、抓周边、跨出海、搭便车

"一带一路"倡议突出了边疆省区的特殊地位，其媒体也有着特殊的角色。因此，边疆省区媒体要针对周边国家做好国际合作。而沿海与港澳台地区的媒体相对发达，在充分利用海洋资源走出去的过程中，其作用也凸现出来。内陆地区媒体作为中国媒体的重要组成部分，拥有丰富的资源，是边疆省区媒体和沿海地区媒体的坚强后盾。

（一）边疆省区的媒体抓住与周边国家媒体的合作机遇

集中于研究欧盟和北美地区经济一体化问题的国际经济合作理论，在演变的过程中逐渐开展全方位的区域经济合作研究。该理论认为，要开展区域经济合作，势必要具有地缘优势、产业互补性、合作意愿，能够带来净合作收益，以及具备完善的合作收益补偿机制、让步或妥协机制等。边疆省区媒体与周边媒体的合作也基本具备这些条件。另外，在中国，古语讲"远亲不如近邻"，这句话用来描述中国与周边国家的关系最为贴切。也有研究者表示，"中国得益于周边环境，而周边国家也从中国不断增长的经济中获益"。在这一过程中，中国媒体的作用十分重要，其中，中国边疆省区的媒体与周边国家媒体开展合作更为重要。"一带一路"着力推进边疆省区地缘政治地位的提升，对当地的媒体提出了新的要求，即要在立足本省区的传播之上依托自己的地缘政治优势，与周边国家媒体合作，进行互补，在传播好中国声音的同时促进周边国家的媒体实现目标。

1. 新疆的媒体抓住与中亚、西亚、南亚各国的媒体合作机遇

《推动共建丝绸之路经济带和21世纪海上丝绸之路的愿景与行动》指出新疆要"深化与中亚、南亚、西亚等国家交流合作"。中国政府为推进新疆与中亚、东亚、南亚地区各国在文化、科技、教育、安全、卫生等方面的合作，制定了各种各样的政策。新疆的"中国－中亚科技合作中心"轮廓已逐渐清晰，而"道路联通、资金流通、贸易畅通"也逐渐成形，使得双方的交流更多了。

新疆媒体面向中亚、南亚、西亚国家的媒体也较多,以面向中亚国家的媒体为例,新疆电视台、新疆人民广播电台、新疆"亚心网"等与中亚五个国家的媒体长期展开合作。新疆作为丝绸之路的核心区域发挥了积极作用,新疆的广播台、电视台、网络与新媒体则要抓住新疆地区特殊的机遇,利用与中亚、西亚、南亚各个国家媒体已有的合作基础,进一步加深合作,如增加媒体传播语种,加强与这些地区国家媒体在联合翻译、拍摄、创作等方面的合作;加强双方媒体人员的交流与沟通;加强双方媒体之间联合举办文化周、电影周、电视周等。

2. 陕西、甘肃、宁夏、青海的媒体抓住与中亚、南亚、西亚的媒体合作机遇

《推动共建丝绸之路经济带和21世纪海上丝绸之路的愿景与行动》指出要发挥陕西、甘肃、宁夏、青海四地在人文、地理方面的优势,面向中亚、南亚、西亚国家开展交流与合作。陕西、甘肃、宁夏、青海作为古丝绸之路的重要通道,一直致力于搞好与沿线国家的文化、经贸、旅游、教育、科技、安全等关系。以陕西为例,陕西正努力构筑与中亚、南亚、西亚的"空中丝绸之路""中欧快线"。陕西拥有强大的物流、商流、信息流,亚洲最大的铁路客运站、中国最大的陆地港口和两个功能齐全的综合保税区等;拥有秦始皇兵马俑等众多文化遗产,每年接待境外游客几百万人次,旅游外汇收入数十亿。陕西省西安市是欧亚经济论坛永久会址。随着陕西国际交往日渐加深,陕西媒体也逐渐开展国际合作。2016年5月,陕西媒体、中国国际广播电台以及土耳其等国家的媒体著名人士联合举办的"丝路媒体名人陕西行"采访活动,赢得了广泛的赞誉。甘肃、宁夏、青海由于各具特色,加之与中亚、南亚、西亚在文化上的接近性,双方媒体也有一定的合作。基于此,陕西、甘肃、宁夏、青海可利用与中亚、南亚、西亚原有文化交流基础,继续推进与这些地区的媒体交换节目、联合采访、联合制作等;利用与这些地区原有的媒体合作论坛、博览会等大型活动,推荐签署更多的合作项目。

3. 内蒙古、黑龙江、吉林、辽宁的媒体抓住与俄罗斯及东北亚的媒体合作机遇

《推动共建丝绸之路经济带和21世纪海上丝绸之路的愿景与行动》指出要发挥内蒙古、黑、吉、辽的优势,"建设向北开放的重要窗口"。内蒙古、黑龙江、吉林、辽宁地处中国北方,分别与周边国家有着地理、文化上的接近性,且有着一定的合作基础。从交通建设来看,四个省区已逐渐完善海陆空的交通

要塞，如黑龙江正利用交通、区位优势构建"东部陆海丝绸之路经济带"。从商贸来看，2014年黑龙江对俄罗斯进出口总值已突破1 400亿元大关。商贸往来催生与加速了黑龙江与俄罗斯的文化交流与合作，尤其是"中俄博览会"的顺利开展更是促进了双方的合作与交流。基于此，黑龙江与俄罗斯在媒体方面的合作也较多。双方不仅签订了《中国黑龙江电视台与俄罗斯TPO电视频道合作备忘录》，还长期交换节目或版面、联合拍摄、联合制作、举办各种活动等。四个省区的媒体与俄罗斯滨海边疆区电视台、OTB电视台、俄罗斯远东城市符拉迪沃斯托克电视台，朝鲜央视、万寿台电视台与教育文化电视台，日本NHK、富士电视台等，韩国MBC等，都有合作基础。因此，四个省区媒体要抓住国家和地方的政策机遇，继续加强与俄罗斯及东北亚的媒体合作，如继续开展文化活动、媒体交流活动，交换电影、电视剧、版面、页面等，也可以联合制作电影、电视剧、网络剧、纪录片、微视频、中长视频等。但是，这四个省区还要明晰境外准入制度，克服资金不足以及国际采编人才匮乏等问题，从各国在历史、文化等方面的共性思考具体的合作领域、合作方式。

4. 广西、云南、西藏的媒体抓住与南亚、东南亚各国媒体的合作机遇

《推动共建丝绸之路经济带和21世纪海上丝绸之路的愿景与行动》指出要发挥广西、云南、西藏区位优势，"建设成为面向南亚、东南亚的辐射中心"。广西、云南、西藏与这些国家的海陆空建设都逐渐发展起来，并与南亚、东南亚国家具有文化同源性。以广西为例，广西与东亚、东南亚由于地缘文化原因，文化交流也较多。在建立了文化交流基础上的广西媒体，也与这些国家媒体有着深厚的合作基础，如广西日报传媒集团已经跟越南党报进行了交换版面、交流合作等方面的合作。广西人民广播电台与柬埔寨、泰国、越南、新加坡联合举行直播活动等。同时，广西卫视与周边国家联合采访、联合举办大型晚会、访问团互访等活动也较多。除了广西，从2011年开始，云南广播电视台与周边国家媒体合办大型春节联欢晚会，这场"跨国春晚"已成为云南媒体一张国际名片。而在"一带一路"背景下，云南与柬埔寨开展的新闻文化交流合作不断丰富。① 随着"一带一路"建设的推进，广西、云南、西藏可锁定合作目标，抓住这一倡议带来的政策、经济、文化、经贸、旅游等机遇，发挥原有交流合作基础加深合作；发挥中国－东盟"10+1"，大湄公河次区域经济合作、亚太经合组织的作用，抓住媒体在联合采访、联合直播方面的机会，拓展

---

① 杨红川、张若谷：《牵手柬埔寨 共建媒体合作大通道》，载《云南日报》2015年2月12日第8版。

合作范围。

另外,从世界传媒经济形势来看,周鸿铎教授认为"当前传媒经济正呈现世界一体化的趋势"。但是,边疆省区由于人口众多,经济总量所限,无论是报刊媒体还是视听媒体,都存在经济实力不强、传播观念落后、人员结构老化、媒体技术陈旧等问题。而边疆地区邻近的国家也因为经济相对欠发达,其媒体也欠发达等。这些问题使边疆地区媒体在进行国际合作过程中总遇到障碍,因此,在"一带一路"背景下,边疆省区媒体可充分利用国家发展中蒙俄经济走廊等六大经济走廊的机会,利用丝路基金、金砖银行、亚投行等大型金融体系,以及云南文化产业引导基金、云南省文化(旅游)产业发展基金、陕西文化产业投资基金、甘肃省文化产业发展基金等产业基金,利用国家向媒体投入的资源,加强与沿海、内陆媒体的合作,引进先进模式,做好与周边国家媒体的合作。

(二)沿海与港澳台地区媒体抓住原有合作基础与"21世纪海上丝绸之路"机遇继续深化合作

中国沿海地区与港澳台地区是中国经济发展的重镇,其媒体发展在中国处于领先地位,也基本上与世界各国的媒体都有过广泛的接触。面对国家发展"21世纪海上丝绸之路"这一机遇,中国沿海地区与港澳台地区媒体在完成国家战略目标的基础上,要充分利用已有的合作,完成自身提升的目标。

1. 沿海地区的媒体抓住原有合作基础与"21世纪海上丝绸之路"机遇继续深化合作

沿海地区媒体相对比较发达,与海上丝绸国家的媒体开展了多种多样的合作。一直以来,诸如广东电视台、深圳卫视、广东电台、南方日报、大粤网等众多广东地区媒体都走在了国际合作前沿,具有代表性的广东电视台在做好广东珠江频道在美洲等地的落地工作的同时,还主动与海外投资机构利用资本合作开办境外电视台,探索与境外媒体互利双赢的新的发展模式。[①] 珠江频道境外版继续与美国精宇、加拿大加华等境外网络电视平台合作,通过互联网将节目以电视频道VOD送到海外华人、华侨的家中。近年来,广东电视台不仅与《朝鲜日报》签订了友好交流合作框架协议,还与星空卫视续签了合作协议。

---

① 谭天:《更要走进去——从广东电视台"走出去"战略说起》,载《青年记者》2008年第10期。

诸如东南卫视、厦门卫视、泉州电视台、福州晚报、东南新闻网、海峡新闻网等众多福建地区媒体,也积极开展国际合作。其中比较典型的是东南卫视和厦门卫视。东南卫视以"最海峡""最世界"为口号,与韩国一线媒体制作公司开展深度合作。厦门卫视则与澳大利亚的各类媒体长期开展人员培训、节目交流、内容合作等方面的合作。另外,福建省的市级媒体也勇于探索国际合作道路,其泉州电视台与菲律宾寰宇电视台GNN21号频道等成功举办了"中国泉州电视周"。

诸如东方电视台、上海人民广播电台、《新民晚报》、《申江服务导报》、解放网、东方网、大申网、澎湃新闻等众多上海地区媒体借助上海便利的地理区位,在国际合作道路上走得更有特色。其中,东方电视台、上海人民广播电台、《新民晚报》的国际合作较为典型。早在20世纪90年代,东方电视台的国际合作就较多,主要合作对象是日本NHK、新加坡第8频道等。进入21世纪,东方卫视加强了与前述国家的媒体合作,扩大了合作对象。

诸如天津电视台、天津人民广播电台、北方网等天津地区媒体也有自己的国际合作基础。其中,天津电视台、天津人民广播电台比较突出。天津电视台早在2006年就与韩国KBS以及阿里郎电视台达成了媒体从业人员交流学习意向,与新加坡亚洲新闻台达成合作意向,并与美国CNN等媒体有过广泛合作,此后,又陆续增加了合作对象和合作方式。

诸如浙江电视台、浙江人民广播电台等浙江地区媒体的国际合作道路独具特色。其中浙江电视台一直锐意进取,不仅派出新闻记者、编辑、主持人、业务管理人员等多次前往美国CBS、密苏里大学新闻学院学习培训,还通过与加拿大城市电台等媒体联合举办"浙江电视周"来深化彼此合作的基础。浙江电视台近年来与荷兰、韩国的媒体、公司合作较为频繁。

诸如山东电视台、青岛电视台、《齐鲁晚报》、大鲁网、胶东在线等众多山东地区媒体的国际合作也开展着。其中山东电视台、青岛电视台的国际合作较为突出。一直以来,山东电视台与德国巴伐利亚州电视台的关系都较好,双方围绕签订的友好合作协议,开展了人员培训、访问团访问以及部分业务合作。山东电视台还与美国好莱坞、俄罗斯中国频道等开展合作。近年来,青岛电视台与韩国京仁放送ITV在青岛市广播电视局签署友好协议,并在互办电视周、电视节目交流、人员技术往来等方面开展着多样化的合作;与迪拜DMI媒体集团、亚洲商务卫视、以色列电视台第二频道和RESHET TV等签署合作协议,开展具体合作。

诸如海南电视台、三亚电视台等众多南海地区的媒体因为在媒体技术、人才、资金等方面的欠缺，国际合作相对滞后，但是随着近年来海南省打造国际旅游岛以及国家推进"一带一路"建设而有所改善。一方面，以《海南日报》、海南广播电视总台为代表的主流媒体均开设了国际新闻版块，为日渐增多的国际游客服务；另一方面，借助中国国际广播电台、中央电视台等国家级别媒体的多语种、全媒体传播优势与意大利国家广播电台（RAI）、环球广播电台（Radio Global）等西欧国家媒体开展交流合作。

诸如江苏电视台、新华报业网、大苏网等众多江苏地区媒体的国际合作道路也比较有特色。20世纪90年代，江苏电视台就与新加坡电视机构联合拍摄了当代言情剧《情丝万缕》。该电视剧一经播出就形成了收视高潮，也给中国观众带来了新思潮。此后，江苏媒体一直与新加坡媒体保持着较为紧密的交往与合作。江苏这些媒体也与美、日、韩以及澳大利亚等国媒体保持着一定的合作关系。而于2015年开播的江苏卫视与韩国媒体的合作成果《世界青年说》，更是独具特色。

从对沿海地区媒体国际合作的梳理可以看到，这些地区的媒体基本上都在不同程度上拥有国际合作的基础，且合作的方式涵盖联合采访、联合制作、联合拍摄、人员交流与培训、访问团访问等众多形式。基于此，沿海地区的媒体一方面可充分利用拥有的"经济区开放程度高、经济实力雄厚"的优势，拥有的交通、区位优势，拥有的开放型经济体制机制，拥有的创新型科技，拥有的创新性、开拓型人才等，以及原有的各种合作基础，继续深化合作。另一方面，可抓住国家建设基础建设、资金投入、人才投入、政策支持等机遇，着手拓展国际合作范围。这主要可以从以下几方面着手，首先要根据海上丝绸之路沿线国家语言情况增加媒体服务的语种。其次要培养国际谈判的人才，利用谈判人才增加合作对象，扩大合作领域。这主要是因为媒体合作并非一蹴而就，而是要经过多人、多年、多次不同的谈判才能最终敲定具体合作事宜，而目前谈判人才还相对欠缺。再者要继续培养国际营销人才，利用营销人才扩大合作范围。这主要是因为这些地区媒体的合作对象多数也是海洋国家，而这些国家的媒体相对发达，关于海洋文化产业的探索也较多，因此，沿海地区媒体与这些国家媒体探讨如何在海洋文化产业链上合作或者进行节目交换、版面交换等，需要营销团队的努力。最后，沿海地区媒体还要抓住当地文化产业政策机遇，从媒体产业角度与海上丝绸之路沿线国家的媒体开展合作，实现盈利目标。同时，在产业合作中要尽量避免文化传播失衡的现象。

2. 港澳台地区媒体抓住原有合作基础与"21世纪海上丝绸之路"机遇继续深化合作

港澳台地区与国际接轨较早,其媒体国际合作基础也就更深厚。以香港地区为例,不少国际媒体都在此设立了分支机构。如香港是《国际纽约时报》等多家国际传媒机构的区域基地。在香港地区有重要业务的国际电讯机构包括法新社、彭博通讯社、杜琼斯和汤森路透。香港地区的中国媒体,一方面在本地与国外分支机构展开新闻交换、人员交流等合作,另一方面也借助这些友好合作基础在国际上开展联合制作、联合举办活动等业务合作,开展访问团访问、技术人员培训、管理人员培训等从业人员交流活动。此外,香港媒体由于在体制上与内地媒体不同,因此,与国外媒体合作时,资本合作也较多。澳门、台湾地区媒体也基本如此。

由于港澳台地区特殊的社会情况与媒体体制,其媒体在国际合作过程中更应发挥积极的作用,增加合作对象,丰富合作形式,提高合作效率,增加媒体产业收入。这就需要充分发挥三个地区在地理区位上的优势,在深化原有合作的基础上继续吸引国际媒体到当地开展多样化的业务合作;要利用其媒体的国际影响力召开全球性媒体论坛,辅助全球媒体实现追求媒体伦理、责任等共同目标;继续开展资本合作;要利用国家发展"21世纪海上丝绸之路"的机遇,与不同国家开展战略合作,从而推动具体合作;要充分借助大陆地区媒体不断提供的人才、技术、资本乃至传统文化资源等后援,以及与大陆地区形成的长期合作关系,加强与国外媒体在内容层面的合作。总而言之,港澳台地区的媒体"跨出海"的国际合作模式,应有特色之处。

(三)内陆地区媒体搭好边疆省区、沿海地区、港澳台地区与国际合作的顺风车

内陆地区经济发展紧随沿海地区,其媒体也有自身的模式。其中,重庆、四川、湖南、安徽四个地区的媒体国际合作更具特色,但总的来讲,在"一带一路"建设背景下,这些地区的媒体还是要充分搭好顺风车,才能提升自身媒体国际合作水平。

重庆电视台、《重庆商报》、大渝网、华龙网等众多重庆地区的媒体,借重庆在第二次世界大战中的知名度开展着广泛的国际合作。尤其是近年来,重庆加速国际化,其媒体随之拓展国际合作。以重庆电视台为例,一方面通过与国外媒体合作在亚洲地区实现落地;另一方面也在欧洲地区落地,到2010年,重庆电视台国际频道已经在欧洲41个国家全面落地。除了落地工作,重庆媒

体也积极与世界各国媒体开展人员交流、业务合作等。2015年，与美国ABC联合制作的《巴渝山城——美丽重庆》专题节目就是其国际合作的典型成果，为美国民众了解重庆、提升重庆国际地位，起着关键作用。

四川电视台、《华西都市报》、《成都商报》、四川在线、封面新闻、红星新闻、锦观、四川观察等众多四川地区的媒体，也因四川拥有着丰富的历史文化资源等有一定的国际合作基础。四川电视台承办的四川国际电视节（金熊猫奖）于1991年9月举办了第一届活动，吸引了来自世界五大洲31个国家和地区的328家影视机构和厂商，400余名外宾参加。此后，该电视节每两年举办一次，至2015年，已经举办了15届，成了四川国际化的一张重要名片，更是四川媒体与世界各国媒体交流和合作的重要渠道。《华西都市报》与韩国《东亚日报》的合作，更走出了四川媒体国际合作新道路。

安徽电视台、合肥在线等众多安徽地区的媒体的国际合作与众不同，尤其是安徽电视台。20世纪90年代，安徽电视台确立了"主打电视剧"的运营策略。基于这一策略，安徽卫视与韩国、泰国等国家的媒体开展着交换、引进电视剧乃至联合拍摄电视剧等方面的合作。其中，与韩国的合作较为典型，近年来，安徽电视台与韩国KBS、MBC、SBS等又有着不同的合作。2014年7月15日，安徽卫视与韩国MBC电视台签署了战略合作协议。2015年4月28日，安徽卫视又与韩国KBS、MBC、SBS在首尔就《丛林的法则》达成合作协议。2016年4月，安徽电视台和韩国SBS原班制作团队联合组建的制作团队圆满完成了大型野外生存挑战类节目《我们的法则》。

通过前面的梳理，我们可以看到内陆地区媒体在国际合作的道路上并不逊于沿海与港澳台地区的媒体。只是这些地区的媒体在"一带一路"倡议的新形势下，更需要与边疆省区媒体、沿海地区媒体以及港澳台地区媒体通力合作，搭好这些地区的顺风车，拓展国际合作的范围，形成地方特色。具体而言，首先，内陆地区的媒体要搭好边疆省区媒体国际合作的顺风车。边疆省区媒体与周边国家在业务合作、人员交流等方面合作较多，但是边疆省区媒体在媒体人才、技术支持以及内容多样性方面又存在一定的缺陷，而诸如重庆电视台、湖南电视台、安徽电视台、封面新闻、四川观察等内陆地区的媒体在这方面恰好占有一定优势，因此二者通力合作，形成国际合作联盟，既可保证人才、技术、资源等，又能促进二者国际合作上台阶。其次，内陆地区的媒体还要搭好沿海地区媒体国际合作的顺风车。内陆地区媒体的合作对象不如沿海地区媒体国际合作对象多，且沿海地区在国际合作媒体技术、人才等方面又具有明显优势，但内陆地区媒体的文化资源相对丰富、合作形式与众不同，因此，内陆地区的媒体要搭好沿海地区国际合作的顺风车,发挥彼此优势,充分"走出去",合理"引进来",共谋国际合作大计。再者,内陆地区的媒体还要搭好港澳台地区媒体国际合作顺风车。内陆地区在媒体体制方面与港澳台地区完全不同,但是与港澳台地区媒体的交往十分频繁,且港澳台地区媒体的国际合作基础又十分深厚,因此,二者可打造国际合作联盟,走出新道路。总的来说,内陆地区的媒体要充分利用国家推进"一带一路"建设的各种机遇,借助边疆省区、沿海地区与港澳台地区的地理优势以及已经"走出去"合作的优势,搭好其顺风车,走好国际合作的特色道路。

三、兼顾"融合""智媒"与"网络原住民"

在中国媒体国际合作的历程中,报刊媒体经常会以交换版面的形式合作,而报刊媒体的泛媒介形式容易导致合作进入断裂期,因此,在未来的合作中需要充分考虑如何合作才能避免这个问题;视听媒体在产业合作中有特殊的作用,也就更应该有所作为。新媒体,作为当下以及未来国际合作的主力军,要充分利用无疆域的特点与国外新媒体加强在"在线"情境中的合作,完成国家目标和自身提升目标。

(一)报刊媒体国际合作道路兼顾融合与搭车

此处所说报刊媒体,主要指的是像《中国日报》《新民晚报》《华西都市报》这种具有国际合作基础的报刊媒体。这些报刊媒体无论在将国外媒体发展模式引入中国还是在"走出去"与当地媒体合作方面,都有自己的特色,但是报刊媒体未来如何合作还值得商榷。这主要是因为就全球而言,根据PEW中心《2016媒体发展报告》,2015年,报刊媒体整体受到挑战,发行量减少趋势依然明显,其中,美国的日报发行量下降了7%,是继2010年以来最明显的一次下降。[①] 报告还显示,全美仅有5%的成年受众是通过纸质报纸获取总统选举新闻,社交媒体才是他们获取信息的主要渠道。而无论在中国,还是其他国家,报刊媒体界的"去纸化"或者"脱纸化"呼声都很高。报刊媒体"关停潮""转型潮""数字潮",已是不争的事实。基于这样的背景,报刊媒体如果继续以交换纸质版面的形式与国外报刊媒体合作,那么影响受众的可能性就较小。有国际合作基础、有实力的报刊媒体就需要兼顾融合与搭车角度。

---

① State of the News Media 2016,PEW Research Center,http://www.journalism.org/2016/06/15/state-of-the-news-media-2016/.

所谓融合，主要指信息传播载体融合和国际合作形式融合两个方面。信息传播载体融合，其核心观点在于与手机、穿戴设备以及未来更高端的移动终端、即时设备等充分融合，切实实现"万物皆媒"。这主要是因为就目前而言，在发达国家，成年人获取信息的渠道已经发生改变，十分依赖网站、移动终端。以美国为例，81%的美国人是通过网站、App以及社交网站获取最新消息的。另外，从台式机和移动设备上获取信息的人群中，超过一半的人更喜欢移动终端。[1] 而在未来，更高端的载体也将逐渐平民化，因此，报刊媒体在"去纸化""数字化""融合化"趋势下，需要积极采用满足民众需求的接收设备。国际合作形式融合，则强调报刊媒体在开展国际合作过程中不能简单地以人员交流、版面交换等形式作为重点，而应该多样化，既要开展人员交流、技术培训等合作，又要将版面交换转化为页面交换、网络链接交换、联合生产融合产品，还要联合举办活动，联合开发产品，共同打造产业链乃至开展资本合作等。

所谓搭车，主要指的是报刊媒体要搭视听媒体、新媒体国际合作的顺风车。在中国媒体国际合作的道路上，广播电视媒体借助声音和画面并举的优势、网络与新媒体借助网络无疆域的特点，参与的国际合作更多，也拥有了相对广泛的合作对象。因此，报刊媒体需要搭这些媒体在国际合作过程中的顺风车。就搭业务合作或"在线"合作的顺风车而言，报刊媒体多年积累的人才优势、内容策划优势可以成为广电媒体等专业媒体、自媒体、平台媒体以及机构媒体国际合作的坚强后盾，报刊媒体在搭车过程中为其提供优秀的人才和内容资源，不失为一种好方式。尤其在国际合作依然是"内容为王"的情况下，报刊媒体提供分众的、精致的内容就显得极为重要。就搭举办活动或"在地"合作的顺风车而言，不同类型的媒体与国外媒体可以联合举办文化周、电影周、电视周、辩论赛等活动。

（二）视听媒体国际合作道路兼顾渠道与植入

此处使用视听媒体概念，不仅是为了涵盖传统的广播电视媒体及网络平台，而且是要涵盖基于互联网发展起来的诸如乐视、爱奇艺、优酷、喜马拉雅等网络电视、网络广播。视听媒体的交互性、个性化早已超过传统媒体。近年来，个别传统广电媒体收入依然坚挺，但是新兴视听媒体也飞速发展，不仅拥

---

[1] The Modern News Consumer, News attitudes and practices in the digital era, PEW Research Center, http://www.journalism.org/2016/07/07/the-modern-news-consumer/.

有众多用户,还拥有雄厚的收入与资本。以发展视听产品为主的字节跳动为例,截至 2020 年,该公司已经拥有了抖音(包括抖音极速版、抖音火山版、剪映、多闪等产品)、TikTok、西瓜视频、懂车帝、GoGoKid 英语、Faceu 激萌、轻颜相机等多个视听产品。仅抖音,2020 年 1 月日活跃(DAU)用户数为 4 亿,而到 8 月日活跃(DAU)用户数就已超过 6 亿。[①] 通过对视听产品的不断整合、研发、创新,字节跳动成了新媒体视听领域的佼佼者。中国视听媒体拥有技术、内容、人才、资本等众多资源,在国内的影响力也十分巨大,但是在参与国际合作的过程中还得兼顾渠道和植入,才能实现合作目标。

所谓渠道,主要指的是中国视听媒体在国际合作过程中如何利用国外媒体这一通道解决信息传播不畅通的问题。胡正荣认为,媒体产业上游是内容,下游是渠道;部分内容是开放的,而渠道应该是分化的。然而,笔者在美国访学期间,发现华人华侨普遍知道从网络上如何寻找关于中国的信息,但是那些关心中国事务的美国人依然主要从 CNN、BBC、FOX 及其网络与新媒体平台、账号上去了解中国信息。另外,笔者访谈的对象 Mark 表示,他若有空会比较愿意从 YouTube 网络平台上搜寻关于中国的历史、文化方面的信息,但是很多时候很难找到这样的信息,或者这些信息很少使用双语传播。[②] 近年来,中央电视台、中国国际电视台也在 YouTube 上开通了账号,但其知名度依然需要提升。因此,中国视听新媒体还须继续与国外媒体开通多样化渠道。这一方面需要继续借助长城平台、FOX 等增加落地范围,另一方面要与 YouTube、Facebook、Twitter、Instagram 等全球通用的平台合作,拓宽渠道。而这一过程既需要深谙谈判之道的人才,又需要网络技术对接人才以及语言翻译人才或者多语种切换系统。因此,面对"客场"情境和"在线"情境,快速组合这些人才与技术,充分拓展渠道是十分重要的。

所谓植入,主要针对的是中国视听媒体在国际合作过程中如何将需要表达的内容借助国外媒体已有的方式传播出去的问题。视听媒体需要通过植入的形式提高知名度,并在此基础上深入浅出地传播好中国声音。这可以从两个方面着手,一方面,中国视听媒体要与当地华语媒体在内容上深度融合,在解决语言问题的基础上与非华语媒体在内容上深度融合;另一方面,中国视听媒体在与非媒体机构联合举办活动时,要在策划、组织等方面深度合作,在活动现场使受众利用扫描二维码方式或链接方式进入中国视听媒体传播页面,有针对性

---

① 数据源自对字节跳动 2018 年、2019 年、2020 年企业社会责任报告的总结。
② 根据笔者在美国访学期间对美国 Intuit 计算机工程师 Mark 深度访谈内容归纳总结。

地传播中华文化、中国信息。

（三）新兴媒体国际合作道路兼顾智媒与网络原住民

新兴媒体是未来国际合作的生力军，是针对发达国家的媒体进行合作的主要力量，也是辅助欠发达国家的媒体继续发展的坚强后盾。另外，新兴媒体在采用新的媒介形式方面具有先天优势。因此，新兴媒体针对"网络原住民"，能够利用新的媒介形式，克服语言差异，克服时空差异，及时迅速传播信息，从而在一定程度上减少负面译码。

新兴媒体简称为新媒体，是时间与空间的一个相对概念，是一个不断变化、更新的概念。彭兰教授曾非常深入地梳理了"新媒体"概念的演变，提出新媒体在传播介质层面、传播形式与传播手段层面、传播机构层面、平台层面四个情景下常被使用。近年来，在中国，微博、微信、抖音、bilibili等作为传播介质层面的新媒体高速发展，新闻单位、新闻网站开设的官方账号作为传播机构层面的新媒体极速增长。另外，由于物联网、人工智能等的发展，智能机器、智能物体和其他技术进入新闻生产领域，将带来新闻发展的"个性新闻""机器人写作""传感器新闻""临场化新闻""分布式新闻"五种模式，[①] 而这些模式如果建立在准确的智能翻译基础上，能够在一定程度上避免西方媒体对突发事件的负面"编码"，让国内与国际用户能够及时、客观、全面地掌握中国信息，提高中国媒体在国际舆论中的议程设置能力。因此，这些新媒体作为中国国际传播的重要媒介，在参与国际合作过程中要充分兼顾智媒与"网络原住民"。

所谓兼顾智媒，主要是指基于智媒已经被大量运用这一事实，选择合适的媒体合作领域。首先是在联合研发新技术层面的合作。尽管虚拟现实（VR）、增强现实（AR）等技术已经在 NBA、世界杯等体育赛事直播，美国民主党电视辩论、总统候选人电视辩论以及中国两会等政治事件直播中运用，但是在进一步提升技术、消除用户的不适感方面还得继续加强。目前，中国百度、阿里巴巴、腾讯以及华为等都还在不停地研究，而 CNN、NBC、Facebook 等也在加速推进，因此，将这些资源组合起来，探索更加普及的穿戴设备、智能芯片、人机合一等技术，从而通过合作增加彼此认知并客观传播中国，对新兴媒体来说就显得异常重要。其次是与广泛采用智媒的社交媒体、视频网站等在内

---

① 彭兰：《智媒化：未来媒体浪潮——新媒体发展趋势报告（2016）》，载《国际新闻界》2016年第11期。

容链接层面的合作。诸如Facebook在全球用户近30亿的情况下,其号召力、聚合力都远远超过传统媒体,因此,中国新兴媒体可在解决版权问题的基础上与传统媒体合作,形成一个"内容+平台+应用+终端"的一云多屏的传播生态,保证充足的内容,利用人工翻译、智能翻译系统解决语言问题,充分与Facebook、YouTube、Netflix、Instagram等合作,以超链接形式转入自己的页面并重点以据有国际表现力的视听形式吸引、凝聚用户,最终以不断更新的内容增强用户的活跃性与黏合度。

所谓兼顾网络原住民,主要指的是基于当前媒体传播对象已从受众转为用户,而用户中,网络原住民又是核心群体这一事实,针对他们在媒介选择上存在多样化、移动化以及对世界各国充满兴趣的特点,与国外媒体进行有针对性的、个性化的合作。这一点,可学习TikTok。保罗·莱文森认为,用户在使用某种媒介的过程中,决定着该媒介"是什么媒介"。用户已不是被动地接收信息而是主动地"用"和"参与",并非死守某类媒体而是同时接触多种媒体。以美国为例,根据PEW中心的调查,70%的美国人通过家庭宽带来订阅信息,72%的美国人通过智能手机来订阅信息,48%的美国人通过台式电脑来订阅信息。[①] 而这当中,网络原住民又成为主力军。即使在相对欠发达的地区,倾向于移动终端获取信息的用户以及"网络原住民"数量依然呈现不断增长的趋势。而据PEW中心的调查,网络原住民对中国持有比较积极的态度。因此,新兴媒体作为天生就以吸纳用户为主的媒体,在国际合作过程中更应该重视"网络原住民"对中国信息的需求。这就需要充分借助大数据、云计算的统计功能,利用算法、Cookie技术等抓取功能锁定国内和国外不同诉求的网络原住民,并根据核算结果掌握他们对信息的需求,利用新基建成果,有针对性地、个性化地与国外媒体合作,形成多样化的成果,实现国家目标和自身目标。

2016年12月31日,习近平在给祝贺中国国际电视台(中国环球电视网)开播的贺信中指出,中国国际电视台(中国环球电视网)要讲好中国故事、传播好中国声音,让世界认识一个立体多彩的中国。事实上,不仅仅是中国国际电视台,凡是能开展国际合作的媒体,都应以此为己任。

---

① Information Overload,Pew Research Center,http://www.pewinternet.org/2016/12/07/information-overload/.

本章小结

　　学术研究不仅要充实理论，还要能为当下的发展提供现实路径。如今，中国媒体在国际合作中，角色多样，既要完成国家战略发展的需要，又要满足自身发展的需求，还要为全球媒体的不断发展做出应有贡献。本章重点从前两者的角度为中国媒体的国际合作提供了一定的思路。

　　首先，中国媒体要厘清自己所处的"在地"情境与"在线"情境、"主场"情境与"客场"情境、"营利"情境与"非营利"情境，并根据这些不同的情境选择不同的模式。但不管中国媒体面对何种情境，选择何种模式，都要善于抓住机遇。中国媒体要站在全球高度，充分抓住全球和平与发展的机遇，提升媒体国际合作的水平；抓住全球文化产业发展机遇，加快媒体国际合作进度；抓住全球文化科技进步机遇，延伸媒体国际合作深度。中国媒体要抓住中国经济崛起的机遇，提升媒体国际合作的水平；抓住文化产品出口变化机遇，提高媒体国际合作的影响力，提升中华文化的影响力；抓住"一带一路"倡议及相关机遇，找准合作新契机。中国媒体要抓住媒介技术融合机遇，增加国际合作的技术含量；抓住媒体业务、市场融合机遇，扩大国际合作领域；抓住媒体政府规制融合机遇，提高国际合作频率。除了抓住机遇，中国媒体还要重构国际合作的体系。中国媒体要厘清合作动力与影响因素，更新国际合作的动力网络；厘清合作主体与对象，更新国际合作的参与者网络；厘清合作领域与形式，更新国际合作的边界与形式网络。中国媒体还要掌握国际合作程序，准确选择不同的国际合作模式参与国际合作。

　　其次，"一带一路"倡议是中国当下最重要的国际合作思路，中国媒体作为中国推进"一带一路"倡议实施的重要传播工具，作为"一带一路"倡议的重要参与者，要在厘清各种情境、选择恰当模式的情况下有序地合作。强调有序主要指的是各个级别、各地区、各类型的媒体，角色不同，目标不同，资源不同，采取的合作方式、模式就会不同。同时，不同媒介形式的媒体，面对新技术的发展带来的机遇与挑战也要有不同的策略。基于此，本书提出，国家级别媒体继续强化"走出去"的步伐，地方媒体继续增强"引进来"的力度；边疆省区的媒体抓住与周边国家媒体的合作机遇；沿海与港澳台地区媒体抓住原有合作基础与"21世纪海上丝绸之路"机遇继续深化合作；内陆地区媒体搭好边疆省区、沿海地区、港澳台地区与国际合作的顺风车。报刊媒体国际合作道路兼顾融合与搭车；视听媒体国际合作道路兼顾渠道与植入；新兴媒体国际合作道路兼顾智媒与网络原住民。

　　最后,中国媒体作为全球媒体的一部分,应该为全球媒体的发展做贡献。近年来,全球传统媒体都面临着经济发展乏力、新媒体技术应用欠佳、受众不断流失、新闻道德滑坡、媒体创新不足等问题,中国媒体自然也要思考解决这些问题的方法。所以,近年来,中国媒体负责任地站在了"人类命运共同体"的高度,与全球知名媒体共同举办诸如"世界媒体峰会"这样的盛事,为全球媒体发展搭建高端平台,共同商讨应对问题的策略。在未来,这样的盛会会继续召开,不同的是,中国媒体需要联合更多的媒体、更多的企业、更多的智库,真正促进全球媒体迎接挑战,为全球发展做出更多贡献。

参考文献

一、中文文献

（一）译著

（丹麦）克劳斯·布鲁恩·延森：《媒介融合：网络传播、大众传播和人际传播的三重维度》，刘君译，上海：复旦大学出版社，2012年。

（加）哈罗德·伊尼斯：《传播的偏向》，何道宽译，北京：中国人民大学出版社，2003年。

（加）马歇尔·麦克卢汉：《理解媒介》，何道宽译，南京：译林出版社，2011年。

（美）E·M. 罗杰斯：《传播学史——一种传记式的方法》，殷晓蓉译，上海：上海译文出版社，2002年。

（美）沃纳·赛佛林、小詹姆斯·坦卡德：《传播理论起源、方法与应用》，郭镇之、徐培喜等译，北京：中国传媒大学出版社，2006年。

（美）阿尔温·托夫勒：《第三次浪潮》，黄明坚译，北京：中信出版社，2006年。

（美）阿伦·拉奥、皮埃罗·斯加鲁菲：《硅谷百年史：伟大的科技创新与创业历程（1900—2013）》，闫景立、侯爱华译，北京：人民邮电出版社，2014年。

（美）保罗·莱文森：《新新媒介》，何道宽译，上海：复旦大学出版社，2011年。

（美）哈罗德·D. 拉斯韦尔：《世界大战中的宣传技巧》，张洁、田青译，北京：中国人民大学出版社，2003年。

（美）哈罗德·拉斯韦尔：《社会传播的结构与功能》，何道宽译，北京：中国传媒大学出版社，2013年。

（美）赫伯特·甘斯：《什么在决定新闻》，石琳、李红涛译，北京：北京大学出版社，2009年。

（美）马克斯韦尔·麦库姆斯：《议程设置：大众媒介与舆论》，郭镇之、徐培喜译，北京：北京大学出版社，2008年。

（美）尼尔·波兹曼：《娱乐至死》，章艳译，北京：中信出版社，2014年。

（美）尼葛洛庞帝：《数字化生存》，胡泳、范海燕译，海口：海南出版社，1997年。

（美）斯蒂芬·李特约翰、凯伦·福斯：《人类传播理论》，史安斌译，北京：清华大学出版社，2009年。

（美）威尔伯·施拉姆、威廉·波特：《传播学概论》，何道宽译，北京：中国人民大学出版社，2010年。

（美）詹姆斯·沃克、道格拉斯·弗格森：《美国广播电视产业》，陆地、赵丽颖译，北京：清华大学出版社，2005年。

（英）迈克－舍恩伯格、肯尼思·库克耶：《大数据时代：生活、工作与思维的大变革》，周涛译，杭州：浙江人民出版社，2013年。

（二）专著

蔡尚伟：《电视专题》，北京：清华大学出版社，2010年。

蔡尚伟、车南林：《文化产业精要读本》，南京：江苏人民出版社，2015年。

蔡尚伟、温洪泉：《文化产业导论》，上海：复旦大学出版社，2006年。

陈阳：《大众传播学研究方法导论》，北京：中国人民大学出版社，2007年。

程曼丽：《国际传播学教程》，北京：北京大学出版社，2006年。

初广志：《加入WTO对中国新闻传播业的影响及对策》，西安：陕西人民教育出版社，2001年。

储钰琦：《中国电视剧产业史》，北京：中国广播电视出版社，2014年。

丁柏铨：《加入WTO与中国新闻传播业》，北京：社会科学文献出版社，2005年。

方汉奇：《中国新闻传播史》，北京：中国人民大学出版社，2009年。

方汉奇：《中国新闻通史（第三卷）》，北京：中国人民大学出版社，1999年。

关世杰：《国际传播学》，北京：北京大学出版社，2004年。

郭可：《国际传播学导论》，上海：复旦大学出版社，2004年。

郭镇之：《中国电视史》，北京：中国人民大学出版社，1991年。

国家广播电影电视总局外事司：《传诵友谊——中国广播电视的对外合作与交流》，北京：中国广播电视出版社，1998年。

胡太春：《中国报业经营管理史》，太原：山西教育出版社，1998年。

胡正荣：《传播学总论》，北京：北京广播学院出版社，1997年。

胡正荣、张磊：《时代之印——中国媒介三十年（1978—2008）》，西安：陕西人民出版社，2008年。

黄升民、丁俊杰：《中国广电媒介集团化研究》，北京：中国物价出版社，2001年。

黄玉迎：《中国广播电视节目改革研究（1992—2012）》，北京：中国传媒大学出版社，2013年。

姜锡一、赵五星：《韩国文化产业》，北京：外语教学与研究出版社，2009年。

金冠军、郑涵：《当代传媒制度变迁》，上海：上海三联书店，2008年。

李春：《当代中国传媒史（1978—2010）》，桂林：漓江出版社，2014年。

李良荣、林晖、谢静：《当代西方新闻媒体》，上海：复旦大学出版社，2003年。

李希光：《软力量与全球传播》，北京：清华大学出版社，2005年。

李向阳：《亚太地区发展报告（2014）：中国的周边环境》，北京：社会科学文献出版社，2014年。

李欣：《西方传媒新秩序：从独立传媒、家族传媒到公司传媒》，广州：南方日报出版社，2008年。

李宇：《国际传播视野下美国华语电视内容模式研究》，北京：中国社会科学出版社，2012年。

李智：《国际政治传播：控制与效果》，北京：北京大学出版社，2007年。

刘继南：《国际传播与国家形象》，北京：北京广播学院出版社，2002年。

陆地：《中国电视产业的危机与转机》，北京：中国人民大学出版社，2002年。

陆小华：《激活传媒：传媒竞争力发掘与执行策略》，北京：中信出版社，2002年。

马光仁：《上海新闻史》，上海：复旦大学出版社，1996年。

潘祥辉：《媒介演化论：历史制度主义视野下的中国媒介制度变迁研究》，

北京：中国传媒大学出版社，2009 年。

彭兰：《中国网络媒体的第一个十年》，北京：清华大学出版社，2005 年。

彭芸：《国际传播与科技》，台北：三民书局，1991 年。

强月新、黄晓军：《中国大众传媒合作竞争论》，北京：人民出版社，2011 年。

邱沛篁：《新闻传播教育探索》，成都：四川人民出版社，2013 年。

孙光海、陈立生：《传媒博弈论》，北京：生活·读书·新知三联书店，2008 年。

孙旭培：《当代中国新闻改革》，北京：人民出版社，2004 年。

童兵：《技术、制度与媒介变迁：中国传媒改革开放 30 年论集》，上海：复旦大学出版社，2009 年。

涂子沛：《大数据》，桂林：广西师范大学出版社，2012 年。

闻学、肖海林：《境外资本进入中国传媒市场行为、影响与政策》，北京：北京大学出版社，2014 年。

吴信训、金冠军：《中国传媒经济研究（1949—2004）》，上海：复旦大学出版社，2004 年。

萧国亮、隋福民：《中华人民共和国经济史（1949—2010）》，北京：北京大学出版社，2011 年。

袁明：《国际关系史》，北京：北京大学出版社，2005 年。

张力伟、孔峥：《本土化：中国电视产业研究》，北京：北京广播学院出版社，2004 年。

张历历：《当代中国外交简史》，上海：上海人民出版社，2009 年。

张讴：《印度文化产业》，北京：外语教学与研究出版社，2007 年。

张胜冰、徐向昱、马树华：《世界文化产业导论》，北京：北京大学出版社，2014 年。

张植荣：《邓小平外交》，海口：海南出版社，1996 年。

赵化勇：《中央电视台发展史（1958—1997）》，北京：中国广播出版社，2008 年。

赵化勇：《中央电视台发展史（1998—2008）》，北京：中国广播出版社，2008 年。

赵小兵、周长才：《中国媒体投资：理论与案例》，上海：复旦大学出版社，2003 年。

赵玉明：《中国广播电视通史》，北京：中国传媒大学出版社，2006 年。

支庭荣：《西方媒介产业化历史研究》，广州：广东人民出版社，2004年。

中国国际广播电台国际合作交流办公室：《国际城市广播媒体合作论坛文集》，北京：中国国际广播出版社，2012年。

中华人民共和国外交部、中共中央文献研究室：《毛泽东外交文选》，北京：中央文献出版社，1994年。

中华人民共和国外交部外交史编辑室：《中国外交概览（1987）》，北京：世界知识出版社，1987年。

中华人民共和国外交部亚非司：《2015中国——阿拉伯国家广播电视合作论坛》，北京：世界知识出版社，2015年。

周鸿铎：《创意传媒经济》，北京：世界图书出版公司，2008年。

周鸿铎：《广播电视经济学》，北京：中国广播电视出版社，2000年。

（三）论文

安娜·葛雷：《全球媒体：文化研究问题考量》，张瑞卿译，载《江西社会科学》2009年第11期。

毕磊、钱晓文：《我国报刊"走出去"的现状与策略》，载《传媒》2012年第4期。

蔡骐：《媒介融合时代的电视媒体转型之路》，载《现代传播》2015年第11期。

蔡尚伟：《〈看东盟〉的电视政治学阐释》，载《中国电视》2004年第9期。

蔡尚伟：《媒体合作：媒体竞争的明智策略》，载《新闻与传播研究》1999年第4期。

蔡尚伟、车南林：《"一带一路"上的文化产业挑战及对中国文化产业发展的建议》，载《西南民族大学学报（人文社科版）》2016年第4期。

蔡尚伟、车南林：《刍议"一带一路"上的媒体合作》，载《今传媒》2016年第1期。

蔡尚伟、刘锐：《〈文化产业振兴规划〉与传媒业发展》，载《新闻记者》2009年第9期。

蔡尚伟、刘锐：《论新中国文化经济及文化产业政策的演变》，载《思想战线》2010年第1期。

蔡尚伟、王理：《开启中国文化产业国际化时代》，载《西南民族大学学报（人文社科版）》2010年第5期。

曹书乐：《新闻集团进入中国媒介市场的行文研究（上）》，载《北京电影学院学报》2003 年第 1 期。

柴玉舟：《外资进入中国出版业的四种模式分析》，载《出版发行研究》2006 年第 1 期。

常绍舜：《从经典系统论到现代系统论》，载《系统科学学报》2011 年第 3 期。

车南林、蔡尚伟：《"一带一路上"的中国广播电视媒体合作历程》，载《西南民族大学学报（人文社科版）》2016 年第 11 期。

陈戈、储小平：《当代中国报业制度变迁的一个理论解说》，载《经济社会体制比较》2006 年第 2 期。

陈力丹：《新闻是一种特殊商品》，载《新闻界》1986 年第 6 期。

陈力丹：《再谈新闻商品性的几个问题》，载《新闻界》1987 年第 6 期。

陈力丹、李熠祺：《历经劫难而重生的柬埔寨新闻传播业》，载《新闻界》2015 年第 21 期。

陈岷：《论邓小平的国际合作理论》，载《毛泽东思想研究》2001 年第 3 期。

陈须隆、苏晓军：《十八大以来的中国外交战略新思想》，载《和平与发展》2014 年第 6 期。

陈艳彩、刘友芝、钱金：《民营与境外资本进入中国广告业的量化分析》，载《湖南工业大学学报（社会科学版）》2008 年第 5 期。

陈一壮：《论贝塔朗菲的"一般系统论"与圣菲研究所的"复杂适应系统理论"的区别》，载《山东科技大学学报（社会科学版）》2007 年第 2 期。

刁毅刚：《区域媒体融合发展的路径与愿景——云南日报报业集团副总编辑、云报集团全媒体指挥中心主任田静专访》，载《中国传媒科技》2017 年第 2 期。

丁和根、林吟昕：《试论中国传媒业国际竞争的大公司战略》，载《国际新闻界》2011 年第 1 期。

董德福：《全球化背景下中国文化的现代性诉求》，载《探索》2007 年第 2 期。

董媛媛：《境外资本进入中国广播电视领域的可行性》，载《青年记者》2010 年第 12 期。

杜江、蒲媛：《境外资本进入中国电视业的模式研究》，载《今传媒》2010 年第 8 期。

段鹏:《提升我国广播电视国际传播能力的微观策略》,载《现代传播》2014年第12期。

范昀:《"走出去"到"走进去":CCTV-NEWS本土化发展战略》,载《电视研究》2013年第7期。

方汉奇:《谁采访了巴黎和会》,载《国际新闻界》2007年第8期。

冯欣:《〈美丽中国〉全案研究》,载《中国电视(纪录)》2012年第8期。

高虹:《美国传媒型跨国公司进入中国市场的方式与阶段》,载《特区经济》2008年第8期。

高鹏程:《试论结构的概念》,载《学术交流》2010年第2期。

古祖雪:《论国际法的理念》,载《法学评论》2005年第1期。

郭光华:《我国媒体国际传播能力构建路径探索》,载《现代传播》2015年第5期。

郭招金:《海外华文媒体在加强国际传播力建设中的作用》,载《对外传播》2009年第1期。

郭镇之:《中国电视走向东南亚》,载《南方电视学刊》2012年第6期。

郭镇之:《中国广播电视产业"走向东南亚"的对策性建议》,载《中国广播》2013年第4期。

何志鹏:《论中国国际法心态的构成因素》,载《法学评论》2014年第1期。

何志鹏:《走向国际法的强国》,载《当代法学》2015年第1期。

洪浚浩:《解读美国政府媒体在后冷战时期的新趋势》,载《新闻与传播研究》2011年第2期。

洪浚浩、严三九:《中华文化国际传播的必要性、紧迫性与挑战性》,《新闻与传播研究》2014年第6期。

侯杰辉:《国际政治、国际关系、世界政治与全球政治概念辨析》,载《教学与研究》2003年第10期。

胡旭:《传媒业开放:小步慢走十五年》,载《今传媒》2008年第8期。

胡正荣、李继东:《我国媒介规制变迁的制度困境及其意识形态根源》,载《新闻大学》2005年第1期。

胡智锋、刘俊:《主体·诉求·渠道·类型:四重维度论如何提高中国传媒的国际传播力》,载《新闻与传播研究》2013年第4期。

黄少安:《制度变迁的三个理论假说及其验证》,载《中国社会科学》2000年第4期。

黄升民：《"媒介产业化"十年考》，载《现代传播》2007年第1期。

黄升民：《重提媒介产业化》，载《现代传播》2000年第5期。

黄真：《国际合作的类型学：社会交换理论的视角》，载《上海行政学院学报》2014年第6期。

黄真：《中国国际合作理论：目的、途径与价值》，载《国际论坛》2007年第6期。

黄志雄：《WTO多哈回合谈判与中国的多边外交探析》，载《国际论坛》2008年第6期。

嵇美云：《论跨国媒体进入中国的现状、影响及其对策》，载《中国广播电视学刊》2001年第7期。

贾鹏：《中埃电视媒体合作的前景展望》，载《阿拉伯研究论丛》2015年第1期。

江和平：《加强电视交流 扩大中国影响》，载《电视研究》2003年第2期。

江卫东：《中共对外新闻传播思想史初探》，载《重庆三峡学院学报》2014年第2期。

姜飞：《新阶段推动中国国际传播能力建设的理性思考》，载《南京社会科学》2015年第5期。

焦若薇：《新疆与中亚、北亚跨界民族受众研究》，载《新闻爱好者》2012年第18期。

焦若薇：《新疆主流媒体国际传播及中亚目标受众研究》，载《现代传播》2014年第8期。

金亨真：《西方国际关系理论中的几种合作论》，载《国际资料信息》2004年第7期。

克利福德·克里斯蒂安：《论全球媒体伦理：探求真相》，陈世华译，载《北京大学学报（哲学社会科学版）》2012年第6期。

李春利：《中国加入WTO对广播电视意味着什么》，载《新闻界》2000年第3期。

李从军：《秉持社会责任 建立全球媒体协调机制——在世界媒体峰会主席团会议上的致辞》，载《中国记者》2011年第10期。

李从军：《转型顺应变革 携手应对变革 合作引领变革——在世界媒体峰会第二次主席团会议上的致辞》，载《中国记者》2013年第11期。

李道湘：《全球化背景下中华文化面临的机遇和挑战》，载《山西社会主义学院学报》2005年第4期。

李华锋：《论冷战后中国国际观的变与不变——以党报告为视角》，载《聊城大学学报（社会科学版）》2011年第5期。

李怀亮：《文化"走出去"须统筹国际国内两个市场》，载《现代传播》2015年第7期。

李建秋：《观众取向与频道专业化》，载《电视研究》2001年第10期。

李琳：《外资传媒的中国攻略》，载《中外文化交流》2005年第6期。

李向阳：《我国广播电视事业的产业化趋势》，载《中国广播电视学刊》1994年第1期。

李兴：《"国际政治"与"国际关系"概念辨析》，载《现代国际关系》2002年第2期。

李旭：《境外媒体进入中国电视市场的现状与趋势》，载《商品与质量理论研究》2010年第S5期。

李艳华：《非国有资本进入传媒的方式与运作特征》，载《现代传播》2008年第1期。

梁刚：《我国网络媒体企业走出去现状、问题与对策》，载《中国出版》2015年第16期。

梁建生：《文化创意产业跃居法国经济支柱》，载《中国文化报》2013年12月3日第10版。

梁平：《WTO与中国广播电视》，载《中国广播电视学刊》2001年第6期。

梁平：《加入WTO对中国广播电视业的影响及对策探讨》，载《中国有线电视》2001年第10期。

梁守德：《中国的国际观和外交战略新思维》，载《世界经济与政治论坛》2004年第3期。

林如鹏：《跨媒体、跨地区、跨行业——中国媒介集团做大做强的必由之路》，载《新闻大学》2002年第4期。

林媛、郁正民：《1923年奥斯邦电台广播音乐会研究》，载《人民音乐》2015年第9期。

刘琛：《21世纪以来美国"政府—媒体"关系的新发展》，载《浙江传媒学院学报》2011年第1期。

刘琛：《从对外封闭到互惠传播——解读独立以来印度电视传媒政策的变迁》，载《国际新闻》2006年第2期。

刘琛：《老挝电视传媒：历史，身份与意识形态》，载《国际新闻界》2010年第3期。

刘琛：《中华文化对外传播战略的跨文化研究》，载《福建师范大学学报（哲学社会科学版）》2012年第6期。

刘劲松：《新加坡马来西亚对境外电视节目的管理运作》，载《荧屏内外》2003年第5期。

刘瑞敏：《CCTV-4在美国南加州收视情况分析》，载《电视研究》2012年第4期。

刘笑盈、吴燕：《CCTV电视国际传播及其对世界传播格局的影响》，载《现代传播》2008年第5期。

刘颖悟、汪丽：《媒介融合的概念界定与内涵解析》，载《传媒》2012年第1期。

卢静：《中国和平崛起的国际舆论环境分析》，载《国际问题研究》2015年第2期。

陆小华：《国际传媒竞争取向与中国的选择——增强国际传播能力与"中国电视网"开播》，载《新闻与写作》2010年第2期。

罗秀兰：《建立择优、竞争评聘机制　培养一支优秀青年电视专业人才队伍》，载《电视研究》1994年第8期。

牛光夏：《中英合拍纪录片〈孔子〉：国际视角下对历史人物的当代观照》，载《中国电视》2016年第4期。

牛静：《建构全球媒体伦理：可实现的愿景抑或乌托邦?》，载《国际新闻界》2015年第7期。

彭兰：《"新媒体"概念界定的三条线索》，载《新闻与传播研究》2016年第3期。

彭兰：《智媒化：未来媒体浪潮——新媒体发展趋势报告（2016）》，载《国际新闻界》2016年第11期。

邱耕田：《"命运共同体"：一种新的国际观》，载《学习时报》2015年6月8日。

邱一江、秦珊：《中美电视合作与竞争关系》，载《暨南学报（人文科学与社会科学版）》2004年第9期。

曲星、苏晓晖、李静：《国际舆论中的中国国家形象》，载《当代世界》2012年第2期。

冉华、梅明丽：《中国传媒产业发展的现实困境——兼论文化体制改革背景下的传媒制改革》，载《武汉大学学报（人文科学版）》2007年第6期。

申凡：《解放以来我国报业结构演变探析》，载《新闻与传播研究》1999年第3期。

石培龙：《新时期中国报业制度变迁探析》，载《宁夏社会科学》2004年第4期。

时统宇：《频道专业化与体制创新》，载《电视研究》2001年第8期。

史安斌：《论我国对外传播事业的"短板"与国际新闻传播人才培养模式的创新》，载《新闻界》2012年第14期。

宋秀琚：《美国国际合作理论研究综述》，载《国外社会科学》2005年第3期。

宋秀琚：《西方主流国际关系理论对"国际合作理论"的不同解读》，载《国际论坛》2005年第5期。

宋秀琚：《中国国际合作理论的成果与不足》，载《云南社会科学》2006年第3期。

覃思：《半岛电视台败退美国的原因及对发展中国家国际传播的启示》，载《东南传播》2016年第9期。

谭康：《ESPN何以败走中国——ESPN淡出中国媒介市场的原因分析》，载《电影评介》2007年第17期。

谭天：《走出去，更要走进去——从广东电视台"走出去"战略说起》，载《青年记者》2008年第10期。

唐润华、何慧媛：《责任、创新、融合：首届世界媒体峰会全球新闻奖获奖作品评析》，载《中国记者》2015年第2期。

唐旭昌：《大卫·哈维的时间——空间修复理论》，载《南通大学学报（社会科学报）》2010年第3期。

唐彦林：《美国对中国崛起的认知、对策及中国的应对》，载《世界经济与政治》2010年第3期。

陶建杰：《外国记者在华活动回顾》，载《青年记者》2009年第28期。

童兵：《入世一年的中国传媒市场新格局》，载《新闻记者》2003年第1期。

童清艳：《中国传媒产业：知识经济条件下的国际合作》，载《新闻界》2007年第3期。

万兴伟：《中国与东盟传媒产业合作模式》，载《广西财经学院学报》2011年第6期。

汪波、覃辉银：《国际合作研究：流派争鸣、理论成果及局限》，载《武汉大学学报（哲学社会科学版）》2007年第3期。

汪幼海：《〈字林西报〉与近代上海新闻事业》，载《史林》2006年第1期。

王本彰：《从WTO电信协议看有线电视业面临的竞争》，载《广播与电视技术》1998年第11期。

王枫：《加速电视台管理现代化的进程 适应电视发展的新形势》，载《电视研究》1986年第2期。

王庚年：《论国际台节目海外落地发展战略》，载《中国广播电视学刊》2005年第10期。

王辉：《美国对"中国崛起"的认知与战略回应》，载《现代国际关系》2013年第7期。

王立：《我国文化体制改革历程的回顾与启示》，载《长春工业大学学报（社会科学版）》2010年第1期。

王林、伍奇：《"一带一路"视阈下提升云南传媒业国际传播力的思考》，载《对外传播》2016年第5期。

王柳、商建辉：《中国电视媒体"走出去"探析》，载《现代视听》2011年第11期。

王南：《中阿媒体交流与合作刍议》，载《阿拉伯世界研究》2011年第1期。

王南：《中非媒体交流与合作》，载《亚非纵横》2010年第3期。

王守国：《我国报业经营改革的制度变迁分析》，载《河南社会科学》2004年第3期。

王学人：《文化创意产业发展：印度的实践与借鉴》，载《南亚研究季刊》2012年第3期。

王雅静：《加强新疆与中亚传媒产业合作，共同促进区域经济合作发展》，载《大陆桥视野》2014年第6期。

魏永征：《中国传媒业利用业外资本合法性研究》，载《新闻与传播研究》2001年第2期。

吴畅畅：《湖南卫视"高端崛起"之后，还有什么？》，载《新闻大学》2014年第5期。

吴风：《1995—2000年中国网络媒体发展报告》，载《现代传播》2001年第3期。

吴建民：《2015年的国际形势和对2016年的展望》，载《东北亚论坛》2016年第2期。

夏安凌、黄真：《论新现实主义的国际合作理论》，载《教学与研究》2006年第11期。

夏安凌、黄真：《文化、合作与价值——建构主义国际合作理论评析》，载《当代亚太》2007年第5期。

肖萌：《全球化背景下文化传播理念与路径探析》，载《现代传播》2014年第8期。

谢卓华：《广西媒体对东盟的信息传播能力——以〈广西日报〉和〈荷花〉杂志为例》，载《新闻爱好者》2011年第11期。

新华社总编室：《加快国际传播能力建设——新华社圆满完成"国际儿童日"大型公益活动和24小时环球直播报道》，载《中国记者》2009年第12期。

熊慧：《解析国际传播研究的若干"迷思"——兼议中国媒体国际传播能力的提升机制》，载《新闻记者》2013年第9期。

徐翠霞、裴艺元：《电视人才面面观》，载《电视研究》2000年第11期。

徐光春：《WTO与广播电视业改革》，载《新闻战线》2002年第7期。

严三九：《从"湖南电视现象"看体制和机制的创新》，载《新闻大学》2001年第1期。

阎小培：《信息产业的概念与分类》，载《地域研究与开发》1998年第4期。

颜秉征：《十一届三中全会后的中国外交战略调整》，载《黑龙江社会科学》2001年第6期。

杨红川、张若谷：《牵手柬埔寨 共建媒体合作大通道》，载《云南日报》2015年2月12日第8版。

姚德权、曹海毅：《外资进入中国传媒业态势与政府规制创新》，载《吉林大学社会科学学报》2007年第2期。

禹建强：《外资进入中国传媒业的对策研究》，载《现代传播》2013年第2期。

臧旭恒、李扬、贺洋：《中国崛起与世界经济版图的改变》，载《经济学家》2014年第1期。

张恒军：《论中国网络媒体发展的阶段性特征》，载《新闻界》2010年第3期。

张俊梅：《"一本两拍"中韩影视合作新模式浅析——以〈奇怪的她〉与〈重返20岁〉为例》，载《今传媒》2016年第8期。

张咏华、潘华、刘佳：《境外媒体进入上海的现状与挑战》，载《新闻记者》2005年第6期。

张云、张建丽、李雪铭等：《1990年以来中国大陆海岸线稳定性研究》，载《地理科学》2015年第10期。

张云龙、帅蓉：《外宣媒体海外融合之路初探——以新华社欧洲总分社为例》，载《对外传播》2015年第9期。

张志宇、苏锋、常凤霞：《韩国文化产业的出口振兴政策和韩国文化产业发展》，载《当代韩国》2016年第1期。

张梓轩：《中国大陆与新加坡电视剧合拍研究》，载《现代传播》2012年第2期。

赵鑫洋：《"一带一路"媒体合作的重要意义——2016"一带一路"媒体合作论坛嘉宾观点摘编》，载《国家治理》2016年第28期。

赵洋、袁正清：《国际组织与国际干涉行为》，载《外交评论》2015年第2期。

赵永华、王硕：《全球治理视阈下"一带一路"的媒体合作：理论、框架与路径》，载《国际新闻界》2016年第9期。

郑保卫、姜秀珍：《后危机时代世界媒体格局变化与中国新闻传播策略》，载《现代传播》2011年第10期。

郑保卫、叶俊：《中外媒体交流与合作：现状、问题及对策》，载《西南民族大学学报（人文社科版）》2015年第9期。

郑亚楠：《黑龙江地方媒体对俄罗斯远东地区的传播战略研究》，载《现代传播》2014年第5期。

周理清：《国际合作理论研究》，载《学理论》2015年第32期。

周丽：《全球化语境下新疆的对外传播》，载《新闻爱好者》2010年第20期。

周铁东：《好莱坞与中国电影的全球战略——从〈金陵十三钗〉的海外失利看加强中美合拍的必要性》，载《电影艺术》2012年第5期。

周宗敏、唐润华、黄富慧：《在世界新闻史上写下浓墨重彩的一笔——首届世界媒体峰会全球新闻奖的诞生及启示》，载《中国记者》2014年第12期。

朱春阳：《我国影视产业"走出去工程"10年的绩效反思》，载《新闻大学》2012年第2期。

朱晖：《中外传媒行业合作模式初探》，载《郑州航空工业管理学院学报》2003年第3期。

左登基：《浅谈大型跨国传媒集团建构传播全球化的进路——背景、策略、趋势和影响》，载《文史月刊》2012年第8期。

（四）博士学位论文

蔡尚伟：《成都、重庆的城市文化与报业》，四川大学，2003年。

陈杰：《美国传媒集团国际化研究——基于经济学视角的分析》，复旦大学，2011年。

韩永进：《中国文化体制改革32年历史叙事与理论反思》，中国艺术研究院，2010年。

黄晓君：《我国大众传媒的合作竞争研究》，武汉大学，2010年。

林牧茵：《移植与流变：密苏里大学新闻教育模式在中国（1921—1952)》，复旦大学，2012年。

罗融融：《〈中国国家地理〉研究（1950—2013)》，暨南大学，2014年。

钱广贵：《中国传媒体制改革研究：从两分开到三分开》，武汉大学，2009年。

邱凌：《软实力背景下的中国国际传播战略研究》，复旦大学，2009年。

阮青进：《邦交正常化以来中越两国文化交流研究（1991—2014)》，湖南师范大学，2015年。

沈国麟：《控制沟通——论美国政府的媒体宣传》，复旦大学，2006年。

宋秀琚：《国际合作理论：批判与建构》，华中师范大学，2006年。

王帆：《在华外国人的媒介使用与效果研究——中国对外传播研究路径的再审视》，复旦大学，2012年。

王海腾：《中国对美公共外交研究》，中共中央党校，2014年。

吴立斌：《中国媒体的国际传播及影响力研究》，中共中央党校，2011年。

肖娴：《1949—1966年刘少奇的外交思想和实践研究》，陕西师范大学，2012年。

熊波：《新媒体时代中国电视产业发展研究》，武汉大学，2013年。

熊德：《中国新闻电视媒体跨国传播能力研究——以CNC为例》，武汉理工大学，2012年。

杨文延：《中国广播电视产业海外本土化战略研究——以美国为例》，武汉理工大学，2011年。

易旭明：《中国电视产业的制度变迁与需求均衡》，上海大学，2011年。

岳淼：《中国电视新闻节目发展史研究》，厦门大学，2009年。

张江彩：《好莱坞电影在中国的跨文化传播》，山西师范大学，2012年。

张莉：《1978—2011：中国广电传媒改革路径研究——基于制度分析视角》，武汉大学，2012年。

钟馨：《1976—2001年中国对外传播史研究》，武汉大学，2010年。

周璐铭：《中国对外文化战略研究（2000—2015）》，中共中央党校，2015年。

二、英文文献

（一）专著

Adina Zemanek. *Media in China, China in the Media: Processes, Strategies, Images, Identities*, Jagiellonian University Press, 2014.

Alan B. Albarran. *Global Media Economics-Commercialization, Concentration and Integration of World Media Market*, Lowa State University Press, 1996.

Andrew H. Kydd. *International Relations Theory: The Game Theoretic Approach*, Cambridge University Press, 2015.

Arvind Singhal, Everett. M. Rogers. *India's Communication Revolution From Bullock Carts To Cyber Marts*, Sage Publications, 2001.

Caria Norrlof. *America' Global Advantage: US Hegemony and International cooperation*, Cambridge University Press, 2010.

Denis Mcquail, Sven Windal. *Communication Models: for the Study of Mass Communication (Second Edition)*, Longman Publishing, 1993.

EL Mustapha Lahlali. *Contemporary Arab Broadcast Media*, Edinburgh University Press, 2011.

John Howkins. *Mass Communication in China*, Longman Inc, 1982.

Joshua Eisemann, Eric Heginbotham, Derek Mitchell. *China and the Developing World: Beijing's Strategy for the Twenty-first Century*, Routledge Taylor & Francis Group, 2007.

Kerry Brown. *China and the EU in Context: Insights for Business and Investors*, Palgrave Macmillan, 2014.

Kunczik, Michael. *Images of Nations and International Public Relations*, Lawrence Erlbaum, 1997.

Lee Chin-Chuan. *Chinese Media, Global Contexts*, Routledge, 2009.

Michael A. Krysko. *American Radio In China: International Encounters with Technology and Communications*, Palgrave, 1919.

Nihal Ahmad. *History of Radio Pakistan*, Oxford University Press, 2005.

Stephanie Hemelryk Donald, Michael Keane, Yin Hong. *Media in China: Consumption, Content and Crisis*, Routledge Curzon, 2002.

Stephen Ward. *Ethics and the Media: An Introduction*, Cambridge University Press, 2011.

Stylianos Papathanassopoulos, Ralph Negrine. *European Media: Structures, Policies and Identity*, Poly Press, 2012.

Susan L. Shirk. *Changing Media, Changing China*, Oxford University Press, 2011.

Sydney W. Head. *Broadcasting in Africa: A Continental Survey of Radio and Television*, Temple University Press, 1974.

Wang Luolin. *China's WTO Accession Reassessed*, Routledge, 2015.

Won ho Chang. *Mass Media in China: The History and the Future*, Iowa State University Press, 1989.

（二）论文

S. Agrwal, S. N. Ram Swami. "Choice of Foreign Markets Entry Mode: Impact of Ownership, Location and Internationalization Factors", *Journal of International Business Studies*, 1992, 23 (1).

AL Xia, Z Huang. "On International Cooperation Theory of Neorealism", *Teaching & Research*, 2006.

M. Barnett, R. Duvall. "Power in International Politics", *International Organization*, 2005, 59 (1).

S. Barrett. "A Theory of Full International Cooperation", *Journal of Theoretical Politics*, 1999, 11 (4).

S. Barrett. "Self-enforcing international Environmental Agreements", *Oxford Economic Papers*, 1994, 46.

S. Barrett. "The biodiversity Supergame", *Environmental and Resource Economics*, 1994, 4 (1).

Brian Yecies, Michael Keane, Terry Flew. "East Asian Audio-visual Collaboration and the Global Expansion of Chinese Media", *Media International Australia*, 2016, 159 (1).

Brian Yecies. "Transnational Collaboration of the Multisensory Kind: Exploiting Korean 4D Cinema in China", *Media International Australia*, 2016, 159 (1).

Chen Zhimin. "Nationalism, Internationalism and Chinese Foreign Policy", *Journal of Contemporary China*, 2005, 14 (42).

Douglas Lemke, L. Ronald. "Tammen, Power Transition Theory and the Rise of China", *International Interactions*, 2003, 29 (4).

Guolin Yi. "The New York Times and Washington Post on Sino-American Rapprochement, 1963—1972", *American Journalism*, 2015, 32.

Hazel Dicken-Garcia, K. Viswanath. "An Idea Whose Time Has Come: International Communication History", *Mass Communication and Society*, 2002, 5 (1).

Helen Milner. "Review Article, International Theories of Cooperation among Nations: Strengths and Weaknesses", *World Politics*, 1992, 44 (3).

Jaemin Jung. "Acquisition or Joint Ventures: Foreign Market Entry Strategy of U.S. Advertising Agencies", *Journal of Media Economics*, 2004, 17 (1).

James Curran, Frank Esser, Daniel C. Hallin, Kaori Hayashi, Chin-Chuan Lee. "International News and Global Integration: A Five-Nation Reappraisal", *Journalism Studies*, 2015 (10).

L. Jeanne. "Wilson The Eurasian Economic Union and China's Silk road: Implications for the Russian-Chinese Relationship", *European Politics and Society*, 2016, 17.

L Helland, J Hovi. "The Theory of Full International Cooperation: An Experimental Evaluation", *Cicero Working Paper*, 2004 (6).

Milner, Helen. "International Theories of Cooperation among Nations: Strengths and Weaknesses", *World Politics*, 1992, 44 (3).

Mu Lin. "Changes and Consistency: China' Media Market after WTO

Entry", *Journal of Media Economics*, 2004, 17 (3).

Ole J. Mjøs. "International Communication and Global Media: Continuity of Critical Concerns", *Communication Research and Practice*, 2015 (3).

Patrick D. Murphy, Marwan M. Kraidy. "International Communication, Ethnography, and the Challenge of Globalization", *Communication Theory*, 2003 (13).

Philipp Genschel, Thomas Plümper. "Regulatory Competition and International Cooperation", *Journal of European Public Policy*, 1997, 4 (4).

R. Harrison Wagner. "The Theory of Games and the Problem of International Cooperation", *The American Political Science Review*, 1983, 77 (2).

Vincent Wei-cheng Wang. "The Eagle Eyes the Dragon and the Elephant: American Perspectives on the Rise of China and the Rise of India", *Asian Politics & Policy*, 2015, 7 (3).

Weiying Peng. "Chasing the Dragon's Tail: Sino-Australian Film Coproductions", *Media International Australia*, 2016, 159 (1).

Weiying Peng. "Sino-US Film Coproduction: A Global Media Primer", *Global Media and China*, 2017.

Yu Zhang. "The Reforming Role of the Chinese Government in China's Media Transformation", Media Asia, 2005, 32 (2).

Yun-han Chu, Liu Kang, Min-hua Huang. "How East Asians View the Rise of China", *Journal of Contemporary China*, 2015, 24 (93).

三、网站

AL JAZEERA (http://www.aljazeera.com.)
BBC (http://www.bbc.com.)
Buzzfeed (https://www.buzzfeed.com.)
CCTV (http://www.cctv.cn.)
Clipsyndicate (http://www.clipsyndicate.com.)
CNNIC (https://www.cnnic.net.cn.)
Cornell University (https://www.cornell.edu.)
CSM (http://www.csm.com.cn.)

Department for Culture Media & Sport (https://www.gov.uk/government/organisations/department-for-culture-media-sport.)

Discovery (http://www.discovery.com.)

East-West Center (Collaboration. Expertise. Leadership) (http://www.eastwestcenter.org/seminars-and-journalism-fellowships/journalism-fellowships/china-us-journalists.)

FCC (https://www.fcc.gov.)

Gallup (http://www.gallup.com/home.aspx?g_source=logo.)

Government of the United Kingdom (https://www.gov.uk.)

Harvard University (http://scholar.harvard.edu/cage/publications/media-competition-and-provision-information.)

Hoover (http://www.hoover.org.)

IIPA (http://www.iipa.com.)

IMF (http://www.imf.org/external/.)

INDIAN BRAND EQUITY FOUNDATION (IBEF) (http://www.ibef.org/industry/media-entertainment-india.aspx.)

Internet Live Stats (http://www.internetlivestats.com/internet-users/.)

KPMG (https://home.kpmg.com/in/en/home.html.)

NBC News (http://www.nbcnews.com.)

New York Times (http://www.nytimes.com.)

News Corporation (http://newscorp.com.)

Pew Research Center (http://www.pewinternet.org.)

Russia Today (https://www.rt.com/usa/.)

Russia (http://government.ru.)

The Better Hong Kong Foundation (http://www.betterhongkong.org/pastevent_detail.php?lang=EN&article_id=136&maincat=2&subcat=2&year=2010.)

The office of global communication in White house (https://georgewbush-whitehouse.archives.gov/ogc/aboutogc.html.)

The U.S. Bureau of Labor Statistics (http://www.bls.gov.)

The Washington Post (https://www.washingtonpost.com.)

White House (https://www.whitehouse.gov.)

World Bank (http://www.worldbank.org.)

WTO Statistics Database（http://stat.wto.org/Home/WSDBHome.aspx?Language=.）

澳门特别行政区政府新闻局（http://www.gcs.gov.mo.）

长城平台（http://www.gw-tv.cn.）

广西电视台（http://www.gxtv.cn.）

广西壮族自治区新闻出版广电总局（http://www.gxpprft.gov.cn.）

黑龙江电视台（http://www.hljtv.com.）

湖南电视台（http://zixun.hunantv.com.）

江苏电视台（http://tv.jstv.com/star/.）

美国麒麟电视台（http://www.kylintv.com/kylintv/us/cht/tv/sino-tv.）

内蒙古电视台（http://www.nmtv.cn.）

全国新闻出版统计网（http://www.ppsc.gov.cn.）

人民网（http://www.people.com.cn.）

陕西传媒网（http://www.sxdaily.com.cn.）

泰国中文电视台（http://www.tcitv.co.th/ch_front_main.php.）

网易新闻（http://news.163.com/10/1227/15/6OTVKQAS00014JB6.html.）

香港特别行政区政府新闻处（http://www.isd.gov.hk/sim/index.htm.）

新华网（http://www.xinhuanet.com.）

新疆电视台（http://www.xjtvs.com.cn.）

新疆维吾尔自治区交通运输厅（http://www.xjjt.gov.cn/article/2016-10-20/art122936.html.）

新浪新闻（http://news.sina.com.cn.）

央广网（http://www.cnr.cn.）

央视索福瑞官网（http://www.csm.com.cn/index.php/Home/SinglePage/index/cid/1.html.）

云南电视台（http://www.yntv.cn.）

浙江电视台（http://www.zjstv.com.）

中国公路网（http://www.chinahighway.com.）

中国国际广播电台（http://www.cri.com.cn,http://english.cri.cn.）

中国记协（http://www.zgjx.cn.）

中国教育在线（http://www.eol.cn/html/lx/2014baogao/content.html#2.）

《中国日报》（http://www.chinadaily.com.cn.）

中国新闻史学会（http://www.jca-china.org.）

中华人民共和国国家统计局（http://data.stats.gov.cn/ks.htm?cn=C01&zb=A0501.）

中华人民共和国国务院侨务办公室（http://www.gqb.gov.cn.）

中华人民共和国教育部（http://www.moe.edu.cn.）

中华人民共和国驻休斯敦总领事馆（http://houston.china-consulate.org/eng//CT/whjl/t205992.htm.）

字节跳动（https://www.bytedance.com/zh/.）

后 记

"凡是过往,皆为序章。"

这一次,将博士学位论文修改出版,算是对过往做一个正式的告别,也算是为未来重新出发立一个目标。这些年,要感谢的太多,要总结的也太多;未来,要继续的太多,要期待的也太多。

"春满江山绿满园,桃李争春露笑颜。东西南北春常在,唯有师恩留心间。"一路走来,母校犍为第一中学、四川传媒学院、四川省社科院、四川大学以及其他院校的老师们为了我的成长,呕心沥血。在博士学位论文的后记中我已感谢了一遍,今天,仍觉不够,再次郑重地感谢。感谢你们不辞辛劳、不厌其烦、不吝赐教!感谢博士生导师蔡尚伟老师,其宏观把控、仔细修改,使得我的博士学位论文在当时能够完成与完善,感谢!感谢博士生导师操慧老师,其苦口婆心、认真指导,促进了我的博士学位论文的进一步修改以及我思维的调整。特别感谢博士生导师欧阳宏生老师,其宏观布局、多方协调,才有了此书的调整与出版!还有美国加州大学圣地亚哥分校博士生导师丹尼尔·哈林老师,四川大学邱沛篁老师、谢和平老师、曹顺庆老师、傅其林老师、蒋晓丽老师、朱天老师、王炎龙老师、张放老师、黄顺铭老师等,四川传媒学院康庆良老师、乐树林老师、王银民老师、冉光泽老师、王贤清老师等,四川省社科院林之达老师、陈焕仁老师、张立伟老师、赵志立老师、彭剑老师等,中国传媒大学博士生导师王甫老师,中国人民大学金元浦老师,浙江大学李杰和李涛老师,武汉大学周茂君老师,电子科技大学谢梅老师,重庆大学郭小安老师,西南民族大学吴定勇老师,四川省委党校肖尧中老师,诸位老师,你们的教诲,我没齿难忘。感谢!

"同舟共济扬帆起,乘风破浪万里航。"这一路走来,要感谢团队的培养、照顾、接纳与支持。第一个团队是四川传媒学院以张书玉董事长、马洪奎校长、董孝壁副校长、薛莉华副校长、陈锦宣老师、左旭舟老师、陈臻老师、魏雄老师、张继成老师、左巍老师、何倩老师、曾瑶尧老师、罗雪老师等数百位领导和同事为代表的团队，感谢你们对我的培养、关心和照顾。第二个团队是成都大学以毛洪涛书记、王清远校长、谭平院长、谭筱玲院长、陈静院长、张蓉书记、张建锋副院长、陆烨主任、李立老师、李京丽老师、刘茜老师、彭涛老师、徐玉容老师、吴红梅老师、张莉老师、李天鹏老师、张映晖老师、张程老师、刘彤老师、许志强老师等近百位领导和同事为代表的团队，感谢你们对我的接纳与支持。同时，一并感谢四川大学文化产业中心的研究团队、成都大学传媒研究院的研究团队以及两个国家社科基金项目的研究团队，感谢你们这一路的支持。

"长江后浪推前浪，世上新人赶旧人。"作为教师，特别感谢我的学生，胡哲铭（2017级）、唐耕砚（2014级）、黄思骏（2012级）、高正瀚（2011级）、王绍涵（2008级）、程浩浩（2005级），六个学生在不同阶段都参与我主持的各级各类课题，不管是搜集资料还是拍摄影片，他们踏实奋进，积极向上。在如此浮躁的时代，六个学生能静下心来，做出与同龄人不一样的成绩，实属不易。六个学生各有各的梦想，各有各的追求，各有各的长处。他们为了自己的目标不断努力、不断开拓、不断突破的精神感染着我，让我不至于停滞不前。这也许就是教学相长的意义吧。在此，也衷心祝愿他们越来越好，早日实现自己的梦想。

"曾记少年骑竹马，转眼已是白头翁。"虽不至"白头翁"，但仍然感叹岁月不饶人。偶尔，午夜梦回，竟是泪流满面，因为"故人入我梦"。那些与同窗好友黄光剑、苏丹、陈玉霞、饶玉洁、沙琼、阮薇薇、周蕙、冯维恒、张发扬、冉毅嵩等"上山砍柴，下河抓鱼""闲庭信步，笑看花开花落"的时光已经一去不返；那些与博士好友白艳丽、何一杰、姜海、梁旭艳、刘利刚、孙剑雄、王珏殷、王婧雅、薛晨、张炳杰、张诚、张宏树、赵唯阳、朱婧雯、郭芳丽、李珊珊、高云霞、周方励、杨阳、杨茜等"闻鸡起舞""废寝忘食"的日子，早已远去。幸运的是，他们还在，一直在。这些年，他们辅助我完成各项工作，陪伴我处理生活琐事。感谢！

"天行健，君子以自强不息。地势坤，君子以厚德载物。"回想，成长至今，一直坚守如此精神的父母是我坚强的后盾，他们总是以此思想来教导我，而我一直碌碌无为，很多时候都觉得愧对他们。这些年，年近七旬的父亲为了乡里乡亲，为了整个家族，为了我这个小家，甚至为了素不相识的陌生人，总是忙到半夜才独自开车回家，然后第二天依然工作在最前线。他们这一代人的勤奋与坚守、自强与大爱，我和先生尽量继承和发扬，也希望每天给我做饭的孩子能够继承和发扬。这毕竟是中华民族的优良传统。

这些年，常常回忆起自己在博士学位论文中指出"未来要分区域、分媒体种类、分产业领域进行细化研究"，于是，围绕这个愿景，我与团队细化研究了中国与东南亚各国和美国在电影、电视、图书版权贸易、电视剧贸易等多个方面合作的历史、特点、问题及对策，并将有关成果发表在CSSCI来源期刊上，但仔细思量，还有太多内容需要细化、深化、升华。未来，一定会继续跟进。而眼下，最重要的事是要再对博士学位论文的修改做一些说明。除了删掉绪论中大部分内容，其他修改主要体现在以下四个方面。

一是调整了部分时间。2017年完成博士学位论文的时候，其中大部分时间节点都只到了2016年，只有个别时间到了2017年3月份。这次修改，对可以调整的时间在文中做了调整，不太适合在文中调整的地方就在脚注部分做了补充说明。

二是更新了部分数据。博士学位论文原有数据主要用的是2015年、2016年的数据。这次修改，对中国进出口货物、中国对外投资、中国出入境旅游、中国广电播出机构、中国网站以及国外有关机构提供的数据，能在文中更新的都做了一定的更新；为了表述的完整性、连贯性等，不能在文中更新的则在脚注部分做了增补。

三是重选了部分论据。博士学位论文原有论据主要是根据当时国际环境、国情、社情以及媒体特有的情况而做的选择。这次修改，对中国经济的发展、中国军事的发展、中国媒体新的国际合作事宜及中国所面临的国际环境、国际形势等做了一定的调整。

四是新增了部分案例。在完成博士学位论文的时候，中国媒体的国际合作主体主要还是如人民日报社、中央电视台、中国国际广播电台、浙江卫视、湖南卫视等传统媒体，以及如腾讯微博、封面新闻这样的新媒体，因此文中所涉及案例主体均是这些媒体。但是，三年多过去了，像TikTok这样的新媒体在国际上的发展势如破竹，各种各样的合作层出不穷。这次修改，在适当的位置补充了如TikTok、今日头条等新媒体方面的案例，不适合增加的地方就对原有媒体的新合作做了补充。

这次修改，对部分表述欠妥的地方也做了一定的调整，但是由于教学、科研工作及家务琐事实在繁忙，还有许多未考虑到的地方。为此，郑重地向各位专家、学者、读者致歉，恳请理解和包容，也真诚地希望各位能够给我比较可行的建议，为本研究未来的细化、深化和升华，为中国媒体国际合作"传播中国声音，讲好中国故事"，共同努力。

最后，虽然由于2020年全球新冠肺炎疫情的影响，中国媒体的"在地"

型国际合作开展减少,但我们也要看到由于网络与新媒体的迅猛发展而带来的"在线"型国际合作的急速增长。未来,中国媒体的国际合作将是一个什么样的"新世界",还未可预见,但不管是学术研究还是实践应用,都将是"天地广阔,大有作为"。

  静待之!

车南林
2020 年 8 月 26 日
中国四川成都欢乐谷